U0058118

教室言談

教與學的語言

蔡敏玲・彭海燕　譯

Classroom Discourse

The Language of
Teaching and Learning

Courtney B. Cazden
Harvard Graduate School of Education

First published in English under the title
CLASSROOM DISCOURSE: THE LANGUAGE OF TEACHING AND LEARNING
by Heinemann: A division of Reed Elsevier Inc. in 1988
© Courtney B. Cazden, 1988. All rights reserved.
Complex Chinese Edition Copyright © 1999 by Psychological Publishing
Co., Ltd.

蔡敏玲

學歷：美國伊利諾大學香檳校區課程與教學系碩士、博士
　　　　國立台灣師範大學英語系學士
曾任：國立台北師範學院國民教育研究所副教授
　　　　美國華盛頓學校多語／多文化幼教學程助理
　　　　台北市立景興國中英語教師
現任：國立台北教育大學幼兒教育學系教授

彭海燕

學歷：國立台北師範學院國民教育研究所肄業
　　　　國立台灣大學圖書管理學系畢業
現任：桃園縣崙坪國小教師

譯者序

　　我對教室互動的興趣，可能肇始於我慣常的沈默，在大台北幾十年的生活裡越來越大片的沈默。

　　人聲，在總是嘈雜非常的都會地區，常常是想要避開的；台灣教室裡的眾多人口與總是鼎沸的聲浪，或許也是老師們常常想要躲避的吧。想是在都會生活多年的心情，使得我特別可以體會台灣幼稚園及小學（甚至中學、大學）教室裡的老師，面對一個班級三、四十位孩子和孩子常常同步發出的話語時，心中的焦慮與不安。教室裡的老師，除了害怕無所不在的多重聲浪，還有其他的擔憂：課程進度、學生的學習、行政人員的眼光、家長的意見等等。這些擔憂，在我近年來在山區以及都會學校的實地觀察與訪談中，益發顯得真切與沈重。

　　老師們要如何是好呢？同樣地，那些很想說說話或很不想說話孩子們要如何是好呢？

　　Cazden 在這本書裡引用了社會心理學家 Roger Brown 的說法，提醒我們：孩子尋求的無非是溝通：了解及被了解。這不也是沈默的我們時時企望的事嗎？這本《教室言談》雖是Cazden約十年前的著作，卻精湛地融合理論、實務教學經驗和研究實

例，不斷地給予我和我的學生們一些洞見，提醒我們如何省視教室裡的互動，如何把了解孩子和教育的事做的更好。我相信 Cazden 在這本書中提供的珍貴建議與分享，仍然會幫助希望更了解孩子的人，尤其是教室裡的老師們。

特別是在教改的多元呼聲中，從理論與實徵的教室觀察來體會學與教的本質和多種面向，格外具有意義。哪些主張與立論不需要在老師與學生、學生與學生的實質互動中構成與轉化呢？於是我和學生們決定這是一本值得翻譯的書，一本值得幼稚園和小學，甚至中學與大學老師一讀的書。

出版之際，首先要感謝為翻譯初稿盡力的彭海燕老師、鄭鼎耀老師和彭美玲老師。原先，我們計畫是由彭海燕老師負責翻譯第五、六、七三章；鄭鼎耀老師負責第八、九、十三章，其餘部分則由我負責。但經過仔細校訂後，我對鄭老師的譯稿做了較大幅度的修改，因而譯者只寫我和彭海燕老師兩人。此外，也感謝彭美玲老師投注的心力；雖然後來我們並沒有採用她的譯稿。最後，要感謝那些和我在「教室互動」這門課上共同討論的國北師國教所的研究生，她／他們的回饋使我堅信：翻譯這本書所花費的時間和心力的確是投注在一件有意義的事情上。

如同 Cazden 所說的，「某些想法是在表出的過程中，漸漸地被想出來的」；祝福關心教室互動，關心孩子的讀者；祝福我們彼此在閱讀這本書時，產生的各種討論，無論討論是發生在自己和自己之間、自己和學生之間、學生和學生之間或自己和同事之間；也祝福我們那些仍在醞釀中，漸漸成形的想法。

目　錄

第一章　　介紹 …………………………………………… 1

◇　　第一篇　和老師說話　　7　　◇

第二章　　分享時段 ……………………………………… 9

第三章　　課的結構 ……………………………………… 49

第四章　　課之結構的變化 …………………………… 87

第五章　　差別對待 …………………………………… 135

第六章　　教室言談與學生的學習 ………………… 165

◇　　第二篇　和同儕說話　　201　　◇

第七章　　同儕互動：認知的過程 ………………… 203

第八章　　同儕互動：脈絡的影響 ………………… 227

◇　　第三篇　說話的方式　　259　　◇

第九章　　教師言談的標誌 ………………………… 261

第十章　學生言談的標誌 …………………………… 295

第十一章　結語 …………………………………………… 319

參考書目 …………………………………………………… 323

1

介紹

    我對於教室言談研究的興趣來自本身作為小學教師以及大學研究者的雙重經驗。在當研究生及其後的大學教授之前，我曾於一九四○和一九五○年代當了九年的小學老師。之後，在一九七四年秋天，我暫時離開任教的哈佛教育研究所，整整有一年的時間，再度成為領有合格執照的全職公立小學教師。在大學裡待了十三年之後，是再回到兒童身邊的時候了，也該是將一些我不斷地在教導及撰寫的，有關兒童語言與教育的想法，放到實務裡的時候了（原註一），這樣做也可以再思後續研究的問題。

    我離開劍橋（Cambridge）市，到聖地牙哥（San Diego）市去，以便和社會學家Hugh（"Bud"）Mehan合作。Bud和我於一

九六八年在柏克萊認識，當時我們都參加了一個科技整合、跨領域的暑期研討會：「語言、社會和兒童」。之後我們繼續保持聯繫，當我決定回到小學教室並且希望有人在那兒看著我的教學時，我知道 Bud 將會是理想的觀察者。許多年過去，許多協商發生之後，合作成真。

我在聖地牙哥市任教的區域是那個城市在收入和學業成就兩方面都最低的一區，一個可說是均衡地由黑人和墨西哥裔（Chicano）家庭組成的社區。我的班級是由二十五個黑人和墨裔美籍的孩子組成的一、二、三年級合成的班級。他們將出現在這本書裡──即 Prenda, Caroline, Wallace, Greg, Veronica 和其他的孩子（原註二）。

也是在一九七四年，就在我準備出發到聖地牙哥市的時候，國家教育會（The National Institute of Education）組織了一系列的討論小組，希望提出一些教學研究的計畫。其中由我擔任主席的一個討論小組，討論的是「在文化場景中將教學視為語言過程」這樣的主題。英國研究者Douglas Barnes為會議寫了一篇論文（雖說最後他無法與會）。其中的一部分是這樣的：

> 研究學校語言現象應該嘗試回答教育的問題。我們對語言形式產生興趣的理由是：透過它們，我們可以獲得洞視來看教室裡的社會事件，繼而看到學生所獲得的了解。我們的興趣在於認知的社會脈絡：話語將認知和社會兩個層面聯結起來。實際的（相對於預期的）課程存在於由某位老師和班級具象化及實現出

的意義。學生要學習，必須運用已知的知識將老師呈現給他們的賦予意義。話語使得思索他們將舊知識和新知識聯結的過程變為可能。但這樣的可能性有賴於老師設立的社會關係和溝通系統（原註三）。

教室言談的研究就是那個溝通系統的研究。

任何的社會機構都可以被看成是一種溝通系統。用語言學家 Michael Halliday 的話來說，「它（譯註：指社會機構）的存在暗示著溝通於其內進行著；那兒有經驗的分享，社會穩定性的表達，做決定和計畫，並且，如果那是個有階層的機構，還會有口語控制的形式、命令傳達等等東西。」（原註四）雖然學校以外的其他機構，像是醫院，以非語言的方式來服務他們的顧客或案主；然而學校的主要目標卻是由溝通來達成的。

學校機構的幾項特質使得溝通佔有這樣舉足輕重的中心地位。第一，口說語言是大部分的教學藉以發生，以及學生向老師展示所學的媒介。正如引述中 Barnes 的精闢說法，透過老師和學生具象化的實際課程，「話語將認知和社會兩個層面聯結起來」。

第二，教室是最擁擠的人類環境之一。只有極少數的成年人每天在這樣擁擠的情境中投注這樣多的時間。就這個層面來看，教室和餐館、公車、地下捷運系統是很類似的。一般而言，在這種擁擠的地方，同時出現的自發性對話是很普通的；但是在教室裡卻是由老師一人負責控制正式上課時發生的所有談話——不過，不只是像交通警察為了防止混亂所作的負向控制，它

也包括增進教育目標之達成所作的正向控制。

第三，或許也是最明顯的一點是，口說語言是所有參與者之認同（the identities）的重要部分。說話方式的多樣性是社會生活中一項十分普遍的事實。學校是來自家庭和社區的兒童進入的第一個最大機構，在這個地方，兒童被期望做個別以及公眾的參與（相反地，比如說，在教堂裡只是在適切的時候或坐或站，或參與禱告或唱詩）。特別是在目前這種學校鞏固、去除種族區隔現象的時期，在這種州際、國際移民持續進行的時候，教室通常包含來自不同語言背景的人（包括成人和兒童）。某些事情怎麼說，甚至何時說，存在於其間的差異，可能只是暫時調適的問題，但也可能嚴重地削弱有效的教學和正確的評量。因著這些理由，我們必須將教室溝通系統視爲存在著問題的媒介，任何對教學與學習感興趣的人都不能單純地將教室溝通視爲透明的媒介。

熟悉語言學的讀者將會在教室生活的這三項特徵辨識出三種不同功能的語言——課程的語言、控制的語言和個人認同的語言——即，所有語言功能歸類中，包含三部分（tripartite）的核心：

· 主張式（propositional）資訊的溝通（也稱爲指稱性的、認知的或觀念性的功能）。
· 社會關係的建立與維持。
· 說話者之認同與態度的表達。

我們可以簡單地將這三個功能稱爲提出主張的、社會的和表達的功能。

　　本書對這三項功能將有更多的闡述。不過在一開始時要提醒大家注意這些是語言的功能（functions of language），而不是分開之話語的功能（functions of separate utterances）。而任何一個說出來的字或詞或話都可能是，通常都是，多功能的（multi-functional）。在每一個和所有說出的話裡，話語的確將認知和社會兩個層面聯結起來。

　　教室言談的研究因此可說是一種應用語言學——關於在某個社會場景裡，嵌於某種情境之語言使用的研究。我希望這項研究可以回答重要的教育問題。以下的章節中有三個問題格外重要：

・語言使用的模式如何影響我們界定何謂「知識」，以及何謂學習？
・這些模式如何影響學生教育機會的平等或不平等？
・這些模式預設或培養出什麼樣的溝通知能？

　　這本書討論的是那些期望回答這些問題的研究——有我自己的研究也有別人的。由於我的教學經驗是在小學裡，我的研究也以小學為主要焦點。在第二和第三章，這本書用小學兒童和他們的老師之間的談話為起點。但在其後的一些章節裡，引用的例子則來自其他層級的學校，從學前學校一直到中等教育後的學校。大部分的研究描述的是美國和英國的學校，但在可能的情況下，我也引用來自其他國家的例子或評論（原註五）。

　　我試著為以下兩種人寫這本書：視自己主要是老師的人（或是師資教育者和主管者），以及那些視自己為研究者的人。每章之後的附註提供了引言出處，有時也包括額外的評論（大部

分是針對研究者）。不過，就是完全不參考附註，也可以讀這本書。

對於教師和研究者而言，他們所要做的就是使通常看似透明的教室言談媒介成爲注意的焦點。由於語言對學校目標而言如此重要，教育中的某些語言層面其實深受語言計畫的影響——像是，是否要實施某種雙語教育，要使用哪種語言測驗，在專業職業聘任中要要求哪種語言等。

然而，在教育裡，語言的其他層面其實是在使用語言的當下一些非蓄意的，通常是沒有意識到的選擇所導致的結果。這本書所討論的正是這些教室裡語言使用沒被意識到的那些層面。

◀ 原註 ▶

一、Cazden 1972; and Cazden, John, and Hymes 1972.

二、Mehan 1979 報告他的分析；Cazden 1976 是我的個人敘述。

三、National Institute of Education 1974, 1.

四、Halliday 1978, 230-231.

五、Cazden 1986 詳細敘述教室言談研究的最近歷史；而Cazden（in press b）討論了各種研究觀點的假定。在我自己的研究裡，我很感謝 Ford Foundation, Carnegie Foundation, Spencer Foundation, 及 the National Institute of Education 過去的支持。也特別感謝 Sara Michaels 對於這些章節詳細的評論和過去六年的同事情誼。

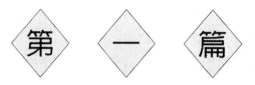

第一篇

和老師說話

// 8 // 教室言談：教和學的語言 //

2

分享時段

教室的一天可以簡單的分成幾個帶有熟悉標籤的事件、數學課、閱讀小組等等。我首先討論一個這類的事件,分享時段(sharing time)——有時稱為展示和說話(show and tell),或是新鮮事兒(news)——這通常是幼稚園和小學教室裡一天中的第一個「正式」事件。

分享時段的組織方式開始於回答老師提出的此種看似平常的問題:「今天早上誰有什麼事要告訴我們?」這個問題,不管用什麼方式問,都是一種對孩子發出的邀請,要求孩子「分享」一段關於校外生活的個人經驗。對兒童,甚至是不經意的觀察者而言,這問題聽來像是在家裡經常聽到的問題。

以下是一位一年級生的故事,以及老師(T)的反應:

紙船

Jerry：嗯，（停頓）兩天前，嗯，我的爸爸和我爸爸的朋友在另一邊做一些事情而我的妹妹要，啊，我爸爸的朋友幫他用紙做一條船可是紙太小了。他就用他的錢，嗯，後來妹妹把紙船攤回原來的樣子，哦，我們幫爸爸媽媽買聖誕禮物。

T：有人用一塊錢紙鈔折了一艘船給你？！！哇！他用的紙還真貴！（原註一）

分享時段的參與結構各班不同，但只是在一些小地方不同而已。某人，通常是老師，指明要某位小朋友說話；分享者通常走到教室前端，經常是站在老師旁邊；結束時老師做評論，就像Jerry的老師所做的，老師有時也在小朋友的敘述中插入問題；有時老師會邀請其他小朋友評論或問問題。有些教室裡，對於分享主題有所限制，比如說，不能重述電視節目或電影的情節；而描述生日禮物或一雙新鞋之類的物品，只有在某些日子時才可以。因此，從技術性的層面看來，分享時段可說是真正的說話事件（speech event）：重複發生，有清楚的開始與結束為界，在每個教室中都有參與該事件的規則。

分享時段由於以下的幾個理由而成為特別有趣的探討主題。第一，她（它）或許是正式的教室播音時間（譯註一）中，小朋

譯註一：此處的原文是 air time，指的其實是教師所主持、組織的正式上課時，可以說話的時間。

友可以創造口說文本的唯一機會：如，對老師的問題提出不只
是簡短回答的回應，或是說一個自行選擇的主題，無須符合是
否與前段話語相關的標準。第二，分享時段的目的之一是容許
小朋友分享校外經驗；這通常也是這些關於校外經驗的話語被
視爲相關的唯一時段。如果不是在分享時段，對老師談說校外
經驗可能僅限於上課前或排隊時等轉換時段。事實上，老師從
傾聽這些講述到不聽的轉換，正是課已經正式開始的一個清楚
標示：「Sarah，我現在不能聽，我們必須要開始上課了。」
（也就是說，我們必須進入一個不同的言談世界，你正談論的
事，不管對你而言有多重要，在這個世界裡，都算是超越了界
限。）第三，分享時段除了有預定的發言時間和主題等特徵外，
它同時也因爲是製造個人經驗之敘述的脈絡，而顯得格外有意
思——這樣的文本或許是最普遍的一種。

　　學校生活裡這個看似例行性、不重要的事件既然有這些特
徵，我們便可以提出以下幾個重要的問題：兒童說了哪些故事？
有些敘述內容的不同是否和學生家庭背景的不同有關？教師如
何回應，爲什麼這樣回應？由 Sarah Michales 首先在加州開始，
而我們在波士頓繼續的一系列研究裡，我們試著想回答這些問
題。（原註二）

──────◀ 兒童的敘述（或故事）▶──────

　　兒童的敘述裡公式化的特徵（formulaic features）顯示，分

享時段不但對研究者而言是一個特別的事件，就是對孩子們來說也是。典型地，兒童的敘述從關於時間的資訊開始，如「紙船」裡的「兩天前」；接著，如果事情發生在家以外的地方，兒童就會說明地點。然後，介紹主要的人物，接著是主要的行動。下列是一些典型的開場白：

- 「感恩節時，我去爺爺、奶奶那兒，我們……」
- 「昨天，我和爸爸出外度週日，然後我們回家，然後我們……」
- 「去年聖誕節，我媽媽……」
- 「當我過去跟媽媽睡，那隻貓──半夜裡──她……」
- 「有一次當我們去 Cape，我媽媽……」
- 「上星期五，我媽媽和外婆外出，然後她們……」
- 「昨天，我正在走路的時候，這個男人走在我身邊，然後我們……」

　　分享時段的敘述的另一個指標是小學教師都相當熟悉的上升語調。這種「分享語調（sharing intonation）」在教室的其他活動中是不會發生的。在「分享語調」表現得最明顯的時候，它包括一個高揚的、母音延長的上升語調，整個語調延伸跨越一個語調組（指沒有斷裂的整個語調詞句）的最後一個或兩個字。Shuy 認為這樣的語調「對於成熟的敘述而言雖然是不自然的……它似乎證明敘述者知覺到可能會被人打斷，因而使用這種上升的語調來防止別人打岔。」（原註三）

　　以下是兩個例子，我用上升的箭頭標示出「分享語調」：（原註四）（譯註二）

譯註二：此處為方便讀者看出原文語調上揚的情形，仍寫出原文英文。

Well ╱ last night ♪	嗯╱昨天晚上
my father ♪	我父親
he was at work ♪╱	他在工作╱
Well when I slep' over my mother's ♪ ╱	當我跟媽媽睡╱
the cat ╱	貓╱
in the middle of the night she w— ╱	半夜的時候她—╱
she went under the covers ♪	她跑到被子下

　　故事本身也有不同之處。最令人印象深刻的是我們稱為主題中心式（topic-centered）和事件式（episodic）兩種敘述方式間的不同。「紙船」是主題中心式的，下面兩則敘述也是，每一個故事都是以一個物體或事件為焦點（為了參考便利起見，每段敘述的主題都是我們訂的）。研究者各有各的轉譯方式，依研究焦點而有所不同。Michaels 使用的單斜線（╱），就像是說話時的逗點，表示還有更多要說的。她使用的雙斜線（╱╱）就像句號，一個完全的停頓。為了更能掌握這些敘述的豐富風味，試著把下面的轉寫文字大聲唸出來。（原註五）

郵票夾

Evan：Last Christmas ╱
　　　　my mom ╱ she ╱ I was telling my mom ╱
　　　　that I want a stamp pad ╱
　　　　and so ╱ on Christmas ╱ I mean on my birthday ╱

she got ╱ a stamp pad ╱ and a stamp for me ╱╱

去年聖誕節╱

我媽媽╱她╱我告訴我媽媽╱

我想要一個郵票夾╱

所以╱在聖誕節時╱我的意思是說在我生日時╱

她買了╱一個郵票夾╱還有一枚郵票給我╱╱

老師：OK let's try it out ╱╱

好，讓我們來試著用用看╱╱

一百元

Carl：Well ╱ last night ╱ my father was at work ╱

he ╱ every Thursday night they have this thing ╱

that everybody has this dollar ╱

and it makes up to a hundred dollars ╱

and my ╱ and you've gotta pick this name out ╱

and my father's name got picked ╱

so he won a thousand dollars ╱╱ a hundred dollars ╱╱

嗯╱昨晚╱我父親在工作╱

他╱每星期四晚上他們都會有這件事╱

每一個人都有這個錢╱

然後湊起來有一百元╱

然後我的╱然後你必須選出個名字╱

然後我爸爸的名字被選上了╱

所以他贏了一千元╱╱一百元╱╱

老師：Tell us what he's gonna do with it ／／

　　　告訴我們他要怎麼用那些錢／／

班長：Donald（叫下一位小朋友）

老師：Wait a minute ／／ He's gonna tell us what he's ／

　　　what his father's gonna do with it ／／

　　　等一下／／他要告訴我們他要／

　　　他父親要怎麼用那些錢／／

Carl：He's gonna pay bills ／／

　　　他要付賬單／／

　　　事件式的故事通常都比較長，而且包括一些轉換的場景。
以下是 Leona 所說的關於他的小狗的長篇故事的第一個部分，
一直到老師提出問題之前，他故事的場景變化是用段落間空行
的方式來顯示（在5、12、17和21行之後），聯結29、30兩行
的垂直括弧表示這兩句話是同時說的。

我的小狗（譯註三）

Leona：昨／昨／天／當／我爸爸／在早上／　　　1

　　　　他／那裡有一個鉤子／在樓梯最上面／　　2

　　　　我爸爸把我抱起／我被困在鉤子上／　　　3

　　　　在上面／而我還沒吃早餐／　　　　　　　4

　　　　他要等我吃完早餐才要放我下來因為我也

譯註三：原文篇幅很長，為方便讀者體會，將原文附於本章之後。

不喜歡燕麥片／／ 5

然後我的小狗來了／他在睡覺／然後他在一 6
他在／

他想要起床／他咬我的長褲／然後他弄掉了 7
燕麥片灑的滿身都是／

然後／然後我爸爸來了／然後他說：「你吃 8
完了嗎？」

他說：「碗呢？」／／ 9

他說：「我想這ㄍ⋯⋯」／我說：「我想是 10
狗弄走了」／／

「好的／我想我需要再弄一罐」／／ 11

因此我到七點才離開／然後我搭上公車／／ 12

接著／我的小狗／他總是跟著我／ 13

然後他說／我的父親說／「他——你不可以 14
去」／／

然後他全程跟著我到公車站／ 15

然後我還得走回家／那時已經是七點三十了／／ 16

然後他一直跟著我來來回回的走然後我必須 17
一直再走回家／／

我走到任何的地方他總是跟著我／／ 18

他想去店裡／只是他就是不能去一些地方／ 19

那些地方／我們可以去像／去／像／像商店／ 20

他可以去但是他必須被鍊起來／／　　　　　21

我們帶他去急診室／看看他是怎麼一回事／　22
他被打了一針然後他哭了／　　　　　　　　23
接著／ㄑ一前昨天／然後／現在／他們讓他　24
睡著／
然後／他還在醫院／ㄌ一那醫生說他必須／　25
他被打了一針因為他／他／他很緊張／　　　26
對於我家那我／接著他／他可以留著但是／　27
他認為他不能夠一／他想他不能夠不能讓他　28
離開／／

老師：⎡ 他是一　　　　　　　　　　　　　　29
　　　⎣ Leona，到底誰在醫院？　　　　　　30

　　Michael從她首先在加州所做的研究中，發現白人小孩比較傾向於做主題中心式的敘述，而黑人小孩——特別是黑人女孩——則比較傾向於做事件式的敘述。我們在波士頓地區的研究中又發現這樣的差異。例如，在某一個班級中，白人小孩的敘述裡有百分之九十六是主題中心式的，而黑人小孩的敘述裡只有百分之三十四是屬於這種類型，在黑人女孩的敘述裡比例更低——只有百分之二十七。這種主題結構的不同還伴隨著頻率和公式化特徵之運用的差異。主題中心式的故事只有一個時間性的標示，而事件式的故事則通常有三到九個標示。主題中心的故事大約有百分之六十到八十的語調組是以「分享語調」

作為結束，但是事件式的故事則只有百分之三十七是如此。就功能而言，主題中心式的故事裡，「分享語調」似乎用來標示一個單一事件中的連續性；但是在事件式的故事裡，「分享語調」較常用來標示時間和地點的改變。

對於這種敘述風格的差異，我們無法提出什麼解釋，甚至也不太確定這種差異是否和種族有關。我們原先把這種不同看成是白人與黑人間的差異，只是因為說話者的身分這個層面非常明顯（譯註四），但是我們沒有找到對其他族群兒童分享時段之敘述的描述——像是西班牙裔、美洲原住民、阿帕拉契白人等等，卻只發現關於黑人修辭風格（rhetorical style）的相關說法。例如，非裔美籍學者 Gineva Smitherman 這樣描述黑人的敘述風格：「具體的敘述……，他們繞離『重點』的描述通常會把聽者帶入一個事件之旅。」（原註六）

這個研究完成之後，我讀到 Gail Martin 對原住民書寫風格的類似描述。Gail Martin 是一個在 Bread Loaf 英語學校的學生，她在書裡寫到她在懷俄明州和 Arapaho 學生相處時，既是研究者又是老師時所做的研究：

> 我們關心的主要重點之一是，很多小朋友寫的故事似乎「不知將要走向何方。」故事就這麼蜿蜒而行，沒有明確的起點與終點，沒有高潮也沒有結局。我決定去問 Piua Moss（學校裡的年長同事）關於這些故

譯註四：這個層面指的是種族別。

事，因為他本身正是一位說 Arapaho 故事的高手。我發現 Arapaho 故事和一般我慣常聽到、讀到或述說的故事有著明顯的不同。Pius Moss 解釋說 Arapaho 故事不是要寫下來的，他們是要用我們所謂的系列形式（serial form）說出來的，一晚接著一晚地持續著。一個「好」的故事是那種可以持續七個晚上的故事……

當我問 Pius Moss 為什麼 Arapaho 故事似乎沒有一個「結尾」時，他回答說，生命本身就是沒有結局的，而故事就是關於 Arapaho 生活的事，所以不需要有結局。我的同事和我談了 Pius 所說的話，於是我們決定要鼓勵我們的學生選擇他們想要書寫的故事類型：我們願意試著用適當的方式去聽、去閱讀。（原註七）

在教室中，如同在美國的一般生活裡，種族與社會階層，以及可鬆散地說成口說／文字文化的經驗之間是相聯結的。但是黑人小孩和 Arapaho 故事的類似之處，可能只是顯示出兩者與白人中產階級小孩所說的主題中心式故事的強烈對比。藉著詳細分析不同文化的兒童所說的故事，我相信我們對現在被稱為「事件式故事」的那些敘述會做出更細微的區辨。（原註八）

◀ 老師的回應 ▶

在非正式的談話中，說故事這件事使得聽眾有了特殊的義

務，如同一位語言學家所說的：

> 我們放棄爭奪發言權的權利，直到說故事者自己決定放棄（藉著敘述上的尾聲）⋯我們當然可以在他說故事的中途打斷他，要求澄清或是更多的細節，但是我們並不會因此就終止這位說話者說話的輪次（turn）。我相信故事一旦開始，就絕不會受控於說話情境中的其他參與者。與任何一種說話行動相比，故事的敘述都更具有此種特質。（原註九）

但是在學校裡，分享時段的說話方式——雖然是關於課外的經驗，且與課程無關——卻無法免受其他參與者的控制。

大部分的教師會對每段敘述做回應。從很多回應中，我們觀察到，這些回應可以從一個向度來看出其不同：老師和學生對於何謂適當主題與適當敘說方式的共識程度。這個向度的一端是Jerry的老師對於他所說的「紙船」的熱切欣賞：「有人用一塊錢紙鈔折了一艘船給你？！！哇！他用的紙還真貴！」

向度的另一端是另一位老師對「Deena的一天」所作的負面反應。在轉譯的文字中，垂直的括號是表示兩句話同時說出。

Deena 的一天

Deena：我星期日去海邊／
　　　　還有／去麥當勞／還有去公園／
　　　　我得到這個因為我的／生日／／（舉起一個皮

包）

我的媽媽買給我的／

然後我的生日還得到兩塊錢／

然後我把它放在這裡／

然後我去我朋友那裡／名字叫 Gigi ／

我和她一起去我奶奶家／

然後她在我背上／

然後我／然後我們走來走去／在我家附近／

還有她好重／

她 ⎡現在是六或七年級／／

老師：⎣好了，我現在要打住你／／我要你說些
真的真的很重要的事情／／那些對你而言是很
重要但是你可不可以說些不一樣的東西／／你
可以做到嗎？／／……

　　Jerry 的老師對他的同學也表達出類似的評論：「如果你有
一些對你來說很特別的事，想跟我們分享，那很好，可是我們
不想聽關於電視節目的事，也不想聽那些平常發生的事。」

　　這些兩極化的回應大致可以分為四類。第一，老師清楚地
了解了故事，然後只是發表評論，或是問一個希望得到更多資
訊的問題。小朋友說完了「郵票夾」的故事後，老師建議，
「好，讓我們來試著用用看」；小朋友說完「一百元」的故事
後，老師要 Carl 「告訴我們他父親要怎麼用那些錢。」

　　第二種回應使得提問的老師和報告的小朋友間發生延伸性

的合作，這樣的合作引出關於一個物件或事件的故事，比小朋友獨力講述時更為完整。以下是一段師─生對話，「做蠟燭」：

做蠟燭

Mindy：我在白日營時／我們做了這些蠟燭／／

老師　：這些是你做的？

Mindy：然後我──我試了不同的顏色／兩種都試了但是／一個就出來了／這個就出來藍色／那我不知道／這是什麼顏色／／

老師　：好棒喔／／告訴小朋友你是怎麼做的從頭說起假裝我們對於蠟燭什麼都不知道／／好／／你最先做什麼？／／你用了什麼？／／麵粉嗎？／／

Mindy：有一些熱的蠟／真的熱的蠟／那你／就拿一條繩子／然後在上面打個結／／然後用繩子來沾蠟／／

老師　：那它怎麼會有形狀呢？／／

Mindy：你就讓它有形狀／／

老師　：喔你用你的手讓它有形狀／／嗯／／

Mindy：但是你必／首先你必須把它插到蠟裡／然後澆水／然後一直這樣做直到它變成你想要的大小／／

老師　：好／／誰知道繩子是用來做什麼的？／／…

當Mindy的老師說，「告訴小朋友你是怎麼做的從頭說起，假裝我們對於蠟燭什麼都不知道，」她似乎是以一個隱默的文字言談模式在說話。藉著她所提出的問題（或者在其他班級是由小朋友提出的問題），鼓勵分享者說得清楚而精確，儘可能把越來越多的資訊化成話語，而不是倚賴共享的背景知識（此處，指關於做蠟燭的背景知識）或是脈絡性的線索（此處，指Mindy拿著的蠟燭）來表達部分想說的訊息。如果教師把分享時段視為非但是兒童和全班分享校外經驗的機會，同時也是建構儘可能和書寫作文類似的口說文本的機會，那麼分享時段可說是 Michaels 所謂的「讀寫能力的口語展現」。

第三種回應是老師提出問題表達她的困惑，表示她無法從兒童編織的故事中尋出主線。有個例子是 Leona 的老師針對她的小狗提出的問題，「Leona，到底誰在醫院裡？」有一天，我們問Leona的老師，她在聆聽分享時段的故事時遭遇到的困難。她以作為母親和老師的經驗來回答我們的問題：

> 聽的時候感到很困惑，因為孩子們的時間架構和我們的不同。我兒子六歲的時候，會突然說起幾個月前發生的事，而我可以了解是因為那些事發生時我也在場，我可以聯結得起來。但是在班上就不同了，同時要和這麼多不同的個體做聯結，實在是件困難的事。

第四種，也是最後的一種回應是，老師用問題將話題轉移到她比較了解或是評價較高的事情上。Leona 的老師問她到底

是誰在醫院裡之後，Leona 解釋，是她的狗在醫院裡，因為牠「很壞」。這樣的回答引起一段「壞」是什麼意思的討論，接著是 Leona 重新把醫院事件說了一次，結語是「星期一的時候我會告訴你發生了什麼事。」（她說這故事那天是星期五）。這位老師或許仍然不明白 Leona 所關切的實際上是小狗會不會死，所以她才會在結語時說，需要對小狗做居家訓練。

　　同樣的，Deena 的老師在「Deena 的一天」打斷 Deena 的話語後，針對Deena所說的第一個句子裡的場景——海邊，提了一個問題：

　　老師：那些對你而言是很重要但是你可不可以說些不
　　　　　一樣的東西／／你可以做到嗎？／／告訴我
　　　　　們週末時你去了哪個海邊／／
　Deena：我去了嗯——
　　老師：Alameda Beach 嗎？
　Deena：對／／
　　老師：那裡 ⎡ 很不錯啊？／／
　Deena：　　⎣ 我去了那裡兩次／／
　　老師：非常好／／我喜歡那裡／／謝謝你Deena／／

　　在以上這個例子裡，將話題轉移到海邊可能融合了兩個動機。海邊是 Deena 第一句話裡提到的場景，因此老師或許認為這應該是從頭到尾都必須維繫的主題。此外，到海邊去可能代表著一個熟悉的場景，老師覺得這樣的場景比起家庭或朋友間

的活動——像是背一個年紀較大的孩子——要來的適切，較容易了解。不論這樣的活動對孩子來說有多重要，對老師而言似乎非常平常，甚至有些繁瑣。

以下的例子是另一位老師嘗試改變兒童敘述的主題。老師這麼做並不是因爲不懂孩子說的事，而是因爲孩子和老師對於什麼是家庭出遊事件的重點有不同的看法：

Old Ironsides

Nancy：我去海邊的 Old Ironsides。（老師提出一系列的問題後，Nancy 解釋說 Old Ironsides 是一艘船，而且是艘老船。老師提出這船真正的名字是 The Consititution。接著，Nancy 就試著轉移故事的焦點。）

Nancy：我們也花了一些錢然後我們就去另一艘大船。

老師：Mm。'N'關於 Old Ironsides 妳學到什麼？（老師提出問題 Nancy 說了更多關於船裡的裝置及導遊服裝的事，接著又試著要轉移話題。）

Nancy：我也去了一家很棒的餐廳。

老師：Haha！非常好！

Nancy：然後我吃了一個漢堡、薯條、生菜還有一個—

老師：好。好的，什麼是——，Arthur 一直在等，接著是 Paula，好嗎？（原註十）

我們也可以依據教師之回應與兒童故事的相關程度來將這

些回應分類。如同 Karen Tracy 所指出的，會話的至理名言雖然告訴我們「要相關」，但「並沒有告訴我們『相關』到底是什麼意思。所謂相關的言論，指的是對於前面剛剛發生的言論裡的任何事情做出回應，或是有某方面的限制？究竟該用什麼樣的標準來判定相關性？」（原註十一）在一系列的實驗裡，Tracy 對成人呈現了一些對話性的故事，並且要求這些成人來評估或提供回應。Tracy 發現，如果成人了解故事，他們喜歡針對故事的主旨來做回應，也就是故事的重點。分享時段的故事中，教師對「紙船」、「郵票夾」和「一百元」這三段故事的回應可以算是這一類。但當故事比較難以理解時，Tracy 發現聽者傾向於以關於某個事件之細節的問題或評論來做回應，就像是老師對「Leona 的小狗」的回應，或者是提出一些模糊的言論或全然不做回應。

沒有出現在 Tracy 的類別裡的，是那種將注意力聚焦在字彙上的教師回應，像是「壞」；或是雖然重點已經非常明白，還提出關於細節的問題，如「做蠟燭」；或是全然拒絕孩子所說的故事，如「Deena 的一天」或「Old Ironsides」。正是這樣的回應，使得教室言談不同於一般的日常會話，並且明確地點出存在許多教室裡的一項教育目標──就是在學校生涯的早期，把判定何謂適切的學校說話方式，甚至是合適的說話主題的新標準，灌輸在學習者身上。

在加州和波士頓地區的教室中，教師對於黑人兒童所說的事件式故事，格外顯得不能理解與欣賞。我們懷疑這樣的現象是不是因為這些孩子的敘述主題與風格，以及他們的白人教師

的知識與期望，兩者之間在文化上的不調適所致。光靠我們所做的觀察研究實在無法回答這樣的問題。因爲在自然的情況裡，每個孩子都只有一位老師對他的言論做出回應。即便我們曾經觀察過黑人教師，我們也無法觀察到一位黑人教師與白人教師對同一位孩子的話語做出回應的情況。

　　爲了進一步探討教師回應可能的種族性基礎，我們進行了一個小實驗。在這個實驗裡，我們讓五個黑人學生和七個白人學生來聽模擬的兒童主題式與事件式的故事版本。這些學生都是哈佛教育研究所的學生，這些模擬的故事版本都是由同一個人錄製，保留了兒童說話的節奏和語調組，但是卻將黑人語言的文法特徵改變成標準英語，將可能標示社會階級的語言用法（如「down the Cape」）改成較中性的語法（如「at the beach」）。然後我們要求這些研究所的學生評論這些故事形式完整的程度，並對兒童敘述者的可能學業成就提出一些評價性的評論。（原註十二）

　　這群研究生中的黑人人數很少，但兩組（黑人與白人學生）的回應卻有明顯的不同。白人學生較傾向於覺得事件式的故事難以理解，他們也傾向推論敘述者是低學業成就的學生。黑人學生則傾向對主題式故事和事件式故事都做正面的評論，他們雖然注意到兩者的不同，但卻對兩者都能夠欣賞。

　　爲了更細微地顯示這兩群學生的對比性回應，我們呈現以下這則由 Leona 講述的故事，因爲這故事引出最歧異的回應。故事之後，首先呈現 Michaels 的分析，接著是那些研究生之回應的摘要。我們將第 11 行的「was」換成「were」，事件與事件

件之間，我們以空白做爲間隔。

在祖母家

Leona：在喬治華盛頓生日那天／	1
我要去／冰／我祖母那兒／	2
我們沒有／很長的一段時間沒有看到她了／	3
然後／她就住在離我家很近的地方／	4
然後／她／然後她要／	5
我要在她那兒住一晚／	6
然後／每個週末／她會來帶我／	7
像是星期六和星期日／離開／家裡	8
然後我在她那兒住一晚／	9
然後有一天我弄壞了她的晚餐／	10
然後我們正在吃／我們那時在／	11
她付了十塊錢／	12
然後我吃了雞蛋／一些東西／	13
然後我沒吃什麼東西／／	14

　　Leona用一個時間標示語和未來式取向做爲敘述的開始，使用著 SI（分享時段語調）型。她以第 6 行加速的節奏，「我要在她那兒住一晚」來標示這個段落的結束。第二段的開始，時間觀點從未來式「在喬治華盛頓生日那天」，轉成反覆性的「然後每個週末」，SI 調型再度出現。這個段落以第 9 行的加快節

奏作為結束。第 9 行其實是第 6 行在語彙和節奏上的重複，如果將這兩行同時播放，它們幾乎是難以分辨的，這似乎是段落與段落間聯結的一個隱默記號。相同之處在於，不管是假日或是週末，Leona 都在她的祖母家中度過夜晚。第三個段落轉到一個特別的場合──某天共同用餐，是和祖母的關係中的特別事件。最後，短促的節奏和下滑的語調標示出結束。

　　對這個故事的模擬版本做回應時，白人研究生的反應一致都是負面的，提出像「糟糕的故事，不一致」等評論。還有的人說「以描述發生過的事這樣的角度來看，這根本不能稱的上是個故事」。「這個孩子從一件事跳到另一件」。當我們要求這些研究生對這孩子的可能學業表現做判斷時，毫無例外地，他們認為這孩子的程度必然在那些說主題式故事的孩子之下。他們說：「如果這孩子連什麼是故事都不懂，她可能會有閱讀上的困難。」有些人認為影響學校表現的是「語言問題」，有些人則認為可能是「家庭問題」或「情緒問題」使這個孩子這樣的落後。

　　黑人研究生的反應就很不同了，他們認為這個故事形式完整，容易理解而且有趣，「有很多細節和描述」。有三個研究生還將這個故事列為他們所聽到的五個故事中最好的一個。這五位黑人研究生都提到這個故事裡的「轉移」、「關聯」或是「非線性的」的特質，但是沒有人表示因為這些特質而弄不清楚故事的方向。有兩位還試著擴展那孩子的意思，他們說假日就像週末，因為那是 Leona 能夠去看祖母的時候，而祖母是 Leona 生活中的重要人物。有位研究生說如果你沒有做這樣的

推論，你就是沒抓到整個故事的重點（那些白人研究生正是如此）。除此之外，五人中除了一位，都認為這孩子口語能力甚佳，非常聰明，而且／或者在學校非常成功。

這個實驗進行之後的幾個月後，我在紐西蘭待了幾個月，把這些實驗性的錄音帶放給三組白人聽：老師、研究生和語言治療師。他們的反應和哈佛的白人研究生非常類似，他們認為「在祖母家」是一個非常難懂的故事。但是有位紐西蘭老師對這故事的評價卻近似黑人研究生的評論。用她的話來說，這故事「從對於祖母豐富的描述和幽默的轉折來看，是個最好的故事」。她的多文化教學經驗並不如紐西蘭老師那一組來的多，也從來沒有和黑人學生共處的經驗，所以她不尋常的回應似乎和她的敏感度有關——對於孩子嘗試表達之事的底層意義的敏感度。

◀ 對於成人反應的可能解釋 ▶

我們如何解釋教室中的老師，以及研究中的這些白人的反應呢？形式和主題的一些層面，以及蘊含於其中的文化差異，對於解釋而言，可能都很重要。

形式的層面

就定義而言，事件式故事比主題式故事要來的長。單單是

故事的長度本身對教室裡的教師而言就是個問題，因為老師的注意力無可避免地要同時投注於兩個地方：要聽那位正在說話的孩子，還要想想（甚至是擔心）班上其餘的孩子，他們仍然保持著注意力嗎？還有多少孩子想要說話？這孩子的故事要花多少時間呢？

　　就定義而言，事件式故事中有轉換的場景，通常也有較多的角色。如何交代時間關係？如何將代名詞指示清楚？這兩個特徵都為年幼的故事敘述者製造了問題。如，「我的小狗」中有三個同性別的角色──爸爸、小狗和醫生──而其他的研究告訴我們，這樣的情形對年幼的寫作者而言，一直到小學都會是個問題。（原註十三）這個複雜的工作所加重的認知負荷，可能會導致較多的假開始（譯註五）、重複或更正的話語，以及其他的不順暢的地方，這些都增加了聽者理解的問題。

　　對於事件式故事帶給白人教師理解上的困難（我們的研究所呈現的）所做的解釋，對兒童敘述者而言是一種種族中心的解釋。白人與黑人小孩，包括我們的典型事件敘述者──加州的Deena和波士頓的Leona──在故事裡都有自發的更正。這些更正顯示他們語法上的知識，以及因為顧及他們的聽者所做的後設語言思考。

　　結構上而言，語言修補（repairs）有兩種。一種是語彙上的替換。如：

譯註五：　false start，指說的話並沒有持續發展成主題，接下來的話似乎與開始說的話無關。開始說的話，對接下來的敘述而言就好像賽跑時的偷跑般無效。

- 將不正確的名詞改成較正確的指稱：Joe 在重述電影 ET 時，明顯地不知道「移動梯（ramp）」這個字，自發地將「船」更正爲「那種你可以走上去的東西」。
- 將意義模糊的代名詞改成意義不模糊的名詞：在「我的小狗」的第 13 行，Leona 用代名詞「他」來指稱「狗」；然後在第 14 行（可能知道她必須面對兩個同性別角色的問題），她將下一個「他」改成名詞，「我爸爸」。
- 將間接的（他）改成直接的（引述的）言談（你）：如「我的小狗」中的第 15 行，「我爸爸說／嗯／他——『你不能去。』」

　　第二類的語言修補，過去在兒童話語中沒被注意到的，我們稱爲「插入括號（bracketing）」：在原本完整的句子中間，插入解釋的資料，像是寫在括號裡的話。在「我的小狗」開始時，第 2 行到第 3 行間，Leona 干擾了第一個句子，句子裡她的爸爸是主要的行動者，來解釋鉤子的事。以下就是那兩行話，我們將緊臨著括號，即括號之前和之後的話語以斜體表示：

　　然後他／那裡有一個鉤子／在樓梯最上面／
　　我爸爸把我抱起／*我被困在鉤子上*／

　　我們的另一位典型事件式故事敘述者，Deena，也做了插入括號的處理。下面是她的牙齒故事的第一個事件，如同剛才，我們將括號前、後的話語用斜體表示：

牙齒故事

Deena：今天我要把我的牙齒放在枕頭底下／然後然後
　　　我每天晚上一直把牙齒放在枕頭底下／然後我
　　　仍——然後我拿到錢／然後仍然／有牙齒／／

老師：你仍然有牙齒？／／或許小仙子今天晚上會來
　　　拿／將它黏在那裡／／…

　　雖然將牙齒放在枕頭底下是個熟悉的情節，老師仍然錯失
孩子真正的意思。孩子暗指的是不斷製造錢的神奇牙齒，老師
卻推論孩子因為牙齒該消失卻沒消失而感到失望。老師無法理
解或許是因為故事的新奇結尾，但我們可從插入括號式的話語
推論，這孩子實在是試著要將故事說清楚。「一百元」中有更
複雜的插入括號結構，一個括號插置於另一個括號之中：

一百元

　　嗯／昨晚／我…父親／…在工作／
　　他／…每星期四晚上他們都會有這件事／
　　那…每一個人都有這個錢／
　　然後湊起來有一百元／
　　然後…我的／然後……你必須選出個名字／
　　然後我爸爸的名字被選上了／
　　所以他贏了一千元／／一百元／／

　　Carl 想要告訴全班她爸爸昨晚贏了一百元，但是為了解釋錢從哪裡來，她插入對彩票賭錢遊戲的描述。在這個括號之中，又插入一段關於挑一個名字之過程的描述。

　　在這些插入的括號裡，黑人和白人小孩並不只是在一個句子中用一個字來取代另一個字；或是在句子之間，解決代名詞的指稱問題而已。他們是在故事整體的主題內容這個層次上，為故事的聽者做語言修補。他們想著，要了解故事還沒說的那些部分，聽者需要哪些資訊，因而在中途做了一些修補來提供要聽懂故事所需的方向。這樣的做法顯示，這些孩子所展示的能力，不僅僅是回溯性地監看已經說出的話，也不只是話沒說對時，就地修補；他們能夠先一步的想（超前行動地思考），並以聽眾所需的資訊做為內在標準來檢視要說的話。這樣的標準可以稱為後設語言的，或是較明確的，後設語用（metapragmatic）的知覺。

　　聽者所聽到的和分析者所顯示的，兩者間最戲劇性的對比可在「我的小狗」這則敘述中看到。聽者總是認為這則故事不一致，有些人甚至快速地推論敘述之兒童的能力。有位進行補救教學的老師在聽了 Leona 錄音的帶子後，立刻說：「她沒有時間的概念，是個非常笨的孩子。」心理語言學家 James Gee 對 Leona 的敘述感到興趣，因而對好幾個 Leona 的故事做了獨立分析。他對「我的小狗」的分析因為篇幅太長，無法在此處完整地呈現。但是他對於故事本身的評論，揭露出一個複雜的，甚至可說是優雅的結構：

　　如果我們將明顯的假開始從文本中移去，然後將一些本身是意念單位的主詞名詞或名詞片語搬到它們所屬的子句去，那麼我們就可以看到這個文本的理想呈現樣貌（即Puppy-2所呈現的〔Figure2-1〕…一旦我們看到這些 Leona 想說的基本子句或是「主線」，我們就可以明顯地看出：Leona 將她的話語組織成一系列的話語——通常是四行一個段落——這些話語具有平行的結構，在內容或主題上彼此配合。我將這些成組的話語稱為「詩段（stanzas）」。而且，從音節上來看，這些成組的話語聽來好像是一起的，也就是說該用同樣的速度來說，行與行之間甚少遲疑…我在Puppy-2 裡將這些話組以空間隔開。（原註十四）

　　另一篇關於 Leona 的兩則故事的論文——「我的小狗」和「生日蛋糕」（關於為祖母做蛋糕的故事）——Gee 指出，Puppy-2 中不順暢的地方，本身其實提供了一些資訊。這些不順暢處可以說是兒童在那些地方認知負荷增加的指標：

　　假開始、猶豫和非子句單位的增加處，剛好就是故事之主要段落的分界處。也就是說，每當 Leona 完成故事的一個主要段落，而必須移到（計畫）下一個段落時，她就會顯現這些現象，或許是因為在這些點上的認知負荷，或許是因為她的注意力從故事內容轉回聽眾身上（或是兩者皆是）。（原註十五）

Part 1: 介紹
Part 1A: 場景

Last yesterday in the morning	1
there was a hook on the top of the stairway	2
an' my father was pickin' me up	3
an I got stuck on the hook up there	4
an' I hadn't had breakfast	5
he wouldn't take me down	6
until I finished all my breakfast	7
cause I didn't like oatmeal either//	8

Part 1B: 觸媒事件

an' then my puppy came	9
he was asleep	10
he tried to get up	11
an' he ripped my pants	12
an' he dropped the oatmeal over him	13
an' my father came	14
an he said "did you eat all the oatmeal?"	15
he said "where's the bowl?"//	16
I said "I think the dog took it"//	17
"Well I think I'll have t'make another bowl"//	18

Part 2:危機
Part 2A: 使事情更形複雜的行動

an' so I didn't leave till seven	19
an' I took the bus	20
an' my puppy he always be following me	21
my father said "he — you can't go"//	22
an' he followed me all the way to the bus stop	23
an' I hadda go all the way back	24

(by that time it was seven-thirty)//   25
an' then he kept followin' me back and forth   26
an' I hadda keep comin' back//   27

Part 2B: 非敘述性的部分（評價）

an' he always be followin' me when I go anywhere   28
he wants me to go to the store   29
an' only he could not go to places where we could go   30
like to the stores he could go but he have to be chained up   31

Part 3: 解決
Part 3A: 結束事件

an' we took him to the emergency   32
an' see what was wrong with him   33
an' he got a shot   34
an' then he was crying   35
an' last yesterday, an' now they put him asleep   36
an' he's still in the hospital   37
(an' the doctor said ...) he got a shot because   38
he was nervous about my home that I had   39

Part 3B: 正式結束

an' he could stay but   40
he thought he wasn't gonna be able to let him go//   42

圖 2-1 Puppy-2 (from Gee 1985)

主題

當老師嘗試「做聯結」時，故事的主題會造成很大的不同。有些故事，像「郵票夾」和「一百元」，是關於一些廣泛共享

的經驗，具有公眾熟悉的情節（scripts）。在這個文化裡，要求
及接到聖誕節禮物，就是這種熟悉的情節，而且我們知道那些
行動只能用一種方式（某種程序）來進行。Carl 對於彩票賭錢
遊戲的解釋，有用字模糊的大問題：「這個東西」，「這個
錢」，「它湊起來有」，「這個名字」等。但是成人聽眾可以
得到一些關於彩票賭錢遊戲的線索，自行澄清這些模糊之處。
其他的一些故事，大多是事件式的故事，是關於家庭生活的一
些個殊事件——像是Leona小狗的歷險，或何時、為什麼Leona
住在祖母家——這對於傾聽的老師而言，做聯結與利用文本外
的知識來澄清行動間的關係，就困難多了。

　　Leona的老師提到做為家長和老師兩者間一項重要的不同就
是，因為參與了孩子的世界，所以父母「做聯結」要比老師容
易的多了。這種熟悉度的差異對師生互動普遍而言也具有重要
性，不只是在分享時段而已。英國心理學家 Barbara Tizard 和
Martin Hughes 比較了四歲兒童在家和在校的日常會話。在一本
給實務工作者的手冊裡，Tizard 對她的研究有這樣的反思：

　　　　熟悉度幫助成人詮釋兒童的意義和他們所做的溝
通；熟悉度也使得成人能夠幫助兒童將經驗的不同層
面聯結在一起。在我關於四歲幼兒在家和在校的研究
裡，我顯示了這樣的情形：母親和她小孩的熟悉度使
她足以將孩子目前的經驗和過去及未來的事件做聯結，
由此賦予目前的經驗更多意義。相對地，幼兒學校的
教職員工們對兒童相當地不熟悉，對於兒童的家、家

庭或過去所知甚少，因此經常很難有效地與兒童溝通。

　　熟悉度因此不只是有助於雙方情感上的互賴，它同時也有助於回應的程度。而回應的程度在學習中扮演了重要的角色——如果要維持互動序列，如果要發展高層次的社會技能，回應程度是最最重要的…兒童的心智運作因而似乎與他們被嵌入的社會關係緊密相關。（原註十六）

　　熟悉度的問題，無疑地，在學前和小學階段是格外地重要。大一點的孩子可以負起更多的責任，向老師描述他們的世界。但是，老師本身必須傳達出真心的興趣，和願意學習的心意。

文化差異

　　敘述（或說故事）是創塑意義（meaning-making）的策略，舉世皆然。但是，將經驗轉化成故事並沒有唯一的特定方式。用英國教育學者 Harold Rosen 的話來說，敘述是：

　　第一種也是最重要的一種人類心智將經驗敘述化的產品。故事也是人類心智將經驗轉化成發現的產物，做為社會性存在的我們可以共享這些發現並比較他人的發現。

但是，雖然「故事總是在那兒」，

還是要採行重要的步驟。對事件的持續流動，首先必須選擇性地給予注意，詮釋它們宛如它們持有某些關係、原因、主題、感覺、後果——簡言之，就是意義。這種流動若不給予次序就難以掌握，因而我們必須採取下一個步驟，就是發明。是的，發明開端和結尾，因為原本並沒有這樣的東西⋯⋯這就是敘述本質上的元素：它是心理過程的結果，此種心理過程使得我們從經驗中操練出有意義的序列，將經驗放置於界限之內，將其環繞在故事的疆界之內，讓它在精心設計的靜默中迴響，在這樣的靜默中我們必須開始，必須結束⋯⋯敘述無情地編輯原始的錄音帶。

我們建構故事的潛力和傾向，類似於我們習得語言的潛力和傾向：

如果我們先天被預備好學習某種語言，我們必須也被安排接觸該種語言以便學習這語言，以及這種語言之社會性構成的使用方式。同樣地，無論人類心智將經驗敘述化的傾向是多麼地舉世皆然，我們遭逢的仍然是我們所處之社會做這件事的方式。說故事並沒有某種特定唯一的方式；我們所學習的故事文法，是社會的，也是文化的。（原註十七）

別忘了那些黑人報導人並不像他們的白人同事般難以理解

事件式的故事。所以，無法理解和欣賞事件式故事一定是肇因於，或者說至少是文化差異的誇大效果——即黑人和白人聽者帶入傾聽的不同心中脈絡，以及對主題與形式的不同期望。難道說黑人小孩使用有系統的音調和節奏線索，而白人聽者卻做了錯誤詮釋或是根本沒聽見？難道說黑人小孩的故事主題，像是待在祖母家或是「在祖母家」或「牙齒故事」的新奇轉折，對於同文化的成人而言較為熟悉？難道說黑人成人較能欣賞好的口說故事，而無視於這樣的故事以書寫形式表出時，溝通效果的好壞？

分享時段的重要性

往後幾章，我們會再回到本章所提出的議題。就分享時段本身而言，我知道研究者對這些故事的欣賞是來自對錄音帶和轉譯文字耗時的分析。對於那些必須在真實時間做出回應的教師而言，他們的經驗可以想見的，必然非常不同。我希望對某些兒童的口說文本，以及某些老師的回應，做這樣仔細的檢視能有以下的幫助：重新提出「分享時段究竟有什麼作用？」這樣的問題，並且讓以下的事變得較為可能：當我們在探索兒童無法達到教師之期望的原因時，會注意兒童所面臨之工作的複雜度，或是存在於我們之期望中的文化差異，而不是歸因於兒童本身的不足。

再想想 Mindy 的老師和 Mindy 關於做蠟燭的互動。在這個事件裡沒有負面的評量，也沒有教師干擾的現象。就如同 Michaels

在她的分析中所說的：

> Mrs. Jones 的問題大部分出現在 Mindy 低沈地降低
> 音調後的停頓處，這樣的停頓標示某種終結。因此，
> Mrs. Jones 的問題出現在一個完整單位的結束之處，而
> 不被認為是干擾。再者，她的問題層次從一般到特定，
> 到一種 Mindy 可以，而且也的確適切回應的地步。最
> 後，老師的回應和澄清也建立在 Mindy 說出的話語之
> 上。（原註十八）

　　這樣的對話可被正向地詮釋為一種互動「鷹架」，藉著這
個鷹架，老師幫助 Mindy 做出關於做蠟燭之較明白、較精確的
描述；在假定（用老師的話來說）「我們對於蠟燭什麼都不知
道」時，做出一種比較「文字性」的描述。

　　但是對這個事件也可以做另一種詮釋。當我將 Mindy 在分
享時段的話語呈現給一群參加國家英語教師協會會議（National
Council of Teachers of English conference）的老師看時，有幾位老
師認為，Mindy 的老師其實是將孩子的文本調整成符合她自己
的教學目標，並且強迫敘述的發展往某個方向進展。他們指出，
Mindy 開始時提到顏色，但是老師卻將敘述轉移到材質上。之
後，語言教育學者 Dennis Searle 這樣問：「究竟是誰在控制著
語言？」她特別提到我呈現的，做為鷹架之範例的分享時段資
料（像是Mindy的分享）。Searle 承認鷹架的隱喻的確有用，但
是卻提出了教學兩難處境中的核心問題：「到底是誰在建築誰

的建築物？」（原註十九）

　　只有幼稚園及小學教室中有分享時段。但是，和分享時段在某些地方不同，在某些地方類似的寫作討論（writing conferences）卻是在小學全部的年級，在中學和中學以上的學校都有的教室事件。在這種討論中，老師在回應之前可以將文章再讀一次，並且在大眾視線之外，和作者討論。但分享時段和寫作討論，兩者都有一份學生文本，一位多少必須解決如何做適切回應之難題的老師。藉著在老師桌上放置定點麥克風，或是讓老師在教室走動巡迴時帶著可攜式錄音機，我們也可以分析寫作討論。

　　分享時段和學校寫作都存在的一個重要問題是──觀眾。孩子該對誰說話？該以誰為預設讀者來寫作？在分享時段裡，同儕觀眾非常明顯，這樣的事件一方面能促進兒童間的社群感，一方面也是發展口說語言的機會。雙重聽眾這個事實本身可能會增加說話的兒童必須面對的修辭問題，因為老師和同儕聽故事的方式可能非常不同。書寫中也有這種觀眾模糊的情形。在兩個情境中，總是由老師來做回應，而且通常是以評量的方式。更廣泛的說，在所有學校的口說和書寫作業中，無論假想的聽眾是誰，通常是老師的回應才算數。（原註二十）

　　老師就像醫生和社工人員，他們的工作是幫助人。但提供幫助的前提是，我們必須接納和了解。皮亞傑學派的心理學家 Eleanor Duckworth 提到老師「了解學習者的了解」（原註二十一）這件事的重要性。英國社會學家 Basil Bernstein 也用不同的話語表達了同樣的看法：

如果教師文化要成為兒童意識的一部分，那麼兒
童文化首先必須成為教師意識的一部分。（原註二十二）

意識中的重要元素是，我們對文本結構的期望，以及我們
對文本敘述之事件的熟悉度。我把那種意識稱為我們「心智的
脈絡（context in the mind）」。當兒童學習閱讀時，我們常想到
這些心智脈絡的重要性；但當兒童自己製造出文本時——不論
是口說的或書寫的，而詮釋文本的是傾聽或閱讀的老師時，心
智脈絡也是同樣的重要。

◀ **原註** ▶

一、From Dorr-Bremme 1982.

二、Michaels 1981; Michaels 和 Cazden 1986; Cazden, Michaels 和
　　Tabor 1985. 除非特別指明，本章的故事都是取自我們的研
　　究。有些較早期的研究。Hahn 1948 比較分享時段中的故事
　　和訪談中這些兒童的表現。 Lazarus 和 Homer 1981 提到有
　　位老師嘗試將分享時段改變成小組討論。Dorr-Bremme 1982
　　比較了同一位教師的教室裡兩年間的分享時段。Wilcox 1982
　　比較了一所學校裡中產階級學生和工人階級學生的分享時段。

三、Shuy 1981, 172.

四、Michaels 1983.

五、請看 Ochs 1979b 對於"Transcription as Theory"的討論。

六、Smitherman 1977. 請也參考 Heath 對另一個美國社區的黑人小孩故事的描述 （1983, 299-308），特別是 Nellie 的故事（表 8-3），和Leona的故事一樣，這是 關於她的小狗的故事。

七、Martin 1987, 166-67.

八、在一項對於不常被引述，和書寫活動有關的領域之研究的回顧討論裡，Purves 和 Purves （1986）呼籲大家在「對照修辭這個萌發的領域」裡進行研究。

九、Pratt 1977, pp. 103-104.

十、Dorr-Bremme 1982。另一個極度類似的例子是取自Chaudron 1980 提到的一個丹麥研究。根據Chaudron的說法，丹麥研究者發現「當學生被要求提出他們的經驗時……老師對這些經驗中那些似乎對成人而言很重要的層面做回應」（167）。 例如，當一位三年級學生在一場關於鳥的討論中，提說她和黑鳥巢的經驗時， 老師卻對鳥巢的高度提出一系列的問題。

十一、 Tracy 1984.

十二、這種技巧被用於雙語社區裡語言態度的研究。請參考如，Lambert, Hodgson, Gardner 和 Fillenbaum 1960.

十三、Bartlett 和 Scribner 1981.

十四、Gee 1985, 14, 我們刪去部分轉譯的標示。

十五、Gee 1986, 396.

十六、Tizard 1986, 29-30. 這個像書那麼長的版本是取自 Tizard 和

Hughes 1984.

十七、Rosen 1984, 12-14.

十八、Michaels 1981, 433.

十九、Searle 1984.

二十、在一個關於英國的「新聞時段」（和美國的分享時段十分類似）的研究裡， Dinsmore 1986 提到正式「新聞時段」和發生於兒童到校時的非正式談話（兒童會在正式時段提說部分同樣的事件）之間的有趣對比。同一個故事要對老師或同儕說，分享時段時又要再獨白一次，如果我們比較兩種情境中的同一故事，我們將可以了解兒童如何在兩種脈絡中轉換，也可以知道分享時段所要求的那種語言。

二十一、Duckworth 1981.

二十二、Bernstein, 1972, 149.

我的小狗（My Puppy）原文

Leona: Last / last / yesterday / when / myfather / in the morning /   1

and he / there was a hook / on the top of the stairway/   2

and my father was pickin' me up / and I got stuck on the   3
hook /

up there / and I hadn't had breakfast /   4

he wouldn't take me down until I finished all my breakfast   5
'cause I didn't like oatmeal either //

and then my puppy came / he was asleep / and he was —   6

he was /

he tried to get up / and he ripped my pants / and he   7
dropped the oatmeal all over him /

and / and my father came / and he said "did you eat all the   8
oatmeal?"

he said "where's the bowl?" //   9

he said "I think the do —" / I said "I think the dog took it" // 10

"well / I think I'll have to make another can" //   11

and so I didn't leave till seven / and I took the bus //   12

and / my puppy / he always be followin' me /   13

and he said / my father said / "he — you can't go" //   14

and the followed me all the way to the bus stop /   15

and I hadda go all the way back / by that time it was seven   16
thirty//

and then he kept followin' me back and forth and hadda   17
keep comin' back //

and he always be following' me when I go everywhere //   18

he wants to go to the store / and only he could not go to   19
places /

where / we could go like / to / like / t' the stores /   20

he could go but he have to be chained up //   21

and we took him to the emergency / and see what was   22
wrong with him //

and he got a shot and then he was cryin' /   23

and la — last yesterday / and / now / they put him asleep / 24

and / he's still in the hospital / and th — the doctor said 25
that he hasta /

he got a shot because he / he was / he was nervous / 26

about my home that I had / and he / and he could still stay 27
but /

he thought he wasn't gonna to a — / he thought he wasn't 28
gonna be able to let hom go //

he's —   29

T: who's in the hospital Leona?   30

3

課的結構

在第二章裡所討論的分享時段序列都具有以下的基本結構：

1. 教師指定一位兒童分享來啟動這個序列。

2. 被指定的兒童說一段故事做為回應。

3. 教師在指定下一位兒童之前，對故事做評論。

有些故事序列，像是「紙船」，只有這種基本結構。其他的故事，像是「做蠟燭」和「老鐵邊」，在老師提出最後的評論和叫下一名兒童前，因為老師的問題和兒童的回答而在基本結構外還有所延展。

教師啟動（initiation），學生回應（response），教師評量（evaluation），即 IRE，構成的三部分序列是各層級的教室言談中最為普遍的模式。通常，啟動是以問題的形式來表達。（在

分享時段裡，「誰有事情要分享？」這樣的問題可能只在第一個分享的兒童說話前問，之後雖然沒有再問，兒童也知道）。所有對教師引導之教室言談所做的分析都有這種模式的例子，任何一個人聽到都會辨認出這是教室裡的談話而不是非正式的談話：

日　常　談　話	教　室　談　話
Sarah，現在幾點了？	Sarah，現在幾點了？
兩點半。	兩點半。
謝謝。	對。

　　這種IRE模式最為明顯的教室說話事件是由教師引導的課，以及答問，其間教師不只控制主題的發展（以及什麼算是和主題相關的事），也控制誰取得輪次說話。大部分對於教室言談所做的分析其實就是分析這個說話事件。

　　教室互動的研究，或新近或過去，多半將焦點放在課堂上，可能是因為對於人類觀察者和天花板上的麥克風而言，課是比較容易聽得到的。在課堂上，教師和兒童都會出聲音說話，而且（大部分）都是一次一個人說話。如果沒有無線麥克風的裝置（可用小型收錄音機做為較不昂貴的替代品），學生小組間的談話，或是老師和某個學生在教師桌旁或學生桌邊的談話，就會像餐廳桌上或公車上的談話一樣難以聽見。

　　但是對教室裡的課投注關心並不只是因為錄音限制造成的侷限。答問型的課在正式的西式學校教育中（原註一）好像在一再的批評之下仍然毫髮無傷似的；幾十年來，它已有長而堅實的生命。

　　從最近關於課的結構所做的仔細分析文獻中，本章主要選擇 Mehan 在聖地牙哥市，我的教室裡錄影的九節課所做的分析做為討論的基礎。就某部分而言，這樣的選擇是因為個人知識的關係：因為我就是老師，認識那些孩子，可能會提出比較豐富的評論。但是除此之外，Mehan 的分析從以下四個層面來看，格外的有價值：因為分析的是錄影帶，他會運用非口語及口語的證據來對課的結構做推論；他對該結構提出正式的論述，有助於和其他事件做比較；他報導了九節課裡的談話符合這個結構的頻率，並且非常仔細地檢視所有的例外；他並且追溯兒童在一個學年中的參與有些什麼變化。以下，首先在呈現一節課的節錄版；之後我將討論 Mehan 所做的分析裡的這些層面；最後再加上取自其他研究的一些評論。（原註二）

◀ 課的例子：出生地 ▶

　　Mehan 稱為「出生地」的這堂課發生於十一月中旬，是一個社會課單元中的一部分。這個單元有兩個目標。一是要製作並了解地圖。兒童們事前已經個別繪製了教室的地圖，團體也繪製了學校的地圖。這段節錄裡，我們正在一個買來的美國掛圖上指出每個孩子和他們父母出生的地方。第二個目標是藉著在地圖上指出我們共同的地理移動經驗——因著父母或祖父母，我們或我們的家庭都從某處來到聖地牙哥，來減低來自新英格蘭做為訪問老師的我自己和那些住在加州的孩子們之間的

啟動	回應	評論	Cazden 的評論
5. T: Uh, Prenda, ah, 我們看看可不可以找到，你的名字在這裡。你在哪兒出生的，Prenda?	Prenda: 聖地牙哥。	T: 你在聖地牙哥出生。好。	5.個別指名 Prenda
6. T: Um，你可不可以過來，在地圖上找出聖地牙哥？	Prenda: (走過去並指出來)	T: 就在那兒，好的。	6.教師有權確認可答案，甚至在提出只有 Prenda 才知道答案的問題時也是如此。
7. T: 所以，我們把你放上去了（把紙片釘在圖上）			
8. T: 現在，哪裡、哪裡，哪裡，哪裡是，你的媽媽、你的媽媽在哪裡出生的，你的媽媽是從哪裡來的？	Wallace: (舉起手來)		8. Wallace 在基本序列的結束爭取發言權但沒有成功，由 Prenda 繼續說話。
	Pranda: 喔，阿肯色州。	T: 好。	
9. T: Prenda 的媽媽（寫在紙上）			

老師/學生發言	學生發言／動作	老師回應	評註
10. T：Um，現在我們（停歇）我昨天有在地圖上指出阿肯色州。	Prenda：我知道阿肯色州在哪裡。		10.是一個只有兩部份的 IR 序列。
11. T：你能夠，你知道它在哪裡嗎，Prenda？	Wallace：（從座位上指向圖上的阿肯色州） Prenda：（走上前去指出來）		
12. T：怎麼，怎麼，你怎麼來的？你是怎麼知道的？		T：對的，很好。	12.老師問了一個後設過程的問題，要孩子思考知識的基礎。老師的評量，既是對 Carolyn 插話的負向禁止，也是要求 Prenda 再說一次，雖說兩種意圖在她的話裡都不明顯。
13. T：什麼？	Prenda：因為我— Carolyn：今天早上	T：等一下，等一下，我聽不見 Prenda 說的。	
	Prenda：（把頭轉開）		
14. T：誰告訴你的？誰告訴你的？	Penda：是 Carolyn 她告訴我它在哪裡，阿肯色州在哪裡。		

15. T：那麼，Carolyn，妳怎麼會記得它在哪裡？它大約是在整個國家中央，有點不容易找到。	Carolyn：Uh. 因為，因為，所有三位祖母，(停歇) 因為，Miss Coles 要我們找到它，而且它是 A 開頭的，然後我就說那裡（指頭的，然後說那裡）然後它就是在那裡。 T：Uh hum.	
16. Prenda：小岩石。	T：對的，我想或許妳記得，因為 Carolyn 妳昨天有提到小岩石。	
17. T：好的。那這個綠色的是你媽媽的，然後我們會把它放上（把紙片放到地圖上）	Pranda：我爸爸是在那兒出生的。	17. Pranda 的評量也具有啟動關於爸爸之談話序列的功能，頗合邏輯地成為下一個主題。
18. T：這上面說媽媽，		

教學對話	評量
19. T：你知道你爸爸在哪裡出生？ Prenda：（點頭表示對）	
20. T：他在哪裡出生？ Prenda：巴爾的摩，馬里蘭州。	
21. Carolyn：那是在哪裡？ T：是嗎，非常好！ T：好，那是在哪裡？那是個好問題，Carolyn。	21. Carolyn 的問題不但時間上剛剛好，內容也適當。因而老師對她的話做了一個後設評量。
22. T：我不，我想知道，有沒有人知道。	
23. Carolyn：它就在那兒，huh？有個 B。 T：Um，好的，對，它就在這兒，有個 B。	
24. T：Uh，Prenda 的爸爸（在紙上寫著）。	
25. Carolyn：我看到它了－	
26. T：我想我必須要告訴妳，因為我不認為妳會有辦法知道。它在遠遠的…這裡。 Garolyn：這裡。	

			31. Wallace 在一個合理的地方以口語啟動新話題——前一序列已經完成而老師的「好」顯示一個新的開始。他提出的內容是沒能預期到的，相對於 Carolyn(21)；但卻是相關的。
27. T：馬里蘭（Maryland）是 MD，然後這裡是巴爾的摩。			
28. T：你們能從你們那裡看到它嗎，有個B？ 很多人：[可以。 Carolyn：[它就在那裡。 很多人：(發出噪音)			
29. T：(揮手要 Prenda 到地圖那裡來)。 Prenda：(走近地圖，指出巴爾的摩)		T：巴爾的摩利那個個區域。	
30. T：好現在我們…			
31. Wallace：那是十倍遠於…			
32. ＿＿＿：我可以做嗎？			

33. T：好，現在我們，誰剛才說了什麼十倍遠的事？	Wallace：是十倍，那個，聖地距離，ah，牙哥。	T：對的，它離聖地牙哥很遠。
34. T：Uh，Prenda，誰來，誰來自一個，誰的距離比較遠？是從阿肯色州到聖地牙哥的媽媽呢，還是從巴爾地摩到聖地牙哥的爸爸？	Prenda：我爸爸。	T：對，他來 ah，他的路途好好遠。

圖 3-1　關於 Prenda 家庭那一課之部份轉譯

心理距離。（原註三）

以下是老師將兒童聚集，坐在位子上看著地圖時，對這堂課的介紹：

> 有些人昨晚很認真地做了功課，查出他們所在之處，在哪裡出生，或是你的家庭，你的父母從什麼地方來。Miguel 有一小盒色紙，而我們接下來要做的是——如果你知道你在哪裡出生，我們就要用橘色色紙把你的名字放在地圖上的那個地方。如果你知道你的爸爸媽媽從什麼地方來，我們就要用綠色色紙寫上他們的名字，然後用別針別在地圖上（老師做了示範）。現在，有些人今天早上到學校時就準備好了要告訴我說，他們有一些，說他們有一些，他們知道一些事要把它放在，放在地圖上。

Prenda 是第一個被叫到的孩子。圖 3-1 是關於 Prenda 家的轉譯文字的一部分。Mehan 把說話的輪次分配到三個 IRE 欄。右邊第四欄裡的評論是我加的，結合了 Mehan 和我的想法。

根據 Mehan 的分析，這堂課的基本序列（可能包含不只一個 IRE）包括：「決定每位學生（或是家庭成員）的出生地，在地圖上指出位置，然後將資訊放到地圖上。」關於 Prenda 出生地的討論（5-7）只有基本序列。但是關於Prenda的媽媽和爸爸在哪兒出生的討論就從基本序列延展成討論學生知識之基礎（12-17），或是城市間之相對距離（31-34）的條件序列（conditional sequences）。Mehan 把基本序列和可有可無之條件序列的綜合稱爲主題相關組（Topically Related Sets, TRS）。（原註四）

Mehan這樣做是因爲，原先他遇到了不知如何找到介於IRE序列和整節課之間的言談結構中介單位這樣的難題。如果 IRE 是一節課結構上唯一的成分，那麼我們就可以用任何一種順序來組合它們；很明顯的，從主題上來看（或是提出的主張之內容），情況並非如此。再者，我們無法了解爲什麼評量的成分時有時無；也就是說，某些序列並不是完整的 IRE，卻只是 IR（如 10 和 14）。Mehan提出主題相關組這樣的構念後，以上的問題就都解決了。基本序列和條件序列按一定的次序排列在一個主題相關組裡，而評量總是在組的最後出現。在主題組內，每個學生的回應後，不見得都有評量。

任何一位讀者讀了以下的轉譯文字後都會懷疑把話語放到各欄裡是不是還有其他的方式。例如，以下對序列 22-25 的另種編碼方式看來似乎也是合理的：

啓　　動	回　　應	評　　量
T：我不我想知道是否有人知道……	C：是在那裡有個B的地方，啊？	T：嗯，好，對的，是在這裡有個B的方。
T：阿，Prenda的爸爸（在紙上寫著）	C：我看到了—	

而且，我認爲 Prenda 在 16 的發言「小岩石」（譯註：地名，Little Rock）是針對老師在 15 之啓動的額外回應，而不是

學生另外的啓動。但是這些小小的改變並不會減損描述整個結構的價値。

◀ 課之結構的非口語線索 (nonverbal cues) ▶

發現主題相關組後，我們又要問：這樣的談話有哪些特徵？因爲 Mehan 分析的是錄影帶，他從教師行爲的非口語層面找到額外的證據來呈顯 TRS 之心理現實（psychological reality）。每個組開始時「是由口語的、副語言（paralinguistic）的和肢體動作（kinesic）行爲構成的獨特組合做爲信號。」就肢體動作而言，開端「由教師的身體朝向要使用的教材做爲標示」——在以上的例子中，就是地圖或是要別在地圖上的色紙。口語方面，主題相關組是由一小組標示語，像是「現在」（如 8 和 30）來啓動。副語言方面，「這些口頭標示語總是以短促的語調說出。教師啓動一個新主題組時，她的聲音節奏就加快。」（原註五）

在非口語的訊息方面，基本序列和條件序列形成一個互動單位，其間的縫隙並不明顯。然後，在 TRS 的結尾：

> 主題相關組的結束時，有些地方和開端時很類似。一組有限的口頭標示語，包括「好的」和「那就對了」，通常還加上對正確回應的複述，只在 TRS 最後的環節才會出現。當教師說出這些話時，她的節奏漸

漸地緩下來。身體的移轉，以及口語和副語言等界限
的標示同時出現。她把呈現的教材放下來，將手從指
示的教材中移開。（原註六）

　　學生或觀察者能感受到的，那些顯示 TRS 之結束的景象和
聲音，以及 IRs 或是組內 IREs 之結尾，兩者有質的不同。這些
不同實在很難用語言來說明；或許用個隱喻會有幫助。從一個
TRS 到下一個就好像緩緩地慢下來的音樂盒，接著可能由教師，
有時或許是一位兒童，再重新啟動。

　　課，以及其中的 TRSs 主要是由話語，以及藉著話語構成的
活動。於此，非口語行動取代了話語，成為談話事件之結構的
線索。其他的研究者也注意到非口語行動如何在溝通中扮演較
直接的角色。在工作時間，當學生們成組地在教室裡做著不同
的事，老師或許會刻意使用非口語信號，如關燈開燈，來告訴
學生停下手邊的事注意聽，或是站在教室裡的某個地方，告訴
學生她可以或不可以幫助他們。當老師和個別的學生一起工作
或討論時，她身體的姿勢可能會指出——或許她自己沒有察覺—
—她對那份工作的涉入程度，以及連帶地，她願意被打斷的程
度。由於在擁擠的教室中使用口語的溝通管道是如此複雜，使
用非口語管道來達成整個教室溝通某些部分的需求，就不會令
人感到驚訝了。（原註七）

────◄ 關於課之結構的正式論述 ►────

　　很多人間事件的結構可說都有兩個向度。想一想典型美國餐廳中菜單（menu）的結構──也就是說不管提供的是什麼食物，菜單上都會有的那些東西。有一組類別（名稱如「開胃菜」或「甜點」）以某種次序出現。開胃菜絕不會出現在最後，甜點也不會出現在前面，這樣的順序甚少變化。只有飲料（有時沙拉也是）可以在序列中移動，以配合個別的口味。這就是序列性的（syntagmatic 或水平的）向度。在這個序列結構中的每一格裡，每個類別都會有一些選項──如開胃菜、主菜的種類等。這就是同一個結構的選擇性（paradigmatic 或垂直的）向度。

　　有項文化製品非常接近英語的水平向度，那就是上面可以標示月、日、年的橡皮章。序列向度就是這三格的平行系列；而選擇性向度就需要在一特定時間選定某些數字，這些選項可以視覺化為一垂直的表，從中可做選擇。曾經在美國國外填寫過入境表格的讀者們可能知道這些數字的傳統排列方式其實是有文化差異的：美國是月─日─年，但在英國和其他國家卻是日─月─年。

　　教室裡的課也是如此。

序列向度

在下一頁裡，我們用兩種形式來呈現 Mehan 對課之結構系列向度的描述。圖 3-2 的表轉化成陳述更為精簡的圖 3-3，說明最小的單位（從底部左側的 I，R，E 開始）如何被結合而構成漸次增大的單位，一直到課的層次。

Mehan 的分析裡提到課之結構的一項重要特徵，雖說這特徵在他的正式論述裡並不明顯：圖 3-3 裡的序列與序列間的關係，其存在可以跨越相當長段的言談範疇，並不只是針對緊接著的話語而言。例如，在「出生地」裡有個後設過程的問題，「你怎麼會知道的呢？」這問題啟動了序列 12，但是卻一直到十個輪次的說話之後，這問題才被回答與評量——序列 16。此外，Carolyn 提出的，關於巴爾的摩所在地的問題（21）直到 27-29 才被回答。以下是從序列 12-16 的說話內容剝離出的 IRE 結構：

12. I R
　　　R E（負向的禁止）
13. I R　（R 只有非口語的表達）
14. I R
15. I R E（認可但沒有做評論）
16. 　　R E

就像 Mehan 所指出的，這顯示「師—生互動並不只是受制

事件	課							
階段	開場		教學				收尾	
序列類型	指示性的	資訊性的	主題組		主題組		資訊性的	指示性的
			引出	引出	引出	引出		
序列的組織	I-R-E	I-R(Eo)	I-R-E	I-R-E	I-R-E	I-R-E	I-R(Eo)	I-R-E
參與者	T-S-T	T-S-T	T-S-T	T-S-T	T-S-T	T-S-T	T-S-T	T-S-T

↑ 階層性組織

序列性組織 →

key：T＝老師；S＝學生；I-R-E＝啓動（I）—回應（R）—評論（E）序列；
（Eo）＝在資訊性序列中可有可無（optional）的評論（E）

圖 3-2　教室之課的結構（取自 Mehan 1979，73-74）

於立即、當下的刺激。」（原註八）同時這也表示，無論在什麼時刻評定何謂「相關」，都遠比只顧及剛剛發生的話語要來的複雜多了。

圖3-1和圖3-3的正式論述使我們對事件之結構的了解更為精確。如同Hymes所說的，「人所知的結構究竟為何？這事需要澄清。如果把事件裡⋯語句所需的口語拿去，就可以更清楚地看出事件的形式。」當我們把任何事件中使模式具象化的話語剝離，不但是了解教室裡的課變得容易許多，就是在思慮不同談話事件間的異同時，也變得容易多了。我們已經注意到分享時段的類似情形；在另一個教室裡收作業事件間的類似性將於第五章討論。（原註九）

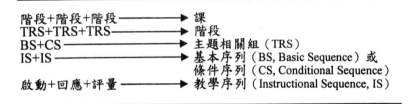

圖3-3　課的階層安排（取自Mehan 1979, 73-74）

再說，談話事件並不是只在教室裡才相互類似。Mehan的分析也幫助我們看出對很多家庭而言，十分平常的一個談話事件裡，哪些類似性是重要的，這個普遍的談話事件就是父母和孩子之間的讀書活動（book-reading）。例如，在Ninio和Bruner所觀察的一個家庭裡，發現兒童兩歲初期時讀圖畫書的活動具有下列這種包含四個部分的事件結構：

1. 引起注意力的口語，像是「看。」
2. 問題，像是「那是什麼？」
3. 回答，通常是一個標籤，像是「那是個 X。」
4. 回饋性的話語，像是「對的，那是個 X」（如果孩子提供了標籤的話）

母親引起孩子注意的口語取代了教師分派說話輪次程序的話語；至於讀故事書對話的其餘部分則符合課的 IRE 序列。而且，在兩種事件中的啓動部分，通常是由提問的成人提出已知答案的問題。

關於學生在學校獲致成功究竟需要哪些先決條件的研究裡，很多研究者都發現：在家裡有大人對兒童讀書這樣的經驗，和在學校表現良好，兩者高度相關。研究者也討論了書寫文本或夾雜在閱讀事件中的對話有哪些特別的語言特徵。（原註十）結構上的類似性顯示，閱讀圖畫書的活動除了實質上的貢獻外，可能也爲兒童數年後參與教室中的上課言談做了預備。

選擇性的向度

關於結構的描述應該同時顧及序列和選擇這兩個向度，但是給予兩者的關注程度則因研究者而異。Mehan 對於課之序列組織的分析鉅細靡遺，但卻只是簡短地評論了選擇性的向度：例如，啓動部分可以是問題（「妳在哪兒出生的，Prenda？」），也可以是命令句（「妳可不可以過來，在地圖上找出聖地牙哥？」，或是宣稱式的言論（「我昨天的確已經在地圖上指出

阿肯薩斯州了」。相反地，英國兩位對談話行動理論（speech act theory）深感興趣的語言學家 John Sinclair 和 Malcolm Coulthard，卻是將他們對教室言談分析的焦點放在形式—功能的關係上。例如，「妳可不可以過來，在地圖上找出聖地牙哥？」這樣的問題如何會被立即地，毫不模糊地了解成一個要做出某種行動的要求（Prenda 就做了），而不是一個問是／否的問題呢（從語法上來看是如此）他們的答案以圖 3-4 來表示，這些說法可以應用於我們談論到的這個例子：

· 句子的主詞，妳，就是句子說話的對象，Prenda。

· 在地圖上找出地圖的行動並沒有指定由某個特定的人來做。

· 話語中包含一個表時態的 can。

· 形式上是一個兩極式（yes/no）的問題。

· 這問題指涉一個當下可以實踐的行動（而且，也可以說，這行動很明顯地對於剛剛講述的課程而言非常合適）

　　因此，將教師想說的意思詮釋成一個指示或命令。（原註十一）

　　就像 Sinclair 和 Coulthard 所指出的，詮釋這種被抽象的談話行動理論定名規範的間接指示句，必須要有先決條件，——即「B（受話者）有能力做 X」以及「A（說話者）有權力告訴 B 去做 X」。但是，在上課時，詮釋這種間接指示句靠的是教室參與者間的權利義務關係；而不是在詮釋某個句子時，特別注意某種先決條件。序列 12 的間接指示則需要較複雜的分析，因為兩項被要求執行的行動（要 Carolyn 安靜，或是要 Prenda 把話再說一次）都沒有真正用話說出來。

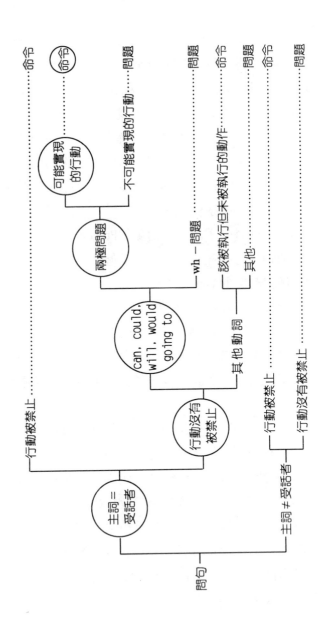

圖 3-4 問句依情境的分類（取自 Sinclair and Coulthard 1975, 31）

　　語言使用的傳統讓說話者除了直接指示外，還有很多方式來要求另一個人做某項行動；而教師能夠以複雜的方式有效地運用這些方式。在「出生地」裡，教師在 12 的評量，包含了一個重複的指示——「等一下」，和一個宣稱性的言論——「我沒有，不能聽見 Prenda 說的話。」就功能上來說，這些話語就告訴了 Carolyn 不要沒輪到她就說話，同時也要求 Prenda 把她剛剛說過的話再說一次。

　　在中學的自然課裡，Lemke 發現此種複雜形式的其他例子。例如，老師指名 Ian 說話，而 Ian 說話時，另一名學生 Rosie 也同時說話，之後老師便說「我沒辦法聽見你說的，Ian。」老師這樣的話語「在功能上，既是要求重述，也表明禁止 Rosie 所做的」。另外一個句子，「拜託！我看著你，你還這樣做！稍微精一點！」這是老師在某位學生丟擲檔案夾後所說的話。這話不只引用不能丟擲東西的規範，同時也涉及「深深隱默著的傳統——即『當老師看著時』違反規範可能會被認定爲是對教師權威的刻意挑戰，是公然違抗的行動，而不只是偶然忘了規矩。」（原註十二）

　　這些間接指示句顯示所有言談的兩項特徵：一是語句形式和互動功能並沒有一對一的對應；二是無論選擇以哪種形式來說話都是某種社會意義的表達。在本書的第九章，我們將思考教師談話中許多間接指示句的社會意義。

◀ 結構和即興演出 ▶

對人類行為的描述需要兼顧兩方面，一是找尋重複的模式，二是辨認（甚至是懷著仰慕之心）無可避免的即興演出。重複的模式——也就是我們所說的，事件的「結構」，或是參與者似乎默默遵守的「規則」——可以從形式上表現出來。但這只是現象的某個部分，不是全部。如果我們想試著描述爵士音樂家的知能，我們不只需要注意到他們對於音樂系統的知識（一組音符構成音階，以及序列性或同時地結合音符的規則），還要注意他們在某些特定時刻將這些知識做有創意之運用的能力。說話者也是同樣的情況；他們不只是依循一般的法則來行動。用兩位教室研究者 Peg Griffin 和 Mehan 的話來說，**教室言談**可以因其特質看成「協商過的談話——在基本的互動模式上做即興演出。」（原註十三）

想想教師控制言談互動和指定學生說話的不同方式。**Mehan** 發現在聖地牙哥的課裡有三種變化方式，其中兩種出現在「出生地」的摘錄裡：

・個別指名：Prenda（5）以及 Carolyn（15）
・邀請回答：22 的「我想知道有沒有人知道——」（**Carolyn**對這邀請做了回應）； 28 的「你能從你坐的地方看見嗎，它有個 B？」（很多人做了回應）

在「出生地」裡，家庭被談論著的那個孩子——摘錄中的

Prenda——被認為是受話對象（addressee），除非另一位孩子被特別地點出（15的Carolyn還有33的「誰」，結果是Wallace）。第三種變化情形，邀請爭取發言權（「如果你知道請舉手…」）使用了兩個IR序列：首先是老師提出爭取發言權的要求，很理想地，學生做了非口語的回應——舉手，接著是老師指定某一舉手者來回答問題。在這個教室裡，第三種變化情形相對而言很少出現——出現頻率只有百分之十，另外兩種變化方式則各有約百分之四十五的出現頻率。（原註十四）

在九節課裡，共有四百八十次指名（nomination）的情形。以上提到的三種正常形式約有四百二十三次（88.1%）；違規情形有二十八次（5.8%），就像12，有名學生不該她說話時說話，於是老師便出言禁止。此外，還有二十九次無法歸類（6.1%），因為不符合各類結構上的定義：如，沒有被禁止的違規（學生在不是輪到她時說話，但並沒有受到指責），沒有根據的禁止（學生按規矩行事但仍然受到指責）。Mehan 認為這二十九個例子「提醒我們分析尚未完成」（原註十五），同時也詳細地討論了這些例子（質量兼具的有力組合）。他指出「即興策略（the improvisation strategies）」的特徵來補足對結構的分析。他對這些特徵的歸類包括「沒做什麼（Doing Nothing）」，「度過（Getting Through）」，「接受意料之外（Accepting the Unexpected）」，及「打開發言局面（Opening the Floor）」。比這些特殊的名稱，或說特殊的策略更重要的是：認清即席演出是教師知能的一個必要部分。

以下我想以做老師的經驗來發言。好玩的是，分析看來越

是優美，對於參與者來說，就越顯得不真實。研究者看到次序的地方，卻常常是我覺得混亂將至的時候。就像 Mehan 所指出的，話語是由單一個人所製造的心理現象；而談話事件，像上課，卻是在兩人或兩人以上合作下所完成的社會事件。以隱喻的方式來說，「學校」永遠是一種必須由一組「演員」參與所構成的演出。但這些參與者中只有一個人──老師──知道要怎麼演，所以她身兼舞台導演和主要演員兩種角色。她是教室文化中唯一說本地語言的人（native speaker）；但是她必須仰賴她的「移民」學生們來幫助她做出文化所定義的活動。

在聖地牙哥的教室裡，甚至連那個主要演員都覺得做為一個小學教師非常生硬。所以，對我而言，Mehan 的分析裡，對我造成最大衝擊的就是他對那二十九個無名案例的討論，那些是不符合定義系統的談話序列，也是那些孩子們不照輪次說話或是都沒有人回答的時刻。他給那些即興策略取的名字也十分真確，特別是「度過」。教學無非就是如此，那是中心、底線──無論發生了什麼事，總是要設法度過。

人類學家，同時也是卓然有成之音樂家的 Frederick Erickson，在對另一所小學的數學課用顯示音樂主題變化的音樂記號來做節奏之分析時，不只是把即興演出看成是一個隱喻而已。在結束時，他說：

> 檢視一小段課的序列中的一些演出實例後，可以推論出一個底層的、理想的模式（典範形式）。……如果仔細地看課之序列的一次演出實例，我們卻會發

現，這演出通常在某些組織的特徵上，會偏離那個一般性的、推論出的模式。除了把這些偏離看成隨機錯誤（自由變奏）外，我們至少還有兩種方式來看待這些偏離：藉著說明系統本身的選擇性規則，把這模式變得更為繁複；或是假定正在發生的事是一種適應性的變奏，依實際活動發生當下的立即情況而有所不同。（原註十六）

在分析課的結構時，Mehan（就像Erickson）選擇了第二個方式。

辨識即興演出之存在不只是讓觀察者有個方式來解釋那些細節不符合單一原型模式的行為。比較積極的說來，它點出參與者——此處是教師——在複雜的環境裡，面對無可避免的快速變化時，調適隱默之知識基模的知能。（原註十七）音樂家（這個隱喻會引發這樣的意象）在集體演出時仰賴共享的基模（schemata）；但教師對她的共同參與者卻沒這麼大的把握，更不確定的是學生對課要怎麼進行究竟了解多少，也不知道學生是否願意用一種不惹麻煩的方式來度過一節課。

◀ 溝通知能 ▶

以上這些關於談話事件之結構的正式論述，不只使我們對事件有更精確的了解，它也構成關於溝通知能的認定，即關於

「一個社會中的成員要參與，所必須知道的事究竟爲何」的認定（原註十八）。就課的情形來說，它是一種關於教師和學生之溝通知能的認定，或假設。

對老師而言，我們可以假定從一開始，課的結構就是一種心理現實（psychological reality）。就它的典範形式而言，它像是一種存在教師腦海中的理想基模，在每次實際的實例中，以不同的適切度被實現出來。（原註十九）

但對兒童來說卻不是如此。他們的溝通知能是漸漸發展出來的。就像是對於一種語言（文法）的描述會提出說該種語言的人必須學習什麼的假設，對課的描述也提出兒童該學習什麼才能全然參與，才能被視爲是具有知能之學生的假設。Mehan追溯了學生一年來的進步情形，發現學生對於老師的啟動，漸漸地，回應較爲適當（時間和形式上皆然），比較正確（就內容而言），而且他們在自己啟動互動序列時，也比較成功。也就是說，學生學會在 Mehan 所描述的結構中說話，不僅是爲了達成自己的目的，也爲了達成老師的。

「出生地」的摘錄裡有兩次學生成功啟動的例子。所謂「成功」，不只是沒被指責；更積極地，它的意思是「取得發言權（getting the floor）」，並影響接下來的言談主題（原註二十）。Carolyn 在「出生地」裡的 21 和 Wallace 在 31 的引言，就時間上來說正好。Carolyn 的問題──「那在哪裡？」精準地預測了在關於 Prenda 的爸爸這個 TRS 的基本序列裡，老師原先必然會問出的下一個問題。（她對老師細密的監看，於 26 的呈現更爲戲劇性。在 26，她以「這裡」這個詞預先說出老師要說的話，用

這個字對老師而言是適切的，因為她離地圖很近，但如果 Carolyn 只是在離地圖有段距離之處，從自己的角度說話，那就不適切了）。Wallace 所說的，「那幾乎是十倍遠，比起——」更是令人印象深刻。他說這話時，老師正好完成關於 Prenda 家庭的 TRS，於是用「現在」來表示她將要啟動另一個 TRS。而 Wallace 的話介紹了一個新的——對老師而言是相關而有趣的——關於距離的條件序列（在「出生地」那一課裡，Wallace 後來藉著提出老師出生於何處的問題，成功地啟動了新的 TRS）。

經過一年，Mehan 發現學生的引言較少被負面的禁止或是忽視，但卻較常被融合入課程的內容。「很重要的一點是，那些干擾課的進行的話語都是發生於一個 TRS 的界限裡，而那些影響課之進行的話語都是發生於主題組之間的轉接處。」（原註二十一）

思考這些發展對於兒童之溝通知能的涵意時，我們覺得重要的是「學會在結構內說話」而不是「學會結構」，因為兒童可能學到的是當下線索的意義，而不是事件整體的結構。想想教堂裡的崇拜情形，會眾在合適的時候站、坐、跪、唱並大聲禱告。這並不是說，禮拜的序列結構是每個成員溝通知能的一部分。傳道人員必須知道這些結構：但是會眾有很多當下的線索可以掌握。有些線索是明白說出的話，像是「讓我們一起禱告。」其他的可能是視覺上的線索，像是傳道人所站之處，他或她正朝向哪個方向，還有他或她手上拿著什麼。課也是一樣的情形。Mehan 在 TRS 的開始和結束時所發現的，身體姿勢的、口說的和副語言的標記，都是學生可掌握的線索，幫助學生知

道目前是在課之結構的哪個環節，何時引言最可能取得發言權。

兒童的溝通知能藉著適當的回應和引言，默默地展現，有時也藉著對不該說話卻說話之同儕的公開指責明白地展現。在「出生地」裡，當下一個要被叫到來提供家裡資訊的小孩是 Martha 時，老師問她，「你在哪兒出生的，Martha？」然後 Edward 回應說，「夏威夷，」Prenda 就給了個負面的評價，「你怎麼知道？你根本不知道她在哪裡出生的。」在這個例子裡，Prenda 的負面評價似乎是針對 Edward 談話的內容，而不是形式。在同一課稍後的另一個例子裡，Roberto 被指名回答，而 Edward 再度地回應，「聖地牙哥。」（Edward 是班上六個一年級生之一，Prenda 和 Wallace 是三年級生，而 Carolyn 是能力很強的二年級生）。這一次，Carolyn 和 Prenda 兩人都提出負向的指責，只針對誰有權力說話這一點：「你為什麼不閉嘴？」「讓他講，你已經講過了。」「現在輪到他。」（原註二十二）

老師只會明白提說一小部分的課的結構；而實際的構成規則還是需要推論而得。照 Mehan 的說法，「學生只會聽到表明教室規則的言論。」（原註二十三）負向的禁止話語像「等一下」則必須對照另一位學生剛剛完成的活動做回溯性的詮釋。而即便「舉起你們的手」指涉著可能會發生的事，兒童每次還是要弄清楚這個命令到底持續多久。至於何時有轉接處或縫隙讓學生可做成功的引言，這個關鍵性的問題從來就不會被明白告知，而且也不可能這麼做。這是老師內在知能的一部分，只是由研究者明顯指出。因此，在沒有明白教導的情況下，兒童必須學習當他們在學習語言時，需要知道什麼。就像是兒童學

語言，他們學到的，總是比能夠明白教導的多得多。

◀ 課的重要性 ▶

清楚而一致的課程結構的好處之一是，它使參與者專注於內容而不是程序。有名的兒童電視節目芝麻街提供了一個可以類比的例子。芝麻街節目裡有個歸類的遊戲，「這些東西裡有一個和其他的不一樣。」這遊戲總是以某種視覺形式（2乘2的圖表）來進行，由同一段音樂介紹遊戲的開始。這些視覺和聽覺的「脈絡化線索」很快地，無須進一步介紹地，告訴那些常看節目的人，將要玩什麼遊戲，需要進行怎樣的心智功課。再者，一但觀眾熟悉了這樣的形式，更多類型的內容——按照顏色、形狀、數字、功能等來歸類——就可以被安插到節目中，無須做進一步的指示。

課也是如此。既然課的結構一致地是由老師來實踐（但仍有即席演出的彈性，我們已談過），而且她的學生可以學的到，那麼如果對轉換的脈絡，和脈絡裡適切的話語給予清楚的線索，課的結構就會變得非常熟悉而可預期。管理的問題因此就能減到最少，老師和學生就可以把更多注意力放在課的學業焦點上。（原註二十四）

在朝著這個理想努力時，我們必須注意幾個地方。一，有些言談模式，學生會學的「過」好。看下面的師—生序列：

　　Ｔ：3 乘以 4 是多少？

　　Ｓ：ㄅ——

　　Ｔ：2 乘以 4 是多少？

　　Ｓ：8。

　　Ｔ：嗯。3 乘以 4？

　　Ｓ：9,10,11,12。

　　Ｔ：所以 3 乘以 4 是多少？

　　Ｓ：12。

　　老師可能希望學生從這樣的序列裡學到一些加法和乘法的關係。但是他們可能只學會了某種口語序列的模式，其中，「所以」引出的問題，答案就和剛才問題的答案一樣。這樣的模式，藉著某個連接語像「所以」來完成，似乎在每個層級的教室裡都是平常事。它把答案廣播出來，因而幫助老師「度過」。但就像瑞士的研究者 Lundgren 所指出的，「使用語言建立的一種溝通模式，會造成學習的確正在發生的假象。」（原註二十五）

　　教師的重要工作是找尋證據，檢驗是否不只是學到模式的學習已經發生。以下是取自一個學前教室的另一個例子，觀察的是學前教育學者 Kathryn McGeorge：

　　Ｓ：這裡有一隻蒼蠅（在教室裡）。

　　Ｔ：蒼蠅為什麼跑到裡面去？

　　Ｓ：我不知道。

　　Ｔ：為什麼老鼠（在剛剛讀過的故事裡）跑到裡面去？

Ｓ：因為它很冷。

Ｔ：所以，你想為什麼蒼蠅會跑到裡面去？

Ｓ：因為*他*很冷。（原註二十六）

在這個例子裡，兒童對「*他*」的強調，即將這個代名詞和老師前面說過的話裡的*蒼蠅*聯結，似乎顯示兒童已經了解這兩種動物間的實質關係，而這也正是老師想要提示的。

第二個潛在的問題是關於教師的控制，而非兒童的學習。如果，在經過重複的練習之後，兒童學會了一段教室言談的序列結構，他們可能會藉著大聲預測將會發生的事來表達他們的內在知識。教師們對於這樣的引言有著不同的反應。

Erickson 和 Mohatt 在一個加拿大原住民保留區裡，比較了兩位一年級的老師，他們發現兩位老師在這一點上有很大的不同。有個班級，教師本身就是原住民，而且她已經在保留區教了二十年。每天一早，兒童已能預期老師會問一系列關於年、月、日的問題：不只是老師不等學生就啓動活動，就連學生也是不等老師就開始活動。互動已有組織，因此老師和兒童能夠不等待對方就開始某項活動並繼續下去（原註二十七）。

在另一間教室裡，是一位剛來教美國原住民學童的老師，她比較不能容忍這種學生的啓動：

老師在發動第一個要大家集中注意力的行動之後（「好了，各位／現在大家來看這些字／／」），位於教室各處的兒童開始大聲地把一行行的字讀出來。

在老師聚集整組學生的注意力時（她並且在這麼做之前轉而面向學生），學生們其實已經讀了兩欄字；不過，根據老師的計畫，兒童大聲讀是「非正式」的行動。在老師說了「好／我想大家都認得這些簡單的字」之後，它才變成「正式的」行動。以老師組織方式的脈絡而言，兒童的啟動「太快了。」注意這位老師說的，「SH／現在等等我。」（原註二十八）

我們應該接受這樣的預期，將它看成顯示兒童已經學會我們的腳本，而且非常注意它的正向標記呢；還是應該批評孩子不聽指示並篡奪了我們的角色？

現在讓我們想想整體的課的結構。我們能說它有什麼教育意義？Jay Lemke，一位物理學家和科學教育學者，曾經分析高中的科學課，他說，「就像是發展主題的一種模式，三部結構可被了解為一種教師的獨白，其中一些關鍵的教師資訊被轉化成教師提問／學生回答的組合，必要的教師評量是用來確認這些組合是否等同於教師想要提供的資訊。」（原註二十九）TRS可類比於課程大綱的主要分部，而「現在」這種在開端出現的標記，就像是在演講中主要的主題轉接處出現的，「對的，好，讓我們往下談，說到…」這種標記。初步看來，Lemke 的提議好像最符合那些教師只問自己知道答案之問題的課。在那些情況裡，整節課可以看成教師將一場演講轉化成互動的形式，教師本可對自己演說，但卻比較喜歡將它們轉化成 IRE 序列，其中有讓學生回應的地方，以便讓學生保持注意力，或是測試他

們的知識。

那麼「出生地」呢？此處，老師並沒有預先知道答案。那些要在地圖上標示出來的特定地方不可能預先知道。所以這種課並不是一種預先計畫好之演說的轉化。但是主題的大要，一個接著一個的孩子必須重複的主題，是預設的；在這個預設的架構裡，特定地點很容易替換。Lemke 的提示甚至可以幫助我們來解釋，在序列 20 中，如果不是從這個角度來看的話，其中的評論聽起來就會很奇怪了。當 Prenda 說她爸爸出生於馬里蘭州的巴爾的摩市時，老師的回應是，「真的，喔，好！」看錄影帶的觀察者通常看到這個部分都會發笑，覺得奇怪到底巴爾的摩市有什麼特別之處。有一個可能性是因為巴爾的摩市距離聖地牙哥非常遙遠，討論它的地點應會擴展課的範疇。老師所做的正向評量，與其說是因為 Prenda 的知識，還不如說是因為她的話語能夠對這一課有所貢獻。很類似地，老師對於Carolyn 和 Wallace 的引言的激賞——表達於「那是個好問題，Carolyn」（21），然後回到 33，Wallace 被干擾的言論——也表示它們的雙重價值：這些學生引言顯示個別學生的專注和思考，以及這些話對於整個活動（總是不容易成功）之貢獻。

任何一種事件結構只適合某些教育目的。我們並不主張只有某種教室言談的課具有普遍性的價值；而是，我們應該考慮它們能符合哪些目標，不能符合哪些其它的目標。在「出生地」裡，課的結構對於組合那些關於地點和距離的、可以簡短回答的事實性資訊而言，非常合適；但這種結構就不適合關於家庭為何遷移的討論（如，當一位西班牙裔的媽媽到教室裡來描述

她家從墨西哥搬到聖地牙哥的經驗）。

　　Stodolsky 和她同事有個研究，是關於數學課與社會課在有三種不同社經地位學生的學校系統裡分配的情形。在研究最後，她們討論到言談形式和教學功能兩者間的契合問題。她們把這些課稱為「答問（recitations）」（相對於「討論」）。她們發現在數學課裡比社會課上有更多的答問，在低社經地位的學校裡則更多，她們做了如下的結論：（譯註）

　　　　教學法長久以來都確認答問的形式是一種拙劣的教學方式。這樣的批評是基於這樣的假定：答問強調低層次的心理過程，是由老師來主導，而且「很煩」。雖然我們的資料無法去除這樣的批評，但是我們相信，我們應該想想答問可能的正向層面……兒童的注意力在答問時相對地非常高，而且有些教師的目標可以用答問的形式來達成。特別是技巧取向的科目，像是五年級數學，大家一起練習、複習、檢查作業等，或許能夠和其他方式一樣有益，或甚至比某些方式更有助於學習。像是讓學生在自己座位上工作時，老師只能和有限的一些兒童互動……答問可能特別合適那些屬於計算和事實性的科目。（原註三十）

　　如果我們承認言談結構和教育目標的配合是重要的，我們就必須問，為什麼答問形式的課在某些學校比起在其他學校要來的普遍，而且我們必須警覺到這樣的危險：課程中有太多的

譯註：recitation 是學生口頭答問的意思，老師針對學生學過之課程提問，答案因此有既定的內容與方向。

部分——特別是對某些兒童而言——正被化約成「計算的和事實性的事」。

◀ **原註** ▶

一、如要參考關於課之持續存在的討論，請看 Hoetker and Ahlbrand 1969; White 1974 and Cuban 1984。如果要參考對不同年級層的課之結構所做的分析，請看 Dunkin and Biddle 1974; Sinclair and Coulthard 1975; Mehan 1979; Lemke 1982, 1986 和 Malcolm 1979, 1982。

二、Mehan 1979。有些轉譯文稿是取自他的未出版著作。

三、這本書裡使用的所有來自聖地牙哥教室的例子，我們都看成言談，而不是教學。思考這一課時，我很後悔沒鼓勵孩子自己來寫出出生地的標示記號，沒讓他們自己把標號放在地圖上。

四、Mehan 1979, 65-71.

五、「同上」，p. 66.

六、「同上」，p. 68.

七、這些例子是取自 Shultz and Florio 1979 以及 Shultz 1979。如果要參考教室中非口語溝通的文獻探討，請看 Woolfolk and Brooks 1983, 1985。

八、Mehan 1979, 76. 對於以認知觀點來批評行為主義對學習的解釋這項工作而言，找出那些證明跨越非緊鄰單位之（語

句）仍然相互依賴的證據是非常重要的。可參考 Lashley 1961 and N. Chomsky 1957。

九、Hymes 1972b, 661.

十、請參考 Ninio 和 Bruner 1978 關於圖畫書閱讀活動的文章。此外，關於文本的重要特徵，請看 C. Chomsky 1972; 關於互動，請看 Snow 1977; Snow and Goldfield 1982; Cochran-Smith, 1983, 1986; Wells 1986; Heath 1982a; 和 Miller, Nemoianu, and DeJong 1986。Lemish and Rice 1986 則比較了成人與小孩在看電視時和閱讀讀物時的對話。

十一、Sinclair and Coulthard 1975.

十二、Lemke 1982, 96, 81.

十三、Griffin and Mehan 1981, 205。 在這本書裡，我使用結構（structure）來指涉研究者所分析的模式。相對的，像規則（rules）、腳本（scripts）和基模（schemata）等術語，指的是我們假定某些參與者心裡一定有的那些模式的心理表徵。雖說這些描述心裡狀態的術語可再做進一步的區分，我在這本書裡卻是交替地使用它們。

十四、Mehan 1979, 96.

十五、Ibid., p. 106.

十六、Erickson 1982b, 178.

十七、Schön 1983 用這些術語來討論各類的專業實務。

十八、Hymes 1972b, 66.

十九、若要參考以此種意義來討論「典範形式（canonical form）」這個概念的討論，請看 Erickson 1982b 的音樂隱

喻；Malcolm 1982 在澳洲原住民學生的班上對該形式之變化的描述；Wille 1983 關於幼兒學習成為學生的研究；和 Cazden（準備出版中）的文獻探討。

二十、「取得發言權」這個語句是取自 Philips 1983.

二一、Mehan 1979, 80.

二二、「同上」，p. 111.

二三、「同上」，p. 161.

二四、有一個相關的教室形式，「例行事件（routines）」——指少有變化，重複發生，因而自動化了的行為序列，像是發紙——這會減少有價值的教室時間和注意力。請參考，如 Leinhart, Weidman and Hammond（準備出版中）關於小學數學課中例行事件之研究。

二五、Lundgren 1977, 202，取自該處的例子經過改編。

二六、McGeorge，私人溝通，1984。

二七、Erickson and Mohatt 1982, 161.

二八、Ibid., p. 164.

二九、Lemke 1982, 46.

三十、Stodolsky, Ferguson, and Wimpelberg 1981, 129; 以及 Graybeal and Stodolsky 1985.

4

課之結構的變化

三部分 IRE 序列是教師引導的談話事件中最平常的序列。用語言學的術語來說，這是「不顯著（unmarked）」的模式。電腦術語中有個更能表達這個意思的標籤：我們可以說 IRE 是「自動設定（default）」的模式——也就是，在沒有採取特別的行動來執行某種功能的情況下，電腦執行功能的方式。

例如，除非我在一列列印格式的選項中改變一個數字，否則用來寫這本書的文字編輯軟體就會以雙行的間距來列印所有的文本。每次我關掉電腦，電腦就遺失了對那個改變的記憶，然後程式又回到雙行的間距。雙行間距就是自動設定的選項——一般自然的情況下所做的。所以，在教室裡，以學校做為一種機構的性質而言，教室言談的自動設定模式——一般自然的情

87

況下所做的，至少對教師而言——就是 IRE。

但是其他的，較爲顯著的，非自動設定的教師－學生互動模式也會發生；而且小小的轉變可能具有相當程度之認知與社會的重要性。

這一章的主要目的是提升我們對那些其他選項的知覺，並建議思考它們的方式。我們將探討說話反映出不同教育目的的變化情形：包括參與的人數（如，教師和一位學生，而不是一整組的學生）；互動的媒介（電子郵件而不是口頭上的）；和學生間的文化差異。令人感到驚訝的是，關於不同年紀和層級學生的談話有何差異這個主題的研究竟非常的少。

◀ 談話的目的 ▶

有很多理由使得教室成爲複雜的社會系統，談話的多種不同目的也是其中之一。即便我們只把注意力放在教室正式播音時間的談話上（即忽略在每日行事中的縫隙中的非正式談話）；放在那些教學的談話上（忽略那些管理的和程序上的談話，雖說老師很難做到），在一個教室裡仍然有多重的議程同時在進行——不但是每小時不停的轉換，甚至是每時每刻都在轉換。

有項重要的轉換，是從背誦改變成某種很接近「真正的討論」的情況，以便處理不符合課之結構的主題。我們很容易想像一種上課的情形：於其中，學生探索想法，而不是提供老師測驗性問題的答案並接受評量；教師的談話量少於一般情形中

三分之二的量,相對地,學生說得較多;學生自己決定何時說話,而不是等著被老師點名說話;學生彼此之間直接對話。是的,很容易想像,但卻不容易做到。觀察者很難找到這樣的討論,而教師即便願意,有時也很難創造出這樣的討論。

很幸運地,有些研究報導了一些這樣的例子,足以幫助我們看到討論是什麼樣子,探索為什麼它們是如此稀少。這些分析顯示了言談特徵中三個層面的變化情形,包括說話的權利,教師的角色,和談話風格。(原註一)

說話的權利

在典型的教室裡,師生的權利義務中最重要的不平衡情形就是對於談話權的控制。直接了當地說,教師可在任何時間對任何人說話;她們可以填補任何的沈默時刻,打斷任何一位說話者;她們可在教室裡任何一個地方,以任何程度的音量和音調對學生說話,而且沒有人有權利反對。但並不是所有的老師都認定教師角色所賦予的這些權利,或是總是藉這些規則在教室中生活。

Mehan 所描述的,教師指定學生回答問題的程序是典型的上課狀態。討論的重要特徵之一是由這種典型狀態轉變成較由學生自主選擇的情形,從教師對說話輪次的預先分配,轉變成在說話的當下,較依當時情境決定說話輪次的情形。因著這樣的轉變,教室談話變成較像是非正式的談話——也不是全然像日常談話,因為教室裡總還有一大群潛在的說話者,以及必須

顧及的教育目的，但可以說是比較接近了。（原註二）

　　以下是取自Vivian Paley的幼稚園教室裡的一段談話，是這位老師自己的描述：

> （Lisa正在告訴我們由Leo Lionni所寫的「Tico和金翅膀的故事」。孩子們和我對Tico有不同的看法；我稱許Tico是個不從眾的人而孩子卻將他視為對社區的威脅……）

> T　　：我覺得Tico必須要放棄他的金翅膀這件事不太公平。

> Lisa　：很公平啊！你看，他沒有金翅膀的時候，他很好。但是當他有金子的時候，他們就不喜歡他了。

> Wally　：他認為他有金翅膀的時候比較好。

> Eddie　：他比較好。

> Jill　：他不應該比較好的。願望鳥給他那些金翅膀是不對的。

> Deanna：她必須讓他實現他的願望。不應該的是他，他不該希望得到金翅膀。

> Wally　：他可以把黑翅膀放在金翅膀上，人家就不會知道了。

> Deanna：他們擠上去看到了金子。他應該給每隻鳥一片金羽毛，然後自己留一片。

> T　　：為什麼他自己不能決定自己要什麼羽毛？

Wally ：他必須決定他要黑色的羽毛。（原註三）

　　下面是另一個例子，取自一節高中歷史課，主題是路易十四對於基督徒反對者所做的處置：

T ：路易十四對於基督徒所做的處置完全無法令人接受，可是也有人説他這樣做是合理的，他們的論點是路易十四這麼做是在照顧國家。你認為路易對那些基督徒的處置是合理的嗎？

S1：我覺得，你看，他們的確是反叛啦！那些事。我不認為他應該處理的這麼過火，完全將他們趕出國家，使他們，像是，在社會上感到恥辱，你知道，像是剝奪他們的工作。如果他們不會干擾他的統治方式，和他們的宗教，為什麼他要干預他們呢？

S2：他所做的部分是對的，但是我也覺得他不應該把他們趕出去，就像她剛剛説的。因為他是誰，竟可以説他們如何可以……？即便那全都是天主教，他可以給他們，像是，宗教的自由。

S3：我覺得他一點都不合理，就像 Lydia 所説的，他最後是必須被，幾乎被圍繞在他身邊的人説服，那些人説，「看啊，看那些基督徒。」你看，「你怎麼不處理處理那些基督徒呢？我們不喜歡他們」……這是他最後需要征服的地方之一，所以他最後

決定出去把他們給殺了。我認為這完全不公平。

T ：我知道你為什麼這樣說，但是我不知道我是不是可以全然同意。有沒有人不同意這些人剛剛所說的？Marty？

Marty：我不是真的反對，你知道的，我們都知道這個故事，事情是怎麼發展的……他們希望擺脫那些基督徒。就像是那樣，你知道的，此處的我們，如果我們不喜歡某人，像是，你知道的，義大利人和納粹──有點是同一回事，他們眼中，像那樣的事。我不認為他可以證明自己是合理的。

S4：在那個時候，教會和國教就像是同一件事，所有的事，所以我想，像路易就是那個樣子，就像路易──當然今天不再是那個樣子了，當你是國家的一份子的時候，只要是國家的一份子，你就會覺得是那樣。在那些時候，教會和國家指的是同樣的東西，然後如果他看到人民和教會決裂，然後他想，他們就是和他決裂，然後他想阻止，那幾乎就是他唯一可以做的事。

T ：所以你覺得他所做的事是有理的，從他的角度來看的話，他有理由認為自己所做的是合理的。（原註四）

在這兩個例子裡，輪流說話的情形並不像一般的上課序列。在每位學生說完話後，老師並沒有重新取得發言權；情況卻是：

有些序列裡，學生緊接著學生說話，無須被老師指名。在幼稚園裡，說話的序列是：

　　　　T-S-S-S-S-S-S-S-T-S-

　　在歷史課裡，序列是：

　　　　T-S-S-S-T-S-S-T，然後是，S-T-S-S-T-S-S-T

　　歷史課的變化看來可能不大，但卻是個重要的變化。習慣了一般上課程序的學生也會感到非常不同。

　　這樣的轉變，沒有了教師指名回答的部分，也就省卻學生舉手的需要。在那節高中課的討論裡，老師第二次說話結束時，她指定了一位學生（Marty）說話，可能是 Marty（或許還有其他人）對老師問「有沒有人不同意……？」時，舉手做為回應。要學生或老師不做長久習得的習慣動作實在不容易。

　　我記得在哈佛有一個小型的研討會，幾個月來討論馬克思有關教育的書寫。我扮演了一個相當輕微的角色，不論是心智上或是管理上都是；而學生的自我選擇卻成為常模。但有一次，輪到我說話，而我也真的說了話之後，下一個學生在那時突然忘了當時特別的討論情境，開始舉起手來，令大家都感到好笑。

　　有種轉變和改變成自我選擇說話輪次的情況有關，但不見得會自動發生，那就是說話者如何彼此指稱和指稱老師的方式。在大部分的課裡，老師是所有學生話語的受話者，而且學生也很少提到其他學生說的話。在歷史課的例子裡，注意 S2 的這個語句「就像 Lydia 所說的。」之後，另一個學生是這樣開始的，「我認為 Marty 是錯的。」學生彼此指涉，但卻是以第三人稱的方式，而老師仍然是直接的受話者（addressee）。

如果學生直接地對彼此說話，那就更接近平輩之間的日常談話，不過這在學校裡畢竟比較難得一見。Lemke 將這種情形稱爲「交叉討論（cross-discussion）」，而且在他的中學自然教室的研究裡尋找這種現象：

> 交叉討論是學生之間的對話，其間，教師並不一直是中介者。這樣的對話，雖是科學教室裡公開言談的一部分，卻屬稀少⋯公開的交叉討論有著這樣的信號：即學生公開地對彼此說話，而不是對老師說話⋯當有人聽到學生說：「我想你忘了⋯」，而不是（對老師）說：「我想她忘了⋯」，那麼就是交叉討論正在發生了。類似地，如果學生提到老師時，使用第三人稱的稱謂方式，那也是交叉討論發生的信號。（原註五）

這種學生彼此直接說話的交叉討論，在倫敦一所完全中學裡，由十五歲的學生組成的班級裡經常發生，或許不只是因爲老師鼓勵這種做法，而是因爲她對這群學生教授英語及社會的統合課已有五年之久。這所學校位於 Hackney Downs，當時是倫敦最貧窮的區域之一。這個班包括來自非洲和加勒比海岸，以及白人工人階級家庭的學生。英語教育者 Alex McLeod 記錄了學校課程裡一場關於非洲－加勒比海文化之地點的討論。教師，John Hardcastle，以一個問題做爲討論的開始：

真的，我現在嘗試要做的是提出一個大問題，那就是，所有這些關於種族主義的事，只和黑人有關呢，還是說那是對每個人而言都很重要的問題？

某段時間裡，討論來來回回地在David（家庭來自Trinidad）和Ricky（白人）間進行。注意他們使用了「你」這個指稱詞和對方的名字（以左邊空白處的箭頭標示）：

> David：這必須回到奴隸那個時代來看…
> →Ricky：David，為什麼白人可以全然地接受他們的祖先所做的事情？
> David：他們可以分辨出那不是他們做的。
> Ricky：你不覺得黑人也知道這樣的事情嗎？難道你認為黑人用那個作為藉口，有點，來博取更多的同情嗎？
> →David：你不認為有些白人甚至連黑人的歷史都不知道嗎？（原註六）

在這些轉譯文字中並不明顯，甚至也很難從錄影帶上看出的，是眼睛的注視方向，特別是那些說話的學生。在一般的課裡，學生說話時總是看著老師。她是唯一一位正式的受話者。Philips 對這種一般情形有如下的描述：

> 當老師在說話的時候，學生看著老師多過看其他

的地方。當一個學生在說話的時候，學生眼睛看著老師，把老師當成話的接受對象。同儕們，相對地，並不像老師一樣經常注視說話者的臉。他們看著聆聽中的老師多過那位正說話的同學。當一個學生在說話的時候，其他的學生常常並沒有看著任何人，他們不是看著遠方就是看下面。

注視方向的這種模式，支持這種關於規範說話之系統的印象，即學生不該扮演規範同儕話語的角色。在正式的談話結構裡，一個孩子有沒有得到發言權，是由老師藉著口頭與視覺的訊息來認可；或者，老師會以兩種訊號都不發出的方式表示不認可。（原註七）

有個小學老師非常看重討論的價值，但承認讓它發生實在很困難。她告訴我，她試著不去看那位正在說話的孩子。雖然看來有些無禮，但是她認為這樣做鼓勵了說話者和同儕做眼神的接觸，而且也使得另一個孩子自選為下個說話者這樣的事更可能發生。

除非學生能看到彼此，否則以上所說的這些轉變就不可能發生。當位置是成排成列時，討論幾乎是不可能的──對每個人來說都是如此，不只是學生。有個實驗研究比較了三個五年級的班級，觀察他們為了寫作討論進行腦力激盪的時段。每個班觀察三次──一次學生成排坐，一次是一群一群地，一次是一圈圈地。在成圈的安排裡，學生最少舉手，有最多並非回應老師之指名，而是針對討論主題而發的評論；而且學生退出、

不參與班級活動的情形也最少。研究者做結論時提了一個簡單
的建議：「希望助長學生在討論時段互動的老師，可以考慮將
桌椅安排成圈圈，這樣是明智的。」（原註八）

　　在教室裡移動椅子似乎是件惱人的事，特別是對於那些還
必須學習如何安全地拿椅子的幼兒。但是，除了圓圈對討論的
特殊價值外；或許，對可有不同言談模式的事件做不同的物理
空間安排，一般而言是很有幫助的，特別是對幼兒而言。就像
是，藉場合來區隔語言使用有助於學習第二語言，此種空間轉
變的視覺信號應該有助於學習轉換說話的方式（原註九）。

教師的角色

　　在一系列的研究裡，J. T. Dillon（歷史課的例子就是取自他
的研究）一直嘗試了解爲什麼討論這麼困難達成。他的結論是，
「破壞」討論的（雖然似乎令人感到驚訝），是教師提出的問
題，以及伴隨這些問題的那種互動的快節奏。（原註十）

　　教師的問題。上課時，老師問些他幾乎總是知道答案的問
題（通常稱爲測試問題）並且評量學生的答案。在討論時，她
的角色不但應該在量上有所縮減，在功能上也應有所改變。

　　再想想剛才引述的三個例子。那位幼稚園的老師做了一個
評論，然後問了一個誠懇的（即非測試的）問題，而且沒有做
評量。歷史老師問了兩個誠懇的問題，做了一項評論，也表達
了一個不同的意見。倫敦那位老師以一個「大問題」來開始，
中間介入以便做進一步的探索〔「Sunday」（來自奈及利亞），

「如果有這麼一位白人中產階級的老師，他將要在像這樣的區域工作…他說：『為什麼我要介紹關於黑人的教材，這不過會區隔孩子罷了』，你會怎麼說呢？」〕然後製造出空間，以便讓某個學生說的話被聽見（「繼續說，David，然後是Kevin。」）（原註十一）

　　對這位老師而言，從提出一系列的問題轉變為其他的互動方式，不只是表面口語行為上的轉變。從課到討論這種轉變的核心所在，是對於知識和教學的不同概念。在第三章的結尾，我提出，課是一種互動的形式，它合適那種事實性的，可被評量為對或錯的資訊，而且可以為了在學生短短的答案裡展示此種資訊，再將資訊切割為更小的單位。如同 Stodolsky 和他的同事所指出的，有些學校的課程內容就像那樣——如，可計算的事實和地理的資訊。但是，幼稚園兒童對公平的概念，和高中學生所了解的君王對反對者的處置情形，或是誰該學習種族主義這樣的問題，是屬於不同種類的知識，這些知識需要不同種類的言談結構。

　　不過，光是教師有改變的意圖是不夠的。教師和學生的上課行為行之已久，用另一種方式來說話並不容易。前面我已經提出鼓勵說話輪次方式改變的一些方法。Dillon 也提出，除了一般的教師問題外，教師另外的、可行的說話方式：

　　1.宣佈式的言論——如幼稚園老師的開場白。
　　2.反思性的二度言論（restatement）——如歷史老師最後的評論。
　　3.邀請闡釋——如那位倫敦老師對 Sunday 提出的問題。

4.以及（其中最困難的）沈默。（原註十二）

速度。大部分的教室言談研究都沒有使用計時的碼錶。雖說，即使某位說話者的話和其他人的話語重疊，我們仍可以極小心地來轉譯這些話；但我們通常不會注意話語缺席的時候，不會注意到沈默的放置和持續情形。

科學教育學者 Mary Budd Rowe 卻在過去二十年裡，將這一點當成研究的主要焦點。在最近她對這些研究所做的摘要裡──包括從小學到大學的教室，從特教老師到博物館的導覽人員──Rowe確認她早些時候的發現，她說：「當教師問學生問題時，對學生的回應，她們通常只等待一秒或少於一秒的時間；學生停止說話後，她們在不到一秒的時間內，就又開始做回應或提出下一個問題。」相反地，當教師等待三秒或多於三秒時，特別是在學生回應之後，「學生的語言使用、邏輯，以及學生和教師之態度與期望都產生明顯的改變。」（原註十三）

Rowe 描述了候答時間增加後，這些「明顯的改變」：

1. 教師的回應顯現較大的彈性，言談的錯誤較少，發展想法的持續性較大。

2. 教師提出的問題較少，而且大部分的問題在認知上都非常複雜。

3. 教師變得較為習慣使用學生的問題──可能因為他們也從增加的候答時間所提供的機會受益，較能傾聽學生說的話。

4. 對某些學生表現的期望似乎增進了，有些過去看不見的人現在也看得見了。

5.學生不再只侷限於回應老師的問題，而是能夠練習所有的四種行動。（三部分序列—引言、回應和反應之外，Rowe又加上「結構」。）（原註十四）

速度上一個似乎很小的改變居然會導致這麼多重要的改變！就像教師問題的改變一樣，轉變成較慢的互動速度，看來可能只是表面行為的改變。但這些改變也一樣地，牽涉到和隱含著的知識概念之間的重要關聯。用Rowe的話來說：

> 複雜的思考系統需要很多共享的經驗和談話。就在我們談論我們所做的、所觀察的，提出我們從經驗裡學到什麼的時候，想法多重衍生，變得精確，最後則製造出新的問題和進一步的探索。（原註十五）

增加候答時間容易描述但卻不容易實行。Row提到實行時所需的在職督導和支持，特別是如果要使這種改變能夠維持並且成為老師扮演教師角色時的例行事務的話。用Row的話來說，「角色和一般模式轉化的事是在發生」，而老師們需要有機會談談她們經歷此種改變的經驗。（原註十六）

Row的介入除了產生教育上的好處外，她的研究工作也對教室言談的性質提出洞見：在任何教室發現的特質都只是一個複雜系統中的一部分，而任何一項特質發生改變都會牽動其他特質的改變。

談話風格

　　說話權利和教師話語的功能，是教室言談裡老師必須特別注意的兩個層面。另一項將討論與課區分的特徵是比較衍生性的，即談話風格的改變。用英國教育學者Douglas Barnes的話來說，它會變成比較具「探索性」而比較不是「最後定稿」的樣子。用語言學家 Elinor Ochs 的話來說，它會是比較「沒有預先計畫好的」而不是「計畫好的」，就像是某些想法是在表出的過程中漸漸地被想出來 的。（原註十七）

　　下面的例子取自Kuhn對大學班級之討論的分析，這堂課是科學史。主題是科學直覺，老師問了同學它是加快速度的日常思考呢，或是某些質完全不同的東西。以下是一位學生出聲地思考（轉譯文字裡，P 代表一秒鐘的停頓）：

　　　　它可能是不同的因為是後者它 uhh 你知道對觀察快速的合理化或解釋並且它是 uhmm PP 它是 P 高度高度尋常的因為 PPP 因為你知道你你還沒經歷這整個過程。（速度加快）（原註十八）

　　我們在這裡看到 Barnes 所說的探索性談話的一些指標：遲疑、重說語句和假開始（false starts）；表達出暫時的性質和相當低的清晰度。Barnes 做了以下的評論：

探索性談話和最後定稿式的談話兩者的區分，本
質上就是，以不同的方式藉著説話來預習知識……這兩
種語言使用方式在教育上都佔有一席之地。（原註十
九）

當討論發生時

到目前為止，我們一直都假定有一種特別的談話事件，一
種老師和學生聚集說話的場合，不是這種就是那種，不是課就
是討論。但是目標改變的速度有時比這種情形快的多，不只是
這一小時到下一小時的轉變，它也可能是這一分鐘到下一分鐘
的轉變。而且，具有討論之某些特質的互動也可能在其他事件
裡突然爆發。

在高中的科學教室裡，Lemke發現交叉討論總是發生短暫，
其實也很少發生。在大學部跨系的班級裡，Kuhn發現五十分鐘
的課裡，只有很短的部分可被歸類為真正的討論，從來不會整
節課都是。Erickson 和他的同事曾經記錄幼兒上課時，討論暫
時性出現的情形。Erickson 和 Catherine Pelissier 發現討論的短暫
片段，是「秩序與混亂間的微小界線」，它們也是——對教師
和觀察者而言都是——一堂課裡的心智高點。（原註二十）

以上這些觀察指出以下幾項事情的重要性：不常發生的事
件，在特別時刻具有特別價值的談話方式，這是在那種把整節
課中事件發生的頻率加起來的分析裡，常常忽略掉的談話方式。

◀ 參與者的人數 ▶

教師總是和學生個別說話，一個對一個，在成組的時候也是如此。如果我們依照言談類型來爲班級分類，我們會發現：教師花在個別學生或是一組學生身上的時間，在各班之間存在著很大的差異。分享時段是一對一說話（雖說這是在教室前方，班上其他學生的面前進行）的情境。其他教室中常有的情境還包括那些學生要求幫助的時候，不管是要求坐在位置上的老師提供幫忙，或是要求正在教室巡迴走動的老師幫忙，以及較正式排定時間的，關於學業的小型會談，特別是針對寫作。

要求幫忙

在學校的一天裡，有很多時候學生需要老師幫忙。老師雖然有權在任何時間對任何學生說話；學生能對老師說話的時機卻非常有限，特別是當老師在忙別的事的時候。學生如何讓老師注意到他們，這現象通常被忽略，認爲不過是教師主要注意焦點外的旁側序列；或是因爲認定它是在觀察者可聽見、可記錄的範疇之外，就完全不去考慮它。

社會語言學者Marilyn Merritt把這種學生嘗試讓老師注意到他們的時刻稱爲「服務般的事件（service-like events）」，表示它和顧客在銀行或商店裡設法取得店內服務人員的注意力所做

的事很類似。她分析了十個在幼兒學校和小學教室要求幫忙時，成功與不成功的嘗試，以及教師和學生雙方在進行這個工作時需要的技巧。以下就是成功的要訣之一：

> 　　引言的兒童如果朝向老師「定置（posted）」的地方，並且只使用「非口語（nonverbal）」的方式就比較容易獲得老師正向的注意……或許因為孩子非口語的啓動能夠讓老師「開始說話（start the talk）」。這種特權意味著：在這樣的情況下，老師比較能夠控制服務般的談話事件的說話情形。她也表示除非老師能夠在教師活動中找到最容易讓她跳出原來活動的點，否則老師就無法開啓那種服務般事件的談話。（原註二十一）

　　因為 Merritt 是從跨越五年，從幼稚園前到三年級所拍攝的錄影帶來做分析，她也注意到孩子越來越大時，言談上的差異情形。例如，如果在幼兒學校的競爭性活動中，孩子要求老師注意她，老師通常會將提出要求的孩子引到教師的活動中（T：Jonny，那很有趣，但是現在 Scott 有些很想告訴我們的事。）但三年級的老師通常傾向於要提出要求的孩子先不要參與，先等一下……（T：那是一件很緊急的事嗎？）。（原註二十二）

寫作會談（Writing Conferences）

　　近來由於對寫作教學的興趣，關於教師和個別學生間之寫作會談的研究很多。有位基本寫作教學的老師 Terry Meier，她的研究裡提到一個少見的，在會談的結構與內容上的改變，這改變是發生於一個兩年專科裡爲期六個星期的暑期成人課。

　　討論通常爲時二到六分鐘。那位老師，Charlie，首先評論學生文章中組織的元素，然後就開始注意文法上的問題。（原註二十三）

　　Meier比較了十個從六星期中上半段和下半段的課裡隨機選擇的會談，從中她發現了明顯的不同。在前半段的時候，互動方式符合群體上課時典型的 IRE 或 IR 序列。「Charlie運用大部分的談話控制來介紹主題…，學生很少做出『引言的動作』，無論是重新導引談話的方向或是打斷 Charlie 都很少見。」

　　以下是一段典型的早期會談：

Charlie：我認爲你要做的，難道不是，啊，就是你必
　　　　　須很有信心的告訴人家，你知道的，這，這
　　　　　一點都不好嗎？

　Jeff　：對。

Charlie：你必須那樣做，那就是你的意思嗎？

　Jeff　：對。

Charlie：好，那就給個像那樣的例子。你知道的，這

　　　　　　　麼說吧，你必須對自己很有把握來告訴某個
　　　　　　　比你年長，比你有經驗，或是比你大或是不
　　　　　　　管如何，說，不，你這件事做的不對所以你
　　　　　　　不會並不會因此而膽怯。

　　Jeff　：對。

　Charlie：你懂我的意思了嗎？

　　Jeff　：對。

　　　　　　　　（星期五，第一週）（原註二十四）

　　再說，雖然Charlie在評論學生的作品時，也有幾次好意的
檢查學生是否了解他的話，這些學生還是「一式地回應『mm』，
『yeah』，或是『OK』，甚至當他們根本不懂Charlie在說什麼
時，學生還是這樣回應。十個學生中有七個『承認』（在和
Meier會談時）他們至少這麼做了好幾次。」Meier對這些「對」
的回應做了以下的評論：

　　　　說「不」——特別是當「是」是被期望的或別人
　　較想聽到的回應時…是一種談話行動，它牽涉到較多
　　的自我肯定，而不只是單純的同意…在會談中表明自
　　己並不了解意味著必須冒著「看起來很笨」的危險，
　　也有可能失去面子…隱微地，它也質疑了問話者的適
　　切度，即，是不是他沒說清楚？…除此之外，Charlie
　　和他學生間的地位關係，以及這種會談的結構方式，
　　它們的短促性質，和Charlie明顯的教導企圖，這些都

顯示：對 Charlie 所說的話做簡短、不加闡述的同意，不管自己是不是了解，是比較討好的一種回應方式。
（原註二十五）

在學程的第二部分，會談改變了。學生開始藉著重述 Charlie 提出的點來確認自己是否了解，或乾脆明白地說他們不了解：「所以你說繼續下去指的是什麼？」他們也開始主動引介他們自己的議題：「但是我的主要想法呢？」

有個常被忽略的改變是「mm」的放置位置和連帶引起的，它的不同意義。前期的會談裡「mm」是對老師引言的回應；但是在後期的會談裡，它們常常比較是延展談話的一部分，其功能是做為一種「回饋策略（back-channeling devices）」，使說者和聽者維持談話的接觸。例如：

Charlie：……所以，你怎樣，你在這裡描述的是什麼？

Barbara：我的感覺。就是當我試著寫一些東西，然後卡在我想放到紙上的東西，就是我卡住的時候所做的事。

Charlie：好的。在你心裡是否有這樣的衝突，介於你的，你做為一位作者的自我形象——

Barbara：Mm……

Charlie：——以及你真正開始寫一個故事時的問題？

Baraba：對，因為當我開始寫東西的時候，你看，像是我不知道我在，我不知道怎麼去寫，但是

> 我知道我的腦海中有了故事，然後，然後我
> 應該能夠把它們放到紙上。

Charlie ：好，我提起這個的原因是——

Barbara：Mm……

Charlie ：——是，我認為這底下還有些東西。

Barbara：對，的確有。

（星期三，第六週）（原註二十六）

Meier 認為 Barbara 的第一個 mm 是表示她正跟著 Charlie 的思考路線，這可由她對這個問題的延伸回應裡看出來。她的第二個 mm 似乎顯示她對 Charlie 說的話感到興趣，她接下來打斷他的話所說的，「對，的確有」確認了她的興趣。Meier也對這些改變的重要性做了以下的評論：

> 雖然回饋行為的使用有時好像是儀式化的，特別是在輕鬆的談話裡，我還是認為從兩個層面來看，學生在後期會談裡，此類行為的增加具有相當的重要性。
>
> 頻繁的回饋並不是教室言談的特徵，教室言談是一種溝通情境，於其中，學生只有在老師直接要求回應時才說話……這門課結束之前，學生已經開始用比較像真正的討論或對話的方式來和 Charlie 互動……
>
> 和課程剛開始時比較起來，學生回饋的行為增加也顯示學生漸漸地把自己視為和 Charlie 關係較平等的

談話者……這些是後設溝通的話語——這些話語評論
言談本身，這麼做時，隱約有著評量的意味。如果要
回饋另一個人的話語，說話者必須認為自己有權對於
談話如何進行提出後設語言式的「評論」。
（原註二十七）

　　Meier對這些改變的解釋不只描述了會談的情況，其實也是
學生在六星期的課裡的整體經驗。當他們「發展出對寫作會談
較多的控制與掌握時，他們也開始以較主動的方式參與會談…
廣泛地來說，我們可以把會談動力的改變看成朝向學術社群中
師—生共群感的發展方向移動的動作。」（原註二十八）

　　Merritt 和 Meier 所做的觀察顯示：改變學生群的大小，和
個別化的師生互動，本身並不能改變教室言談的結構。這也是
英國研究者 Edwards 和 Furlong 的研究所提出的結論。這項研究
是在一所十一到十三歲學生混合能力編班的學校，針對「Man:
A Course of Study（MACOS）」為基礎建構的一種個別化的、
「資源基礎」的社會科學程所做的研究。他們說：「學生越來
越能控制自己的課業速度；但相對地，老師對何謂知識的控制
並沒有明顯地放鬆。」（原註二十九）只有當說話的目的不再
是把「老師的意義體系（the teacher's meaning system）」傳遞給
學生時，談話的結構才會不再是 IRE 序列。

◀ 互動的媒介 ▶

　　一直到最近，所有關於教室言談的研究都是描述以面對面互動為媒介的溝通。現在，我們有透過電子郵件來教授的課程。有一個學期，Mehan 透過兩種媒介來教授一個大學的班級（課名是「教室互動」！）：對其中一組學生，在一般的教室裡授課；另外一組學生則指透過電子資訊系統來參與。（原註三十）

　　以電腦來教授的那個班級，其言談有些特徵是可以預估的。例如，啟動和回應之間的時間關係有所差異──電腦上的延緩時間長達幾小時或是幾天，而不是教室裡僅僅數秒或更少的時間。

　　更有趣的是，Mehan 和他的同事也在言談本身發現重要的差異。就主題而言，不同於一般教室裡的情形，透過電子郵件的討論一次探索「多重線路（multiple threads）」，而不是只有一個。換句話說，判別相關與否的標準轉換成以全班的討論為依據，而不是只看前面剛剛出現的話語。就結構而言，三部分的IRE序列也改變了。學生對問題提出較長、較多思慮的答案；教師評量幾乎全然不見了；而學生則從同儕那裡得到較多的評論。

　　這樣的比較是重要的，不只因為它讓我們稍稍窺見將會越來越平常的溝通媒介是什麼樣子，同時也因為它指出不同於我們較熟悉之一般教室的一些對比特質。

◀ 學生間的文化差異 ▶

十年多以前，在美國各地有原住民兒童藝術的巡迴展覽。在美麗的圖畫之間，也展示了一些書寫作品。有位住在亞利桑那州的 Apache 兒童，他的作品說出了很多孩子的心聲：

你曾經因為籃子感到傷心嗎？
我有，看到祖母花那麼長的時間編織籃子。
你曾經因為工作感到傷心嗎？
我有，因為我爸爸工作太辛勞，而且他告訴我們他是
　怎麼工作的。
你曾經因為牛感到傷心嗎？
我有，因為我祖父看牛已經好久好久了。
你曾經因為學校感到傷心嗎？
我有，因為我從學校裡學了一大堆話，
　可是那不是我的話。

Have you ever hurt about baskets?
I have, seeing my grandmother weaving
　for a long time.
Have you ever hurt about work?
I have, because my father works too hard
　and he tells how he works.

Have you ever hurt about cattle?

I have, because my grandfather has been working

on the cattle for a long time.

Have you ever hurt about school?

I have, because I learned a lot of words

from school,

And they are not my words.

對所有的談話而言，最重要的影響力之一（有些人認為它就是最重要的影響力）是參與者本身──他們對互動的期望和他們對彼此的感受。我們在此應該考慮教室言談中的那些變化，那些的確是，或說應該和學生家庭文化差異同時發生的變化。

所有的人類行為都以文化為基礎。對某群人而言非常自然的說話方式對另一群人而言可能就會有文化上的奇異之處。所有的話語都有重音，雖說我們一直到旅行至重音模式不同之處才會覺察到自己的重音；同樣地，典型教室課程中的師─生互動模式也是文化現象，而不是「自然而然（natural）」的現象。

從某些層面看來，教室言談的要求對某些兒童而言是新奇的事。在教室裡，人數比最大的家庭聚餐還要多，因此，取得一個說話的輪次也就更加困難。即使真的取得說話的機會，能被接受的說話主題所受到的侷限較多，而且主題常是由另一個人預先決定了的。很多教師用來評量學生話語可否被接受的標準，對某些孩子而言也是新的。

　　除了這些共同之處外，對某些兒童來說，或許情況對他們
更是特別的不利。對有些孩子而言，家庭和學校間文化不連續
的情形比較嚴重，社會語言式的干擾也較多。Erickson 用一般
的詞彙描述了這個問題：

　　　　如果老師和學習者沒有相當的能力，在彼此建構
　　學習環境時共同採取適應性的行動，話語就沒有辦法
　　存活，也沒辦法發展⋯⋯在學校教育的機構裡，那個適
　　應性的行動似乎只發生在某些學生和老師之間⋯⋯這就
　　是現代社會裡學校教育的主要政策議題。（原註三十
　　一）

　　就像哈佛大學國際學生中心的新 logo 的象徵：
　　　　　　　　YIELD　產生
　　　　　　　　Cultures 文化
　　　　　　　　Crossing 跨越
　　在過去的二十年裡，研究者對互動模式裡的文化差異，以
及這些差異對學生和老師相處、學生課業的可能影響，投注了
相當的注意。第一個對此種差異做深具影響力的描述的，是人
類學家 Susan Philips 對奧瑞岡州保留區內原住民學童的互動模
式所做的研究和描述。（原註三十二）
　　藉著比較非原住民教室和原住民社區裡的互動模式，也就
是 Philips 所說的「參與結構（participant structures）」，她對原
住民學童在教室上課時的沈默與不參與的現象提出解釋：

　　原住民學童在教室互動中無法做口頭的參與，因
為教室裡沒有這些學童在原住民社區裡所習慣的，參
與的社會情境。檢視了原住民和非原住民學生在不同
社會情境下的的口語參與情形時，Warm Spring 兒童行
為的兩個特質就變得很明顯。一是這些兒童如果必須
要單獨在其他同學面前說話，他們就相對地顯得不願
意表現或不願意做口頭上的參與。第二，當話語的重
點是由老師來指定時，他們也相對地比較不熱衷於說
話。（原註三十三）

　　Philips 把那些被期望的、適切的語言使用模式稱為「看不
見的文化（the invisible culture）」。人類學語言學家 Dell Hymes
提到，將類似 Philips 所做的研究，當作「民族誌式檢視（eth-
nographic monitoring）」的例子：

　　學校很早就知道有文化差異的現象，但是直到近
幾年才開始談論這個議題，而不是去懲罰它。但是經
常，學校所知覺到的差異，甚至連社區也都知道的，
只有那些能見度最高的差異，就是「高層（high）」
文化象徵和那些最刻板的傳統。常被以為不重要的是
「看不見」的文化（借用 Philips 的標題），每日禮儀
和互動的文化，以及透過溝通模式所表達的權利義務
關係、價值觀和渴望。教室可能會尊重宗教信仰和國

家習俗，但卻對和人的關係有關的那些隱含儀式次序
加以褻瀆。人可以一方面在房間的牆上榮耀文化的驕
傲，但卻禁止學習在房間內進行。（原註三十四）

　　Philips 的研究刺激更多研究者描述其他學校和社區裡，文
化對互動的影響，探索教室言談中可能因爲社會語言式的干擾
造成的問題。但是 Philips 本人或是很多其他的觀察者都不在影
響教室改變的位置上。Philips 的研究是在 Warm Springs 部落內
的會議同意後，甚至是鼓勵之下進行的。但是她或他們在當時
都無法影響學校。由於很多不同的理由，大部分的民族誌，本
質上也都只是停留於報告而已 。（原註三十五）
　　這項限制倒是有兩個有名的例外，在這兩個研究裡，民族
誌研究者不只是描述問題，同時也繼續在該地居留十年或十年
以上，和老師合作來設計改變。其一是人類學家在美國東南（阿
帕拉契山區）的研究和工作；另一個是在夏威夷的Kamehameha
幼教學程，Kamehameha Early Education Program（KEEP）的一組
跨領域合作的小組所做的工作。

Heath 在阿帕拉契山區的工作

　　Heath應家長的請求，在阿帕拉契山區當地的黑人和白人社
區裡以民族誌研究者的身分工作了九年，這些家長想要了解他
們的孩子爲什麼在學校裡會有問題，Heath同時也在當地的一所
學院當教授，講授教師在職訓練方面的課程。當時才剛去除種

族隔離的「Trackton」學校的老師抱怨說，黑人孩子上課時不參
與，Heath 於是幫助這些老師了解她從田野工作裡學到的事。

　　例如，這些黑人孩子不習慣那些關於名稱和物體、事件的
特質這類具有已知答案的問題。就像一名三年級的男孩抱怨的：
「沒有人可以回答那些本身就是答案的問題。」Heath鼓勵老師
們在自己的家裡和在學校裡，觀察她們提出的問題，然後幫助
她們在自己班上設計並嘗試新的互動模式。（原註三十六）

　　有些改變是依循以下這個順序：

1. 從熟悉的內容開始，從關於那些內容的、較熟悉的談話
   類型開始。

2. 嘗試新類型的談話類型，但仍然是談那些熟悉的內容，
   並且提供同儕模式，錄音在錄音帶裡以便學生可以重複
   地聽。

3. 提供機會讓 Trackton 兒童練習新的談話類型，首先在公
   共場合，接著在錄音帶上練習，然後才在實際上課時練
   習。

4. 最後，和兒童談談說話這個現象本身的事。

　　因為 Heath 和老師的合作很不尋常，以下我以相當長的篇
幅引述她的話：

　　　　就課程的某些部分而言，老師們配合著她們所學
　　到的關於 Trackton 問題問題的事，調整某些教材和教學
　　技巧。例如，在早期的社會課單元裡，教的是關於「我
　　們的社區」，老師們開始使用當地幾個不同社區裡的

某些地方、鎮上的公共建築和鄰近鄉村景致的照片。
接著，老師們不要學生辨識這些照片中的物體或是物
體的特質，但卻提出對 Trackton 兒童而言較熟悉的問
題，像是：

　　這兒發生了什麼事？

　　你到過這裡嗎？

　　告訴我你在那裡時都做些什麼？

　　這像什麼？（指著一個景致或是景致中的某項東
西）

　　　兒童的回應極不同於他們平常在社會課上的回應。
Trackton 兒童說著話，主動而熱切地參與課程，並且
提供關於他們過去經驗的有用資訊。有些特別的課，
老師還把兒童的回應錄下來；下課後，老師就在帶子
上加上一些辨識物件和物件之屬性的問題和言論。由
很會回答這類問題的兒童來提供答案。教室裡的成員
接著就在學習區使用這些錄音帶。Trackton 學生對這
些錄音帶特別感興趣，可能是因為他們可以聽到自己
所說的，類似於在自己社區裡的那些類型的回應。除
此之外，他們還聽到那類教師談論物件時使用的問題
與答案，從中受益。在錄音帶上，他們聽到適切的教
室言談策略。從錄音帶學習這些策略，比起在實際的
教室活動中習得這些，要來的不具威脅性；因為在教
室活動裡，其他具有能夠回溯問題之能力的學生總是
稱霸於師生互動的局面。漸漸地，老師也要求某些

Trackton 兒童，並和他們一起準備回溯性的問題和答案，再加錄到錄音帶上。Trackton 兒童因而開始聽到他們自己的聲音出現在成功的教室回應裡，回應像這樣的問題「那是什麼？」「什麼樣的社區服務人員在那裡工作？」

除了使用錄音帶外，老師也和學生公開討論問題的類型，接著全班談論著某些問題必須用什麼類型的答案來回答。例如，誰，何時，什麼之類的問題可以在口頭上用一個字來回答；其他類型的問題通常要用很多字來回答，這些字在寫作時就構成句子和段落。（原註三十七）

夏威夷的 KEEP

KEEP 為波里尼西裔（夏威夷的原住少數民族）兒童之教育的增進持續付出努力，這整件事長而複雜。和此處的討論相關的是發生於閱讀課裡的小組教學時段中，師生互動的改變。（原註三十八）

改變之一是，轉換成透過討論故事來做「理解性的直接教學」。這樣的轉變是一個刻意的決定。會如此決定是因為原先使用的行為改變技巧加上非常以語音為基礎的閱讀學程，雖然製造出注意力集中又用功的兒童，但這些孩子在閱讀上卻沒有什麼長進。新的師生討論首先把焦點放在和老師所知之課本主

題相關的兒童經驗，接著學生默讀課文來找問題的答案，最後
是討論經驗和課文的關係。

很明顯地，課之內容的改變也引發意外獲得的言談形式之
改變。當小組討論將要讀的故事時，老師把重點放在理解上，
討論漸漸地採行交疊說話輪次的結構，這樣的結構和波里尼西
式的日常談話中很平常的交疊式談話十分類似，特別是和一種
叫做「說話故事（talk-story）」的，具特殊風格的談話事件非
常類似。（原註三十九）

在這類型的談話事件裡，故事通常是由多人共同敘述，敘
述者的話語也和聽眾的回應交疊。KEEP兒童對於這種校外生活
中的模式非常熟悉。很明顯地，兒童漸漸地把這個模式引入學
校的故事討論情境，這是因為課的內容改變了，而老師也願意
放鬆她對說話輪次的控制。老師對組，而不是被指名的個人提
出問題，兒童主動提出答案，通常在別人回答時切入回應，因
此回應呈現彼此交疊的情形。

之後，KEEP研究者分析這些活潑的閱讀小組互動，將其視
為雙文化的混合體：混合了本地的談話風格和教師引導的內容—
—也就是夏威夷人類學者 Stephen Boggs 所說的「藉著書本來說
說話故事（talking story with a book）」——這樣的混合體則成為
KEEP 學程的精要特徵。Au 對閱讀小組所做的分析最為詳盡：

　　　　我們可能會主張，如果某種參與結構或課，要關
　　係到高層次的學生創造性行為，那麼教師以及學生間
　　的說話和輪次取得，兩者之間必須取得平衡。我們把

這種想法稱為權利的平衡假設，並且認為可以用來做
為對社會組織的效果和社會語言變項對學業成就的影
響做預測的基礎……

　　如果老師在決定討論主題這事情上運用她的權威，
但卻容許兒童有些許權利來決定他們要如何扮演說話
者的角色以及何時要說話，我們會發現，課的認知與
教學的焦點就會變得比較容易維持。（原註四十）

　　在一個對 KEEP 教學較實驗性的分析裡，Au 比較了兩位老
師引導的閱讀課，其中一位沒有和波里尼西裔兒童共處的經驗，
另一位則是 KEEP 學程裡很有經驗的老師。在很多項指標上，
如花在學業上的時間，和閱讀有關之正確回應的數量，以及想
法單元和邏輯推理的數量，同一組兒童在有經驗的老師指導時
表現較好，這位老師讓兒童對學業主題保持注意力，但卻給他
們較多自由來選擇何時要說話，即便那意味著會交疊另一名兒
童的談話。（原註四十一）

　　KEEP 學程對波里尼西裔兒童來說可說運作良好。但或許
對任何兒童來說，這學程都會運作良好。這些調整在怎樣的程
度上是特別針對波里尼西文化？KEEP 閱讀課有哪些特徵根本就
是良好教學的特徵？有哪些特徵是比較具有文化特殊性的？依
我之見，（我想，KEEP 研究者也是這麼認為）KEEP 教學實務
裡有些地方可以普遍地推薦，特別是老師在兒童和課文之間的
仲介角色，以及老師對兒童的了解時時刻刻做出回應，而不是
只會遵照教師手冊裡規畫的一系列問題。（原註四十二）

　　「相關性（relevance）」是良好教育的重要特質，有時我
們找它但卻找錯了地方。通常，我們主張把相關看成課程教材
的必要特質，但並不是如此。我們不該把相關看成教材的特質，
而是應該看成教材（任何教材）和學習者之關係的特質。尋找
方式來幫助學生達致那種關係是基本的教學責任。我們對於那
些「因為學校而傷心」的孩子（就像那位阿帕拉契山區的孩子
所說的）該有的回應，是必須尋找方式來聯結他們的世界，他
們的意義和我們的世界與意義。

　　至於那些具有文化特殊性的說話方式呢？在KEEP學程裡，
「權利的平衡」或「共同分擔控制」牽涉到放鬆說話輪流的規
則，讓兒童不被指名就能說話，並且即便另一個孩子正在說話
也能切入，只要談話的內容和教師選擇的主題有關。如果文化
相容（cultural compatibility）的假設是正確的，我們對傳統課之
結構的調整應該是必要的，如此才能使其他的孩子也達成相當
程度的控制共擔、學生參與和學業成長。

　　為了嚴格考驗文化相容的假設，一九八三年時，KEEP研究
者把這個學程帶到另一個美國原住民社區，到目前為止該社區
的有些學校是在部落的控制之下。他們去了亞利桑那州 Navajo
保留區的 Rough Rock 示範學校。就這樣，刻意地把為某個文化
族群設計成功的學程移植到一個非常不同的文化場景，以測驗
文化─特殊性的假設。（原註四十三）

　　根據計畫，Lynn Vogt，一位有經驗的 KEEP 教師，就開始
每天對一班三年級的 Navajo 兒童教授語言課。漸漸地，原來的
Rough Rock 教師（本身也是 Navajo）接下工作──仍延用 KEEP

的風格來教學。KEEP 人類學家 Cathie Jordan 觀察了這個移植的
結果，不但直接從教室觀察，也看錄影帶。

　　KEEP 閱讀課結構裡有項特徵，在 Rough Rock 和 Honolulu
兩邊都顯得很適當：即允許兒童主動做回應，而不是只在被老
師點名時才說話。這點對 Navajo 兒童和老師而言似乎都很自
然。但是兒童說話輪次的長度，以及兒童和同儕話語的關係就
很不同了。沒有很快的回應，也沒有交疊的談話。相對地，每
個 Navajo 兒童把話說得較長，不但主動提出問題，也提出評
論，其餘的孩子就很有耐心地等著他們輪到說話。「對不是
KEEP 的人而言，兒童提出的想法與想法間似乎並沒有相互聯
結，但想法本身卻有比較複雜、比較完整的發展。」結果導致
老師提出較少的問題，而且必須以非常不同的方式去思考兒童
的想法和課本裡的想法兩者間的關係。

　　我們承認波里尼西和 Navajo 文化的對比是極致的。但這一
小項研究證實了文化差異對說話方式的重要性。為調適這種差
異，我們需要進行民族誌研究，上述的研究也說明敏覺的老師
和觀察者可以如何縮短民族誌的工作量。在 Rough Rock 的情況
中，做調適最重要的資源是當地的原住民教師們。其他的資源
包括民族誌研究對美國原住民教室、Navajo 文化的一般描述，
以及對兒童在校內和校外的觀察。

──────────◀ **其他評論** ▶──────────

　　離開言談變化的主題前，我想要加上三點評論。

　　首先，另外有個關於文化差異的研究很重要，因為它對於為什麼文化差異引起問題做了不同的詮釋。澳洲西部的教育研究者Ian Malcolm發展出完整的類別基模來分析教室裡的課，然後用它來研究原住民（黑澳洲人）學生的班級。他發現原住民學生的教室行為有以下這些談話行動（speech acts）：

- ‧沒人爭取發言──接著是沈默。
- ‧退縮的回應──在直接引言之後。
- ‧延遲的回應──在過長的停歇之後。
- ‧影子般的回應──帶有下位說話者的影子。
- ‧沒被引發的回應──並沒有被指名。（原註四十四）

　　Malcolm 分析了這些原住民談話行動對課之發展的影響，把它們視為上一章裡描述的典範形式的扭曲，這些扭曲是因為「參與者沒有完全接受、共享並知覺互動的常模」所引起的。（原註四十五）

　　當我們解釋這種「沒有完全接受、共享與知覺」的情形時，其理由可能是Philips，Hymes，Heath和KEEP研究者所提示的──家庭與學校的不連續──有些民族誌研究對原住民社區談話事件的描述也支持這樣的詮釋。（原註四十六）

　　但是 Malcolm 還提出了「一個附加的觀點，這樣的觀點對

主動檢視情況的原住民學生而言可說比較合理公平」：

> 原住民學生在白人的教室裡並不是沒有能力的人；他們是在談話情境裡以參與者的身分行使他們的權利，以幫助「建構」這個情境⋯⋯原住民學生的基本溝通原則可以摘要如下：要我對他說話的這個人是誰？誰在聽？我想說什麼嗎？我不想涉入的權利有沒有被認可？我想說話時有沒有權利說？如果老師和學校體系不把這些問題看在眼裡，那麼原住民兒童，就會藉著操控自己的言談角色來迫使學校與老師看出這些問題的重要性。（原註四十七）

Malcolm 的第二個詮釋初初看來，可能只是把「干擾」這個構念再說一次罷了，但他對學生主動反應的推論其實是對文化─不連續理論裡某個令人困惑的層面提出了解答。我們知道兒童能夠學會適合情境的說話方式，並且很小的時候就能夠有效地轉換於各種說話方式之間。例如，我所熟識的一個美國原住民幼兒，每當車子靠近托兒中心的時候，就會固定地把奶嘴從嘴裡拿出來，然後讓奶嘴掉在尿布袋裡；他總是一直等到數小時後，再次安全地坐在車子裡時，才把奶嘴撿起來。風格轉換正是令兒童傷心之處！那麼，為什麼這樣的學習沒有在教室裡發生呢？或者，換句話說，是什麼使得種族差異變成了種族間的界線呢？（原註四十八）

第二點是，有個科學教學的個案研究提醒了我：介入可能

會干擾學校—家庭的連續性，但也可能創造此種連續。描述美國科學教育時，英國研究者 Rob Walker 提到在美國南方的 Bible Belt，小鎮上的一位教聖經經文問答的黑人老師：

> 或許最令人印象深刻的是她強調學生的口語表達。學生讀的時候，她聽，不只是看學生的答案正不正確，她還注意到流暢性，和學生使用科學術語的熟稔度。從課本教學和強調口頭表達，兩者的結合在宗教社區裡發展成模式。⋯⋯課程分析家可能會認為應該把這種科學教學方式換成「發現」學習的方式⋯⋯但是這樣做可能會造成學校和社區間的不連續。（原註四十九）

最後的評論來自一篇期刊文章，作者是英語／語言課的督導（supervisor），同時也是哈佛的研究生，Paul Naso。讀了這一章裡所討論的研究（主流老師和少數民族學生共處的經驗）後，他記起他自己第一次的教學經驗，但卻是在「文化不協調的另一端」：

> 我開始教學時，教的是郊區一所小學六年級的學生。我很不能習慣班上同學所熟悉的中產階級方式和大學學歷階層導向的家庭生活；因為我是在工人階級的社區上大學，我是在這樣的社區裡長大，上大學時也住在父母家裡，因此我對於兒童、家長和老師如何互動有著很固著的觀念。我以為我自己的童年和學生

被教養方式之間的差異是不重要的。這個郊區小鎮的家庭來自全美各地；我以為我將自己移植到這個社區做一位老師，就像他們移植到這個社區般容易。但並不是一定如此。我們是很不同的，而這些不同並不是無關緊要的⋯⋯

誰比較會說「學校的話」？兒童毫不費力地處理我視為非常刺激的「新」教材，令我感到訝異。那時候，我對於自己第一次在兒童文學裡尋索所發現的東西感到很興奮。但是，好像不管我找到什麼，兒童們早就擁有了、讀過了，也有人讀給他們聽過了。我同時也對兒童滿像一回事地談論他們所知道的故事裡的角色、情境等感到震驚。我念大學時必須面對的難題之一是，我沒辦法從文本間找出共同主題，也無法做任何的聯結。我好像也不是塊引述的料。但是，這裡我面對的孩子說，這個角色使他們「想到」那一個，或是這本書裡的情境「就像」那本書的某個情境，而他們提到的故事通常是他們在家裡就知道的故事，而不是在學校裡低年級時學的。聯結文學作品裡的情境是學校課業，而他們對這個實在十分在行。

十三年後的現在，對於那個班級，我想我不會再像當初那樣感到驚訝。我知道符合剛剛我所描述現象的兒童，其實際數量比我記憶所及要少得多。但那是我和那樣的兒童第一次的接觸，這些兒童的家庭在日常談話裡強調的事物和我自己的家庭是不同的⋯⋯我很

驚訝，學校如此便捷地就符合了這些兒童的生活；我記起當我是個孩子時，學校和家庭對我來說是多麼地扞格不入…

　　說兒童並沒準備好上學的這種說法使得不懂得回應的教學（或學校教育）有了藉口…老師必須去尋找聯結，在這個情況裡，不是文本之間的聯結，而是情境脈絡的聯結，教師必須整合看來似乎不相關的學校和家庭經驗。沒預期到的或是不熟悉的事可能會讓老師感到驚慌；或許那也可以引導老師在原先沒有聯結之處看到聯結。老師可以在以下兩者間選擇，就像 Paolo Freire 所說的，「進入聯結」或是「對他自己的來源保持懷舊的心情。」（原註五十）

◀ 變化的重要性 ▶

　　這一章裡所考慮到的各種變化情形，其底層有個對教育來說十分精要的情況是維持不變的：那就是，溝通、了解以及被了解。或者，換種方式來說，為了要讓這個情況維持不變，在目的、學生人數、教學媒介和參與者這些方面有各種差異的狀況下，言談結構的變化是必要的。

　　社會心理學家 Roger Brown 在讀了另一組研究報告後（這次是關於母親與孩子的溝通），對於一個常被問到的問題，即父母該做些什麼來促進兒童的語言發展，找到了答案：

要相信你的孩子懂得的多過他或她能說出來的，
而且孩子總是在尋求溝通、了解以及被了解。讓你們
的心固著在同樣的目標上。為了做到這些，你會，想
都不想的，在話語和行動做出一百或甚至一千種變化。
不要嘗試練習這些。關於如何對小孩說話，並沒有任
何一套規則能比的上你無意識地知道的那些。如果你
集中精神溝通，其他的事就會水到渠成。（原註五十
一）

Brwon 相信，我也相信，在兒童所需要的和環境所提供的
兩者之間做十分精細調整的談話，並不是能自我察覺的事；但
就父母而言這幾乎是舉世皆然的現象。對於老師則不是如此。
針對教室談話的多種目的，我們必須更精心地設計，並為他們
創造最好的環境，不論是物理空間的或是人際的。

像Naso所說的，最基要的條件還是「進入聯結」。雖然文
化差異使得這種聯結較難達致，至少是在開始的時候，但是我
們還是必須準備好放棄「對我們自己的來源保持懷舊的心情」，
包括那些在我們自己的過去看來如此「自然」的說話方式。

◀ **原註** ▶

一、這組特徵是取Kuhn 1984針對大學教室的討論所做的分析。

二、取自仍為經典之作的研究，Sacks, Schgloff, and Jefferson
　　1974。這個研究探討日常談話裡說話輪次取得的情形。也
　　請參考 Irvine 1979 對溝通事件之正式向度的討論。

三、Paley 1981, 25-26. 有位評論者質疑為什麼 Paley 的轉譯文字
　　讀來比其他人的要平順許多。被問到她是如何做轉譯時，
　　Paley 這樣解釋：

　　　　編輯兒童的話語時，我的目標是保留意義、抑揚
　　頓挫和語調，並且避免轉移讀者的注意力。我相信這
　　就是在教室裡我們聽彼此話語的方式。

　　　　例如，Deepak，說到他的玩具蛇時，是這樣說的：
　　「他的名字是 Snaky, um, 然後每個人都叫他他的⋯um
　　⋯不是 Snake, um, Tommy, um⋯然後我有另一個⋯⋯另外
　　那一個⋯um⋯它是隻小熊⋯它叫做 Tommy⋯然後這蛇
　　是⋯uh⋯蛇 Tommy⋯我的意思是蛇 Tommy 是熊 Tommy
　　的朋友。」

　　　　編輯後，句子如下：「他的名字是 Snaky 然後每
　　個人都叫他 Tommy。然後我有另一個⋯⋯小熊⋯⋯它叫做
　　Tommy。蛇 Tommy 是熊 Tommy 的朋友。」（私人溝
　　通，March，1987）。

　　　　我相信 Paley 說的沒錯。敏覺的老師（像是一般的談話
　　者）就是這樣聽兒童說話的。但是分析者做轉譯和參與者
　　聽人說話是不一樣的。轉譯需要根據目的和焦點來做某些

決定（Ochs 1979b）。Paley 的編輯對於她關於她的學生的書而言是合適的。但就其他的目的來看，不順暢的地方本身也能提供資訊，就像我在第二章所說的，說話不順暢的地方既是說者認知負荷的指標，也可能解釋聽者的不同反應。那就是爲什麼這本書從頭至尾我都沒有採用類似Paley的編輯方式。

四、Dillon 1983, 18-19.

五、Lemke 1982, 70-71.

六、McLeod 1982, 42-43 已討論過這個班級的情形，摘述就是取自該處的討論；此外還有 Hardcastle 1985。

七、Philips 1983, 76。 Goodwin 1981 是完整的討論。

八、Rosenfeld, Lambert, and Black 1985, 106.

九、在關於幼稚園兒童學習學校腳本的研究裡，Fivush 1984 發現「學校一天裡的活動至少有一部分是用空間線索來標示的」。

十、Dillon 1983, 1985.

十一、McLeod 1986, 42.

十二、Dillon 1983.

十三、Rowe 1986, 43。 這篇文章摘述了她所有的研究工作。也請參考 Tobin 1986 在其他課程領域裡關於候答時間的研究。

十四、Rowe 1986, 45-46，但卻是減縮的形式。

十五、同上，p. 43.

十六、同上，p. 46.

十七、Barnes 1976; Ochs 1979a.

十八、Kuhn 1984, 134.

十九、Barnes 1976, 113-114.

二十、Kuhn 1984. Eeickson, 私人溝通，November 1983.

二十一、Merritt and Humphrey 1979, 299；以及 Merritt 1982a, 1982b.

二十二、Merritt 1982b, 143；第二位老師的話語取自 Merritt, 1982a, 229.

二十三、Meier 1985.

二十四、Ibid., pp. 164-165.

二十五、Ibid., pp. 170-171.

二十六、Ibid., pp. 173-174.

二十七、Ibid., pp. 175-176.

二十八、Ibid., pp. 182, 172. 共群感（co-membership）這個名詞取自 Erickson 1975a. Michaels（她關於分享時段的研究曾在第二章提及），曾分析兩個六年級教室的寫作會商，並將其與分享時段的互動做比較（1985b）。Staton, Shuy, Kreeft, and Reed 1983 曾描述對話筆記（dialogue journals），是一種寫作會商和以書寫形式進行的非正式談話之混合體。這原先是取 Leslie Reed 在加州的六年班級，從此即被小學研究所的老師引用。

二十九、Edwards and Furlong 1978, 121.

三十、Quinn, Mehan, Levin, and Black 1983, and Black, Levin, Mehan, and Quinn 1983.

三十一、Erickson 1982a, 173.

三十二、她的第一個，也仍然是最具影響力的報告是 Philips 1972。Philips 1983 是一個長度像書一樣的版本。

三十三、摘自 Philips 1972.

三十四、Hymes 1981b, 59.

三十五、Erickson 1984 對很多學校民族誌做了文獻探討。Cazden 1983b 探討為何這樣多的民族誌研究都只是做描述而已。Foster 1987 則是文化裡的內在成員對一位成功黑人教師的分析。

三十六、Heath 1982b, 和另一個較長的版本 1983.

三十七、Heath 1982b, 124-125.

三十八、若要參考較完整的敘述，請看 Tharp, Jordan, Speidel, Au, Klein, Calkins, Sloat, and Gallimore 1984 以及非 KEEP 人員所寫的 Calfee, Cazden, Duran, Griffin, Martus, and Willis 1981。關於閱讀學程，請看 Au 1980 and Au and Mason 1981。關於對文化和民族誌研究改進教育的角色之討論，請看 Jordan 1985 and Jordan, Tharp, and Vogt 1985。

三十九、原先對說話故事的研究，請看 Watson 1972；此外，Watson-Gegeo and Boggs 1977 和 Boggs 1985 也有報導。

四　十、Au 1980, 149, 160.

四十一、這個研究是 Au 的博士論文，報導於 Au and Mason 1981.

四十二、Cochran-Smith 1983, 1986 對這種「仲介者（mediator）的角色」，在她分析幼兒學校兒童如何閱讀及討論故事時，有最詳盡的描述。

四十三、Joran, Tharp, and Vogt 1985.

四十四、Malcolm 1979, 311, 313.

四十五、Malcolm, 1982, 119.

四十六、Harris 1980, 改寫自 Harris 1977。

四十七、Malcolm 1982, 131.

四十八、McDermott and Gospodinoff 1979。請看 Rosen 1985 對 Heath 1983 的評論，對 Heath 避開明白討論社會階級和種族主義有所討論。

四十九、Walker 1978, 6.

五　十、Paul Naso, 期刊文章，Harvard Graduate School of Education, March 4, 1985. 他提到的 Freire 是在 1982, 47。

五十一、R. Brown 1977, 26.

5

差別對待

在第四章有關文化差異的討論中，我引用了 Erickson 的說法，他說：學習者與教師之間的相互調整狀況（mutual adaptation），好像只會發生在某些學生與教師之間。對文化差異（cultural differences）及差別對待（differential treatment）的研究，正好反映出看待這種相互調整行動的互補觀點。持文化差異觀點的學者認為：如果教師能比現在所做的，更將文化差異列入考量，那麼學生應會得到較好的待遇。持差別對待觀點的學者則認為：教師現在藉以區別學生的方式，可能會增強、甚至增加學生入學時所呈現的知識及技術上的不平等。

這兩種觀點在其他方面也有關聯。在分享時段裡，兒童敘述中的文化差異似乎引發出主流老師的差別反應。有時候，好

意地對老師提供關於文化差異的資訊，不料卻反而造成刻板印象，因而導致老師對學生的差別對待。（原註一）

到目前為止，本書已經利用分享時段中的對話及課堂結構的變異情形為題材，討論過文化差異的情形。在這一章裡，將把焦點放在一個許多研究探討過的課程領域——開始學習閱讀（beginning reading）——中的差別對待情況，特別是關於高程度閱讀者與低程度閱讀者所得到的差別待遇。雖然這只是差別對待的某一層面，其中的涵意卻值得所有教師深思。就如同學校課程在中等教育及更高等教育中被分級得更多更細一樣，想必教師對學生的反應亦然。（原註二）

在兒童和教師坐下來，以便得到幫助來學習閱讀的那一刻之前，兒童已經被分類過許多次了。所有的兒童都會被分發到某個學校、年級、班級，然後，通常（至少在美國）會被指定到某個閱讀小組。除此之外，有些兒童會被進一步分類以接受一些額外的、與閱讀有關的服務。針對課堂對話所做的研究，主要是將焦點放在課堂內閱讀小組分類的效果上。面對高程度與低程度的兒童，教師教學的差別為何？這種差別對待的結果如何？引發差別對待的原因何在？以及我們所能期望的最好的改變應該由何處開始？

◀ 教學的差異性是如何產生的？ ▶

在呈現最近有關差別教學所做的觀察研究結果之前，很重

要的是我們必須先指出那些*沒有出現的情形*。並沒有一致的證據顯示：在教學的時間上，教師會較喜歡高程度的學生，或教師會對某一組稱讚較多。也就是說，刻意設計的差異並不存在。對教學所做的系統觀察呈現出的差異性是更複雜，也更接近閱讀本身之「質」的層面。

最近的觀察研究包含了調查研究——也就是在許多教室中，師生的行爲均被編碼及記次；以及更詳盡的質性個案研究——分析一個或少數幾個教室內的教學，這樣的研究通常有運作如具伸縮鏡頭的照相機般的錄音或錄影記錄。理想上，一個研究應該兼有從這兩種方式得到的資訊。但由於這個理想尚未實現，不同研究的發現可以加以整合。就歸納摘要這些研究而言，很幸運地，這些研究的結果與發現非常一致；但對被分到低程度組的學生而言，我認爲這樣的現象實在是不幸的。

首先，讓我們看一看 Richard Allington 所做的調查。他在紐約三個學區內的二十所小學，研究教師對兒童口頭閱讀發生錯誤時的反應。表 5-1 是他的發現摘要。（原註三）

第一個要注意的是教師的糾正行爲整體比率上的差異：低程度的閱讀者所犯的錯誤，有超過三分之二被糾正；而高程度閱讀者所犯的錯誤，被糾正率不及三分之一。第二，在糾正的時間上有差別：教師對低程度的閱讀者，較傾向於在錯誤發生時立即介入糾正，而不是等到句子結束或段落結束時才糾正。第三，剛才提到的介入時間的差異，也發生在語意適切及語意不適切的錯誤上。不過，在兩組裡，語意不適切的糾正率都較高（79％對 55％；48％對 11％）；這兩類糾正的百分比在低

程度閱讀者中均較高。特別值得注意的差別是關於語意適切性
的錯誤：高程度閱讀者犯下這種錯誤時，只有十分之一被糾正；
而低程度的閱讀者，被糾正的比率則增加到超過一半。

表 5-1

20 個小學教室中的組別差異

	程度最低的 閱 讀 小 組	程度最高的 閱 讀 小 組
教師更正所有學生的百分比		
立即更正	66	22
延後更正	8	9
合計	74	31
教師更正語意適切性的錯誤	55	11
教師更正語意不適切的錯誤	79	48
教師提供各種不同形式之提示的		
百分比（每一小組內合計百分之一百）		
圖形／語音的	28	18
語意的／句法的	8	32
教師發音	50	38
其他	14	12

註：此表由 Allington 在 1980 年（表 2—4 及個人溝通，1982）將小
　　組常模轉換為百分比。版權所有為 1980 年美國心理學會。本書轉載已
　　經出版者及作者的許可。

　　由於較低程度的閱讀小組中，可能包含著超過一般比例的
少數民族兒童，所以教師對方言差異及非本土腔調之態度所導
致的影響，也應該列入考慮。Cunningham 曾經探討教師對兒童

犯下語意適切性錯誤時的態度，是否會因是方言相關的錯誤（如：Here is a table，讀成 Here go a table）或非方言有關的錯誤（如：把 I shall be home at 5:00，讀成 I will be home at 5:00）而有所不同。他在美國的四個地區，請兩百一十四位閱讀課上的研究生，在一份問卷上回答下列問題：當兒童大聲朗讀時犯下這種錯誤時，你是否會糾正？結果有百分之七十八的方言錯誤會被糾正，但只有百分之二十七的非方言錯誤會被糾正。問卷的另一部分探測學生對方言差別的覺知。因為學生本身並不能辨識出何謂方言的錯誤，Cunningham 推論他們的行動其實是出自於無知，比如說，他們不了解在許多黑人小孩的語言系統中，「here go」的真正意義是「here is」。（原註四）

　　Luis Moll 和他的同事，在一個靠近墨西哥邊界的加州學區，觀察了二、三年級雙語兒童的閱讀教學。在這個學校中，每個班級有兩位老師，一位老師以西班牙語教學，另一位老師以英語教學。一般來說，無論是在英語教學或是西班牙語教學的情境中，學生都屬於同一個小組。但是，「在英語課中，教師最重視的便是腔調、發音以及與這第二外國語的「聲音」有關的其他形式。」（原註五）Moll 等人相信，英語課的閱讀老師誤將外國腔調的發音當做一種錯誤，結果為了使發音標準，教師破壞了兒童在閱讀理解上的進步。

　　在 Allington 的研究中，第四個差異是教師在幫助兒童讀正確的字時，提供的提示種類有所不同：對低程度的閱讀者，教師提供的提示傾向於圖形的或聲音的提示（也就是與拼音有關或是一個字中某個字母的聲音）；但對高程度的閱讀者，教師

的提示較傾向於語意或語法結構方面（與字或句的意義有關）。

　　由兩個針對一年級兒童所做的個案研究中，研究者的描述，提供了一幅兒童在低程度與高程度的閱讀小組中，所經歷到的懸殊經驗的質的畫面，可以補充上述量化的發現。第一個是來自民族誌研究者 Ray McDermott 的研究，他詳細分析了紐約市一個一年級班級閱讀教學的情形：

　　　　在最好的那一組裡，偶爾，兒童製造出來的問題是，不做有意義的閱讀，而僅是呆板的唸出一些字來，教師的主要教學任務便是要說服兒童，在書頁上的語言是活的。所以，當一個兒童以平板單調的語調唸著：「但是 Ricky 他的媽媽說⋯⋯」時，教師會糾正她說：「我們應該這樣唸：『但是，Ricky，他的媽媽說⋯⋯』」

　　　　和程度最低的那一組在一起時，教師卻有不同的問題。因此，在不同的組中，教師和學生給彼此建構了相當不同的情境。程度最低的這一組，兒童不像頂尖的那幾組兒童唸的那麼好，而教師也較不注意書本上的課文，而較注重詮釋任何一段課文中的字所必須具備的發音技巧。所以，兒童在閱讀中，會有更多停下來的地方，而維繫課程緊湊的故事主軸不僅很少被提到，而且幾乎完全沒有機會發展。（原註六）

　　第二個描述，來自語言學家 John Gumperz 的研究。他在加州觀察了一個種族融合的一年級班級中兩個閱讀小組內的學生：

我們觀察了一段閱讀課，閱讀速度較慢的一組有三個學生，閱讀速度較快的一組有七個學生⋯⋯對速度慢的閱讀者而言，她（指教師）集中注意於每個單字中的字母⋯⋯她以白人聽眾會聽成什麼為教導兒童的教育方式。她的發音是清楚而緩慢的，每一個字的音節非常清晰，有明顯的抑揚頓挫⋯⋯學生在發音上的錯誤，即便會打斷閱讀，通常還是會被立即糾正。兒童似乎倍受干擾且無法集中注意力⋯⋯

但是在進階組的情形中，閱讀比較像是一個小組活動，而且整個氣氛也較輕鬆。每個字是放在有前後文的脈絡中，作為故事的一部分被接受⋯⋯，雖然也會聽到一些不標準的發音，但教師並沒有做發音上的糾正。兒童在閱讀中實際地享受著彼此的競爭表現，而教師也捨棄教學式的單調音調，回應以較有生氣的、自然的語言（原註七）。

第三個例子來自語言學家 James Collins 對談話的合作本質所做的研究。他在芝加哥的兩個包含工人階級及低階中產階級黑人學童的小學教室中，在課程進行到有關「理解」的這一部分時，針對高閱讀程度與低閱讀程度小組，研究談話的合作本質。Collins在衡量合作時，有一個指標叫做「納入（uptake）」——就是把學生的回答融入教師接著提出的問題中。下面是兩個例子，重要的教師談話以箭頭標記，後面再加上其他符號（＋或－）以表示納入是否發生：

納　　入	無　納　入
師：好吧！他們在找什麼？	師：好吧！當我們想到村莊時，我們會想到什麼？
生：訊號。	生：小鎮。
→師：什麼樣的訊號？（＋）	→師：小鎮，對！嗯！這兒子的名字什麼？（－）（原註八）

　　他所謂的納入，很類似在衡量保母對幼兒談話時的語意調整所用的標準，而後者被發現是兒童後續語言發展的最佳預測指標。（原註九）

　　Collins 對合作的第二個衡量標準是「指涉一致性（referential cohesion）」：意思是將主題用一個名詞片語介紹進來，然後，用一個相同的代名詞接下去。如果沒有這麼做，由於使用有可能使得意義模糊的代名詞來轉換主題，可能會造成不良的溝通。

　　Collins 發現，在兩個教室裡，低程度的閱讀組，有較少的教師納入和較多（每節課一或二次）因為指涉一致性被破壞，而導致將注意力由討論課文轉移到設法修補溝通的現象。Collins 後來在教室外進行實驗，在實驗中，他引導高／低程度的兒童說故事，結果發現在介紹角色的方式及維持指涉清楚的程度兩方面，兩組並沒有組別差異。Collins 認為教室內的差異，必定是閱讀小組內部自己造成的。他認為可能的原因是：某些兒童對課文的了解較不完整，而且他們的閱讀被打斷的次數也較多。

　　有人可能會認為，高低程度閱讀小組中所出現的教學差異性，其實構成了教育的適用性差異（以 Maldonado-Guzman 的話

來說，是以需要爲基礎的差別對待）（原註十），而假以時日，低程度閱讀小組的兒童也會得到「高程度小組」式的閱讀協助。無論支持或不支持這種假設，我們都需要對低程度閱讀小組兒童的教學及進步情形，進行縱貫式的長期研究。

在一個這樣的研究中，Collins 分析了上課的片段，在這樣的片段裡，低程度組的兒童唸了一些難度相當於高程度組兒童一年前唸過的故事。在其中一個比較中，兩組在唸同一個故事中的不同部分時，都被錄了音。高程度閱讀小組中的一個兒童，唸了下面這一段：

> 「John，我有你的船——」Liza 説，
> 「我也有一隻蒼蠅給你的青蛙。」
> 「但是，如果我不能進來，你就不能拿到你的船和蒼蠅。」
> John 看看他的青蛙，再看看 Liza——
> 然後他説：「進來吧！Liza，進來吧！」

後來，在同一年中，一個低程度組的兒童，讀了同一個故事的下面這一段：

> 他拿著他的東西跑出了房子，
> 然後，把他的船丟進垃圾桶中。
> Liza 就在那兒，而且看到 John 做的事。

下面的對話來自 Collins 由課堂錄音帶中轉譯下來的資料（語調的符號被刪掉了）（原註十一）：

高程度組

C ：John，我有你的船／Liza 說　而且		1
T ：而且		2
C ：而且我也有一隻蒼蠅給你的青蛙／／		3
T ：她這麼說是什麼意思		4
C ：給青蛙吃／／		5
T ：很好／／		6
L ：但是…我…但是		7
T ：等一下，讓她唸完／／		8
L ：但是　　　　　　但是		9
T ：　　看著書　　　　　看著書		10
C ：但是你不能⋯拿到你的船／或蒼蠅／如果		
我不能進來		11
John 看看他的青蛙／再看看 Liza ／		12
然後他說進來 Liza		13
T ：　　　　　他說什麼／／		14
C ：進來		15
T ：他怎麼說的／／		16
C ：進來 Li—		17
T ：　　　他是不是說進來吧！Liza，進來吧！		
／／或是他說…		18

C ：進來吧！　　　Liza，進來吧！／／　　　　　19

T ：　　　　進來吧！／Liza　　　　　　　　　20

　　　　　　　　低程度組

M ：在這兒　　他／…跑／…出了　　　　　　　1

T ：　　　　他　　　　　　　　　　　　　　2

M ：房子…帶…帶著他的東西／／　　　　　　3

T ：　　　　　　帶著　　　　　　　　　　4

M ：然後…他…丟掉他的　　　　　　　　　5

T ：　　　　　　唸做"丟掉"　　　　　　　6

M ：穿—船／…丟進…拉圾桶／／（譯註一）　7

　　　　　　　　拉圾　　　　　　　　　　　8

T ：垃圾桶／／說一遍：垃圾桶／／　　　　9

M ：拉圾桶　　　　　　　　　　　　　　　10

T ：不要唸拉圾／看著我／／說垃圾／說一次／／11

　　每個人都說一次／／　　　　　　　　　12

全體學生：垃圾　　　　　　　　　　　　　13

T ：Celena／說一次　　　　　　　　　　14

Ce：垃圾　　　　　　　　　　　　　　　　15

T ：　　　　很好／Marion／Liza　　　　16

M ：Liza…　就在…　　那兒而且她　　　17

T ：　Sherrie，我們唸到哪兒了？　那兒　18

T ：什麼　　　　　　　　　　　　　　　19

M：	她在	正看到	20
T：	不對／／sss…	j怎麼唸／／	21
M：juh／／			22
T：	那男孩叫什麼名字／／…John		23
M：John說…說			24
T：	做／／她看到John做的事／／Marion／		
	他做了什麼事／／		25
T：她看到他做的事／／現在告訴我他做了什麼事？			26
M：他把他的東西丟進了拉圾桶			27
T：	垃圾／／對／／繼續唸／／		28

譯註一：孩子把"garbage"唸成"gahbage"，此處譯成「垃圾」與「拉圾」之誤。

　　如同Collins所指出的，教師以非常不同的方式幫助這兩個唸故事的人。對待高程度組的兒童，她插入一個與理解有關的問題（第4行），她更正了必須有的音調變化以指出子句的範圍（第2行），並藉以區分訊息的提供者與接受者。但相對的，對待低程度組的兒童，她沒有提供這一類的幫助，而是提供在「質」上很不同的另一類型幫助：提示如何發音（第6、21行），並且為了一個唸錯的字，花了很長的時間去糾正他的發音（第9-15、28行），甚至偏離了主題。

　　不同的研究者、不同的教室、不同的研究方法所做的研究，卻都有一致的發現，我相信這些教室研究對許多——或許是大部分——的教室而言都頗具代表性。

◀ **差別對待的結果** ▶

　　現存的研究認為，上一節所描述的教學上的差別對待，會在兩方面限制了低程度兒童的進步。首先，是立即糾正所帶來的效果。在課的變化那一章討論過一個類似以候答時間為目的的研究。這個研究是由紐西蘭的心理學家 Stuart McNaughton 和 Ted Glynn 所進行的一個實驗，其研究目的是：教師糾正學生的不同時間——立即的（下一個字還未唸出來）或延遲的（等 5-10 秒）——對兒童自我訂正行為與閱讀正確成績（reading-accuracy scores）所產生的效果。結果發現：第一，立即糾正會降低兒童的自我訂正與正確成績，即使到了第二階段並無實驗性糾正時亦然。McNaughton 和 Glynn 認為，教師的更正可能會干擾兒童的進步，因為那會持續兒童的「教學依賴性，事實上，教師應鼓勵兒童的自我更正，因為兒童的自我更正對早期的進步與最終的獨自閱讀都是非常重要的。」（原註十二）

　　第二，立即糾正的結果，會使低程度兒童降低對意義的注意力。根據我們對閱讀過程的最佳了解，閱讀既不只是「從下往上」，經由閱讀者對每一個字母的知覺而完成；也不是「從上往下」，透過閱讀者對文本可能內容的假設而完成。閱讀應該是在處理不同層次的文本結構時，同時而交互地進行。雖然許多初級閱讀者可能需要將他們的注意力暫時而明確地集中在音節和字上〔像 Resnick 所主張的（原註十三）〕。但是，即使

是將注意力暫時集中在字和音節等層次上，也必須將注意力放到其他較高層次的，與文本基本涵意有關的部分，以作為補充並取得平衡。

在這個被大量使用的字「脈絡（context）」裡的一個重要層面其實是心裡的脈絡——心智中的脈絡——它是由讀者對文本較大單元的了解所構成的，而不是由某一剎那裡讀到的部分所提供。因為兒童在學齡前有不同的讀寫經驗，所以兒童到學校時，是帶著以不同方式發展而成的那個心智脈絡而來。所有的兒童，在使用文字的社會中，多少都有接觸環境語言（environmental print）（標籤、記號等）的經驗，但是，這些經驗可能並不一定就是那種聽成人讀書的經驗（being read to）（譯註二）。聽成人讀書的經驗能為閱讀在心中建造一個脈絡，進而形成閱讀書中較大單元時，聯結各部分文本的基礎。如果在教學中，反而最為忽視幫助兒童去了解較大的、有意義的文本單位，對最需要這方面幫助的兒童而言，實在是太不幸了。（原註十四）

譯註二：意思是，並不是每個孩子的學前讀寫經驗都是這種有助於日後閱讀的經驗。

◀ 差別對待的起因 ▶

　　如果大家都像我一樣，假設教師乃是致力於幫助所有兒童學習，那麼，怎麼會產生這種差別對待？換句話說，即使我們同意：成人應該，而且實際地依他們覺知到的學生需要而裁剪自己的教學，我們仍然對以下的問題充滿疑惑：為什麼差別對待會以這些特定的方式出現？到底是什麼引起這些非意欲的結果？

　　在我們推測可能的原因之前，最近對於這個問題有種想法可能有所助益。在《學校教育的兩難》（*Dilemmas of Schooling*）這本書裡，Ann 和 Harold Berlak 描述了教師如何解決這種存在於所有教學中既緊張又矛盾的狀況——他們稱之為「兩難情境（dilemmas）」。任何一個教學行動，都可以看成是面對多重兩難情境的同步解決方式；每一個兩難情境也都可看成是可用來檢驗教學過程的個別詮釋鏡片。（原註十五）Berlark 所提出的「兩難情境」中，有三種狀況與教學的差別對待特別有關。

　　第一個教學的兩難是：到底我們應該對學生相同的部分做回應？或是對學生不同的部分做回應？依閱讀小組程度不同來提供差別的教學，似乎表示教師認為：在一個班級中，閱讀能力的不同，正好作為不同的學習方式的分類指標。

　　第二個兩難，呈現了有關人類如何學習的歧見，及存在於各個互相衝突的學習理論之間的緊張關係：是整體練習或是將注意力放在區隔出的子部分上。累積的證據顯示，教師似乎對

不同程度的兒童，採取不同的方式來解決這個兩難情境。他們相信程度較差的那一組兒童，必須以區隔分部的方式練習；而只有那些程度較高的小組，能以較整體的方式學習。

第三個兩難，涉及師生如何共同承擔設定標準、監控進步情形及糾正錯誤的責任。如果我們認定教育的目標，借用 Marie Clay 的精闢之語來說，是幫助所有的學生建構「自我提升系統（self-improving systems）」，那麼，所有學生，都需要有機會去進行他自己的自我糾正（原註十六）。但有的教師似乎相信，只有某些學生能利用教師候答的時間來達到自我糾正的目標。在低程度組中，老師糾正兒童的錯誤顯得較為堅決一致，也較為立即直接，好像老師很害怕這些孩子們所犯的錯（如同孩子他們自己一樣），會失去控制。

初步地想，使用「兩難」這個詞彙來概念化差別教學，可能會使人回想到較古老的「教師期望」的文獻，只是使用的字詞不同罷了。但是，期望僅僅是量的不同——教師對某人期望多，其他人期望少——而「兩難」這個語彙的使用，幫助我們看到並了解到，在實際的教學行為中，那些期望在體現出來時是如何以複雜的、質的方式在改變。

對教學的影響，依照對教學行動時間上的關係來分，可區分為行動前（preactive）的影響與互動時（interactive）的影響（借用 Philip Jackson 的話）。（原註十七）行動前的影響是有關這些兩難情境的解決方式、腳本及教師帶進教室的教學理論。它們是意識下的產物，可以從訪談中得知，而且通常可由教師寫的計畫中看得出來。相對地，互動的影響，是在教師與學生

實際互動中衍生的。它們比較無法意識得到，而且通常並不是
反思後的產物。

行動前的影響

　　如果教師基於對學生需要的覺知，的確有不同的教學理論，
那麼，這些理論由何而來？是否在職前教育或在職訓練時很清
楚地被教導？教師是否被告知：低程度的學生更有可能發展一
些「壞習慣」，所以，他們犯了錯誤應該更頻繁而且更積極的
加以糾正？在閱讀方面，教師們是否被告知：低程度的兒童需
要加強注意拼音及發音技巧，而較不需要注重理解？教師的職
業文化──例如，非正式的辦公室閒談──對教學的影響是什
麼？（原註十八）

　　關於如何針對學生的不同需要而提供某種教學，教材設計
的方式可能也是一個傳達資訊的管道。Elsa Bartlett 比較了兩個
初級閱讀課程的教材──Distar 和 Open Court，她推測這些教材
對教師（和兒童）的讀寫概念──亦即讀寫是什麼？如何達
致？──可能產生的效果。首先，Distar I 中，那些被改變過的
字母和簡化的拼音法，是否在向老師傳達這樣的信息──Distar
組中的兒童，不能處理「真正的東西」？

　　　在尋找一個有效的教學系統時，我們可能找到了
　　點東西，至少表面上，似乎使初入門者較容易進入狀
　　況，但也很可能阻礙了他們的後續發展，如教他們不

適當的認字模式；或更重要的，限制了他們對「利用
這些讀寫能力能完成什麼」的概念。更甚者，…這個
限制不僅存在於兒童的期待中，也存在於任何一個這
樣的課程使得老師所產生的，這些兒童能學到什麼的
期望。它一再強調簡化的規則和機械式的記憶，一個
像 Distar 這樣的教材可能傳達了這樣的印象（毫無疑
問，它並非有意的），那就是：這些兒童不能吸收「真
正的東西」──像正規拼音法、不同的配對規則及彈
性的理解方式等，這些為其他兒童設計的學程裡會使
用到的東西。（原註十九）

第二，Distar 裡較有限的理解作業，是否也降低了教師對兒
童有能力回答某些問題的期望呢？

這些文化不利兒童（用 Distar 來學習的），被給
予較簡單的作業：在剛剛閱讀過的文本中，找出並記
住特定的資料。相對的，對中等程度的兒童所設定的
目標（用 Open Court 學習的），是要整合並思考整個
故事。此處的重點，並不是說文化不利兒童不需要練
習這種特別的技巧；可能所有的一年級學生都有此需
要。重點是在第一年中，整個設計似乎都在原地踏步。
而這可能產生兩種限制。第一，它可能限制了兒童對
他們所讀的東西能做些什麼的期望──如，是否他們
會想到去想想它？是否能對它有意見？和它辯論等等。

第二，這可能是更重要的，有限制的作業會限制教師
對於在課程的其他部分該使用何種問題的想法。（原
註二十）

互動中的影響

不論教師有意識的想法是什麼，教學的差異性也會不知不
覺地、在時時刻刻進行的實際教室互動中被創造出來。規畫再
完美的課程計畫也可能會走樣，因為沒有任何課程是在教師單
方面的控制之下產生的；相反的，教師行為和學生行為是以複
雜的方式交互影響著對方。

在閱讀小組中，這種交互影響最清楚的例子，可以從對教
師如何讓學生輪流閱讀，同時並試著讓閱讀小組中的兒童聚焦
在閱讀本身上頭的分析看出來。令人驚訝的對比之一是「輪流
的程序」，這是 McDermott 在他對一年級的高／低程度閱讀小
組的對比研究中發現的：在高程度組中，兒童順著小組中的次
序輪流念下去，在輪換之中，沒有時間消耗在「離線（off-
task）」狀態；但在低程度組中，兒童搶著要唸，每一個兒童唸
完後，都損失了相當可觀的時間。在探討了有關「輪流」的研究
文獻後，Lee Shulman 反駁了流行有一世紀之久的教育規則——
「學生應該隨機的被叫起來，而且不可按著次序輪流。」他的
論點的基礎正是 McDermott 所發現的：「雜亂的」指定念書順
序會產生不公平的機會，而且大部分的時間花在輪流的過程中，
而不是閱讀本身。」（原註二十一）

　　有時候，研究不只可以幫助我們了解在某些標準下，哪種教師行為會是「最好的」；研究也幫助我們知道為什麼某些其他的行為會持續地存在。McDermott 是這樣地解釋爭取發言權的過程之所以存在的理由：這個過程對於老師和低程度組的學生相處而言是具有功能的，這樣的過程使得老師可以避免叫到那些根本無法閱讀的學生。而由於同儕間花在非閱讀之事的時間增加，低程度組就比較容易受到干擾。事實顯示：和高程度組的學生比較之下，低程度組的學生的確比較容易被那些向老師尋求幫助的同儕干擾。

　　在另一個有關一年級的研究中，Donna Eder 也發現師生聯合產生的專注。在這個教室中，兒童依據一年級老師和幼稚園老師開會後的決定，被分配到不同的閱讀小組。幼稚園老師以兒童的成熟度（如：「注意力廣度」、「聽的技巧」），以及閱讀準備度（較狹隘的定義為對字母的知識等）來評量兒童的能力。在這種方式下，較低程度的閱讀小組，可能有較多不專心的行為，因為他們便是因為具有這種行為才被分到這一組的。然後，問題更惡化了。當其他的兒童由自己的工作中轉過頭來注視或也跟著起鬨時，不專注的行為引發更多的不專注行為；而當教師把她的注意力由閱讀轉向那個不專注的孩子時，這堂課的本身已失去其凝聚力與趣味性。如果她避開了嚴厲的管理行為，嘗試著利用有人犯了錯誤，或只是停下來思索下一個字時，呼喚那些不專注學生的名字以便讓他們恢復注意力，那麼，我們就很可以了解為何過去的研究文獻說，低程度組兒童在輪流閱讀時受到較高頻率的干擾。（原註二十二）

教師，如同學生一樣，也受制於增強的效果。McNaughton
和 Glynn 認為，聽到兒童被立即糾正後，隨即唸出正確的字，
對教師的糾正行為而言，是一個強而有力的增強──尤其是面
對那些進步很慢的兒童時。但這種對教師的增強，卻可能對這
個被糾正的兒童的未來進步，產生不幸的長期效應。（原註二
十三）

　　另外兩個對師生交互影響的分析雖不是來自閱讀小組，但
都能增加我們對互動之影響的了解。一個是來自在亞利桑那州
土桑市所做的合作型研究，由協同研究者、教語文的 Helen
Slaughter 和社會語言學家 Adrian Bennett 共同主持。他們設計了
面談，來評估雙語兒童的口語表現。面談的目的是使兒童以西
班牙語或英語說出延伸複合子句的話。這兩位研究者聽錄音帶
時，了解到成人的言談形式，強烈的影響了學生話語的複雜性
與一致性。面對最年幼的兒童及（或）語言能力最不好的兒童
時，他們遇到一些很尖銳的問題：

　　　　在分析這些資料時，特別是那些引發出的幼稚園
　　兒童話語樣本，我們很清楚的看出，建立一個對話主
　　題，（以及）引發兒童說出子句或複合子句層次的話
　　語，通常有賴於研究者與學生言談中的某種特質。一
　　般而言，研究者在找尋某個主題時，會建議一些在兒
　　童的經驗和會話範圍之內的主題，而且實驗者也必須
　　這麼做，才能建立相互的對話情境⋯研究者也必須藉
　　著持續針對某個主題的對話，及不隨意轉換主題，才

能盡量維持住由兒童說出的主題。有關相互尋索對話的主題，也有賴於兒童說出的話，這些話必須是超過一個字或省略式的回應。換句話說，兒童必須提供一些資訊，研究者才能夠據此設法構成主題。

即使在一個不算理想的面談情境中，高度能力的學生，通常也能展現對話的能力；此外，年齡較大的學生，顯示出較不受研究者個性的影響。相反的，有些學生，不論研究者引出的過程如何適當，仍表現出非常低的語言精通度。然而，一般來說，學生言談的品質顯示出是高度依賴研究者與學生面談時的互動品質而定。（原註二十四）

換句話說，一個孩子如果只說一、兩個字，成人沒什麼資訊可據以延續這個話題時，便較容易轉換到其他主題；結果，使兒童最可能產生延展回應的對話，從未有機會發展。如果教師不熟悉兒童個人的及文化的世界，這問題更會擴大。大家應該還記得在分享時段這一章中，Leola的老師的誠實反思，以及Tizard 對學校與家庭會話的比較。

一個類似的相互影響似乎曾發生在分享時段的改變中，這是在 Dorr-Bremme 對 Wright 女士的幼稚園與一年級連續兩年的觀察研究中發現的。在他的錄影帶中，差別是很清楚的：比起第一年來，第二年時的多話情形，分配得更不均衡，有更多的兒童只說一點話或完全不開口；而那個最多話的兒童，比第一年更傾向於談論教師並不贊同的話題（例如電視秀）。教師也

注意到這兩個學生群的差異，但她並未注意到因著因應調整，她自己的行爲也有了改變，這是 Dorr-Bremme 從他的錄影帶中發現的。例如，在第二年的分享時段中，和第一年不同的是，她介紹主題，帶領學生注意主題，而她自己則插入更多的意見和問題。Dorr-Bremme 說：

> 值得注意的是，當 Wright 女士為分享的主題（例如：前一天到當地醫院參觀）劃定界線時，她可能很不經意的製造出一個兒童無話可說的互動情境。兒童可能並沒有記住他們在醫院看到的東西。相對的，他們可能已經了解到，說出他們所記住的一些東西或最喜歡的東西便是老師對他們的所有期望。（原註二十五）

Wright 女士的調整（很明顯的是不自覺的）是可以理解的，這是一種能使分享時段順利進行，而不只是由少數幾個學生操控著的方式。但是，這樣做並沒有幫助那些說話較差的第二年生，像前一年說較多話的學生一樣說出較多的話。

總結來說，最近有些有關教室言談的錄影帶分析〔有時稱作「微觀民族誌（microethnography）」〕使我們能夠了解教室言談的一個重要層面。用 Dorr-Bremme 的話說，也就是：

> 看起來似乎是這樣的：學生帶進教室事件的行動方式，會對教師在事件中如何教學，形成值得注意的

影響。換句話說，這顯示出學生的行動，會限制教師思考和選擇合理行動的範圍。當教師以不同的方式教（或「管理」）這個班級時，他們也限制了學生所認為的，適切的、合理的行動範圍。但是，如果學生在決定教師教學的方式、以及／或是「班級經營」的方式上有一席之地的話，那麼，在建構教室環境時，即一個他們被期望學習並展現所學的地方，學生就能扮演合作的部分。（原註二十六）

但是，採取行動來打破這種相互影響的循環，責任仍在教師。

◀ 改變的問題 ▶

我對這些研究的詮釋如下，如果我們要確保最有效的教學能普及每個學生，我們就需要特別努力來突破流傳甚廣又強而有力的既存模式。

最明顯的開始點是向老師他們自己呈現觀察結果，以期待意識的提升能夠有個開端。據我所知，沒有一個差別教學的研究曾與被觀察的對象討論過。這樣的努力是值得的，包括監看刻意為之的改變嘗試。Kamehameha Early Education Program（KEEP）已發展出這樣的監看系統，設計這樣的監看系統是用來確保教師在教學時，至少有三分之二的時間把學生的注意力放在「理解」上（原註二十七）。這樣的監看系統只有在以下

的情況才會真正有幫助：它不是由某些評鑑者（如閱讀總監或校長）加諸教師身上的監控器，而是一個自我檢驗，由教師及同事定期為彼此施行的。

　　但是，因為目前的教學模式在當下的情境中是有功能的，改變或許很難達成。除非教學情境本身有所改變，否則改變不僅很難達成，而且更難維持。換句話說，我們不應該去告訴教師：「不要說這個，說那個」，而是必須去改變較大活動結構的某些層面。

　　這也就是 KEEP 所做的。在那個計畫中，同質性的閱讀小組仍然存在，但是所要完成的工作改變了。更多的時間花在討論與所讀課文有關的兒童經驗，而閱讀本身是以默讀進行，以便讓兒童在小組討論時，能提出以課文為基礎的答案。由傳統的「接力式（round robin）」口頭閱讀，改變為默讀，以找出問題的答案，應該可以顯著地減少低程度組兒童在口頭閱讀時遭遇的過量糾正。如同 Allington 所指出的，默讀的評量是由讀者回答問題的適切性而定，而口頭閱讀，則較傾向於以口語複製課文的表面正確性來評估（原註二十八）。我提出KEEP計畫，並不是在推薦其特色以作為每一個教室的解決之道，而是作為一個例子，顯示教學情境中的某些改變，加上某些監控能做到什麼事。

　　學校本身內部的改變並不是唯一可能性。如果如我所主張的，教師對學生個人及社會世界的熟悉，對於學校中的有效溝通是極端重要的，那麼，我們也必須找出一些方法，來克服學校和家庭之間的社會及心理距離。（原註二十九）

非蓄意偏見（unintended bias）產生的問題並不是只發生在
學校之內。Lipsky 曾討論過對社會工作者而言的一個類似的挑
戰，他將之稱為「街頭官僚（street-level bureaucrats）」：

> 一般的爭論是這樣的⋯⋯基於觀察，街頭官僚一致
> 地把不自知的偏見帶進案主案例的過程，顯示要去除
> 對案主的差別對待而不改變工作的結構，是非常困難
> 的，因為這些偏見在此種工作結構中是具有功能的。
> （原註三十）

◀ 差別對待的意義 ▶

將教師的某些特別行為詮釋為差別對待，支持的證據有兩
種。第一，客觀的長期證據顯示它會有不良效果。由於長程研
究非常的少，這種證據是很難找到的。因為它的缺席，故我的
主張多是由我所相信是好的教學中間接推測而來。

在本章中大多數的研究報告是有關早期閱讀的研究。我所
選用的字眼坦白地表明了一種批判的立場。例如，當一個年幼
的兒童唸書時，口中支吾著一個與課文並不相關的字，而教師
立刻提供閱讀者這個正確的字，我應該用哪一個動詞來描述教
師的行動？我（以及早於我的 Allington）把這個行為叫作「干
擾（interruption）」而不是「更正（correction）」，或更有正面
意義的「幫助（help）」。「干擾」只能藉由對該行動的詮釋

來定義，而不能由行動本身的客觀特徵來定義。基於我對閱讀
過程所需的心智過程的了解，我認為選用這個字是有理的。我
相信低程度的閱讀小組，被否決了發展自我更正能力的機會。

　　第二種證據，是來自學生主觀的報告。他們是否覺察到我
所謂的差別對待是一種有差別的經驗？較年長的學生會解釋他
們對自己老師行為的感覺。例如，Deena向研究者Sarah Michael
抱怨老師在她的分享時段敘述（第二章的例子）中一再干擾她：

　　　　她（指老師）總是不讓我說，一直說：「那不夠
　　重要，」而我根本還沒開始說什麼呢！（原註三十一）

　　非蓄意偏見可能引發的問題，變成某些教育者主張使用高
度設計好的教學學程，如 Distar 或電腦輔助教材的一個論點。
如果我們想要持續並推廣專業判斷的領域，而不是使用較為「免
使用老師（teacher-proof）」的方式來面對問題，我們還必須在
我們的行動中找到減少非蓄意偏見的方法。在所有的教室資源
中，身為教師，我們自己的行為是最為珍貴的。

◀ **原註** ▶

一、參考 Fuchs 1966 一個來自 1960 年代的例子，以及 Kleinfeld
　　1975 和 1983 較近期的討論。
二、Trujillo 1986 報告了一個探討多數民族學生的量化研究。這

個研究是藉由來自不同領域的十六位男性白人學院教師進行的。非少數民族的學生，被問了較複雜的問題，教師會嚴格要求他們回答必須有進步，對他們的回答，也提供較長的批評意見。

另一個差別待遇的重要層面是「性別」。在一個對英、美有關師生交互作用中「性別」差異的量化研究所作的後設分析中，發現女孩比男孩較少得到教師的注意。

三、Allington 1980。

四、Cunninghan 1976-77。

五、Moll, Estrada, Diaz, and Lopez 1980, 57。

六、McDermott 1978, 22-23。

七、Gumperz 1970。

八、Collins 1982, 1986，例子來自 1982, 151,154。

九、參見 Snow 1983 和 Cazden，付印中 a。

十、Maldonado-Guzman 1983,1984 在一個雙語教室中，對語文及數學課中的差別對待提出一個概念的架構及分析，這個部分將在第九章中描述。

十一、Collins（未出版，手稿）

十二、McNaughton 與 Glynn（1981），確立於 Clay（1985）

十三、Resnick（1979），Anderson, Hiebert, Scott,與 Wilkinson 是閱讀綜合研究的權威。

十四、Cochran-Smith（1986）以及一份書籍長度的版本（1984），對於托兒所中，語言活動的心智脈絡是如何形成的，提供了一個詳盡的畫面。Wong 和 McNaughton（1980）在實

驗上顯示，多花一些時間去發展這些心智脈絡，會增進
兒童口頭閱讀的精熟。

十五、Berlak and Berlak 1981。

十六、Clay 1985, 14。

十七、Jackson 1968。更廣泛的研究探討，參見 Shavelson and Stern
　　　1981。

十八、Hargreaves 1980 提出這個問題。

十九、Barlett 1979, 234。

二十、同上，pp. 238-239。

二十一、Shulman 1981。他那有一世紀歷史的規則是來自 Stoddard
　　　　1860。

二十二、Eder 1982a, 1982b。

二十三、McNaughton 與 Glynn 1980。

二十四、Slaughter 與 Bennett 1982, 61。

二十五、Dorr-Bremme 1982, p. 397, n. 22。

二十六、同上，p. 433。

二十七、Calfee, Cazden, Duran, Griffin, Martus, and Willis 1981 包
　　　　含了一個簡短的描述。

二十八、Allington，付印中。

二十九、Cazden 1976 報告了我在聖地牙哥的課堂上，我自己和
　　　　黑人、墨裔美人的兒童，有關「距離」的嘗試。

三　十、Lipsky 1980, 156。

三十一、Michaels 1981, 439。

6

教室言談與學生的學習

　　談論教室言談便是談論人與人之間的溝通。但是，教育的目標是個人內在的改變及學生的學習，我們必須考慮到教室中說出的話是如何影響了教育的結果：也就是研究可觀察到的教室談話，如何影響每一個參與者內裡無法觀察到的思想歷程，如何連帶地，也影響到學生學習之事的性質。

　　懷著這樣的疑問，我們置身於思想與語言──或是「想和說」──之間到底存在著什麼關係的困難地帶。維高斯基（Vygotsky）有本書，以「思想與語言（Thought and Language）」為名付印，事實上，翻譯成「想和說（thinking and speech）」才更貼切。因為，「思想」改為「想」、「語言」改為「說」並不只是對於如何較正確地翻譯俄語的無用爭辯。兩個

165

改變都轉向使用較有動力的詞：把「思想」一種產品，改爲「想」成了一種過程；把「語言」某種系統，改成「說」是指在社會互動中的語言使用。（原註一）

由於分析「想」與「說」之關係的困難，我們在教室中到底應如何看待它們的關係呢？答案想必依「談話」的雙方是學習者與專家（通常是教師）或是同儕之間而有所不同。本章將再一次思考教師主導的說話事件；下一章則會以同樣的問題探討同儕的互動。

過去，以認知的構念來分析教室談話的方式，是將老師提出的問題在一些認知量表上分類。首先，我會回顧這些嘗試，然後，我將轉向較近期的作品。

◀ 教師問題的分類 ▶

我們可能都相信，好問題可以刺激思考，Duckworth以下列這段話闡釋皮亞傑式的「臨床訪談（clinical interviews）」：

> 一個人藉由與兒童對話的方式來了解兒童所了解的，兒童的了解將會在對話「過程當中」不斷提升。對話者所提出的用來幫助他／她自己澄清兒童到底在想什麼的問題，也會促使兒童想的更深遠一點…你是什麼意思？你如何做到的？你為什麼這樣說？那個和你剛才說得吻合嗎？我不太了解，你能不能用另一種

方式再解釋一次？能不能舉個例子？你怎麼想到的？
在每一個情況中，那些問題是問話者試圖了解其他人知
道些什麼所用的方式。但在每一個情況中，這些問題也
使得被問者陷入思考，使他們向前邁進一步。（原註二）

　　但是，將教師的問題分類以了解其認知價值，卻是相當的
困難。所有的分類都有賴於區分出教師問的到底是哪一種問題：
是要求回憶事實或做字面了解的問題？或是需要超越記憶中或
教科書上垂手可得的資訊，進行更複雜的推理認知工作的問題？
布魯姆認知領域的教育目標分類（Bloom's Taxonomy of Educational
Objectives），曾是最具影響力的架構。它甚至可以被認為是最
具代表性的分類法，代表過去五十年來發展出之各種分類架構
的共通性。（原註三）

　　教育研究最終證實了教師提出「較高層次」的問題在教育
上的益處。（原註四）但事實上，許多教師及研究者長期以來
直覺所相信的事，卻需要用強有力的後設分析才能使這些事在
統計上成立。什麼事呢？即，認知影響力的各種不同情況，是
獨立問題類型的頻率記數捕捉不來的。
　　對老師而言，這些不同情況包含了提出高層次問題的重要
性，以及在團體教學中對同一個學生提出接續的、更複雜的問
題的困難度。對研究者來說，分析上會有一個問題，那就是如
何在被單獨考慮的問題裡，決定內容（對學生而言）和（教師
的）意圖究竟是什麼。在回答問題的那一刻，學生心中的脈絡，

會影響到他回答問題該做的工作量，而教師問題中真正的意圖，通常得由她隨後對學生回答的評估中才會看得出來。（原註五）

Edwards 和 Furlong 認為決定一個問題是開放性問題或閉鎖式問題，看來似乎很簡單，但事實上卻很困難：

> 談話並不是一個接一個區隔分明的項目，它涉及了所謂的「條件性的相關（conditional relevance）」：對話的意義有部分是由一些其他已說過的（或將要說的）東西中浮現的，可能與這次互動有些距離…這一點，對我們自己的課堂對話分析，非常重要。可以用許多有系統的研究者面對一個問題的情況，來說明區分開放及封閉性問題的狀況。許多問題看似開放，事實上卻因為它們被提問的脈絡，而成為封閉性問題（也許最近這位老師才提供過〈這個〉答案），或者因為這位老師在評估問題的答案時，已經清楚地對答案的標準設立了相關性、適切性、正確的表示法。問題的範疇有多窄，只有在接下來發生的事上才能決定。（原註六）

Barnes 稱呼那些形式很開放但功能很封閉的問題是：「假開放（pseudo-open）」問題。他提出的一個例子是：「Alan，關於本生燈，你能告訴我一些什麼？」這個問題聽起來完全是開放性的，但是，隨著課程的進行，很明顯地，從所有與本生燈相關的可能陳述中，教師是在尋找一個有關使火焰明亮或不

明亮之條件的陳述。（原註七）

我從這些困難中得到的結論是，嘗試應用某些認知困難度的量表來評估個別的問題，可能對教師有啓發的功用，但是對研究而言，其本質卻是不明確的。不過，如果我們以較長的序列過程來思考言談，教室談話的潛在認知價值可說是一種鷹架（scaffold），一種再概念化的過程（reconceptualization）。

───────◀ **如同鷹架的言談** ▶───────

以很長的篇幅探討近年的認知和教學的理論時，教育心理學家Lauren Resnick在接近結尾處寫下認知心理學對教學的概念化所發生的一些改變：

討論社會互動影響學習的方式時，傳統觀點的焦點是：成人是新資訊的提供者，是正確表現的模範，並且是兒童嘗試表現時的選擇性增強者…現在，關於學習之社會過程有了不同的觀點，這樣的觀點愈來愈吸引那些對一般認知能力的發展感興趣的認知心理學家的注意。蘇維埃的心理學家維高斯基…，曾經主張認知開始於社會情境中，在社會情境中，兒童與成人共同承擔製造完整表現（complete performance）的責任。兒童從事他或她能做的，而成人完成剩下的部分。這樣一來，個別成分的練習是發生於整體表現的脈絡

中。在這種自然產生的互動中，成人會逐漸增加兒童
在整體表現中能擔負多少責任的期望。（原註八）

　　這個抽象的字：鷹架，首先是由 Bruner 和他的同事所提出
的，現在已逐漸應用在這一類的社會互動上。有個常見的畫面
可以使這個概念更清楚，亦可顯現出這種現象發生的普及性。
想像一個畫面，即一個成人握著一個正在學步的孩子的手，而
標題是：「每個人都需要一雙援手」。正如 Resnick 所說，兒童
做他（或她）能做的部分而成人則完成其餘的部分；兒童的練
習發生於這個完整表現的情境中，而當孩子的能力逐漸增長，
成人的協助會逐漸抽離（由抓著兩隻手——到只抓一隻手——
然後只讓孩子握一根手頭——然後，放開手，離開一、兩吋
…等等如此這般）。

　　在仔細端詳曾以這個模式設計的教學活動之前，讓我們先
來看一些分析，這是用以上的構念對學齡前兒童和他們的成人
照顧者自然產生的活動中所做的分析。在這兒，我只提出與對
話有關的鷹架。但是，如同發展心理學家 Fisher 和 Bullock 在一
份評論後皮亞傑發展觀點的文章中指出的，好的電腦軟體也可
以提供鷹架的功能，即使學習者在使用時是單獨一個人。（原
註九）

學前兒童的鷹架

　　在幫助學步兒走路之前，也有一些東西能幫助（至少許多

媽媽相信）嬰兒溝通。心理語言學家Catherine Snow描述媽媽們完全不管她們那三至十八個月大的孩子並不適合做為談話伴侶，仍然非常努力地想要和孩子達到「對話」的境地。起初，她們會把打嗝、打哈欠、咳嗽、笑及撒嬌聲——手部揮舞或頭部活動則否——接受成嬰兒那一輪次的回應。她們會藉著提問和自答來填補小嬰兒該說話的部分，也會藉著修改問題，使得十分微小的反應也被視為回答。然後，在小嬰兒七個月時，嬰兒已被視為更活躍的談話伴侶，媽媽不再接受嬰兒所發出的所有聲音，而只接受像語言和子音的兒語。媽媽們提高了她們的期望，而孩子的發展則如望進行。（原註十）

另一個例子是Wertsch的分析，他分析一位母親如何引導她的孩子照著模型來拼圖。這份工作有三個步驟：

・步驟一：研究模型，以決定下一片拼圖的正確形狀和位置。
・步驟二：由圖片堆中選出步驟一決定的某片拼圖。
・步驟三：依照模型裡的位置，把步驟二選出的圖片放到該放的位置上。

下列是一位母親和她的兩歲半的孩子一起作拼圖時，三段互動的描述：

開頭兩幕是由孩子問：這片拼圖該放在哪兒？媽媽的回應是將孩子的注意力引到模型上。在這兩幕互動中，孩子原先提出的問題導致媽媽的回應，而媽媽的這個回應反過來又引發孩子去注意參考模型這樣的回應。所有這些「動作（moves）」或「輪次（turns）」

均是外在的、人際互動功能的一部分。第三個單元有很不一樣的開端，首先，這個孩子並沒有提出關於某片拼圖該放在哪裡的完整問題。其次，更重要的是，孩子對模型的注視並不是回應成人的指示。在沒有依賴成人提供正規溝通的情況下，他獨自利用自我中心語言和內在語言完成了這個溝通。那就是，在這種需要某些策略性步驟的情形裡，有些轉化發生了，即從外在的社會功能轉移為外在的、內在的個人功能。（原註十一）

這些描述是取自一個研究，但是這個媽媽所作的引導，其本質上的特色，對家庭裡自然發生的拼圖活動而言是很平常的。

接下來是早期語言遊戲，像是躲貓貓，這遊戲有四個特色：限定的形態、清楚而重覆的結構、發出聲音的適當位置及可互換的角色關係。而另一個早期形式很像躲貓貓，但可開展至較高的複雜性的活動，便是「讀圖畫書（picture-book reading）」，Ninio 和 Bruner 是最先以這樣的構念來分析的。在所有這些早期的語言遊戲中，隨著孩子的發展，孩子會接手愈來愈多的腳本。（原註十二）

在這種早期學習中，也包含可類比為文化介入的成份。如同 Ninio 和 Bruner 指出的，閱讀圖畫書也會有不同的結構，例如：媽媽讀一些兒歌，且每一句最後留下一些讓孩子完成。Sharon Haselkorn 曾經在一篇報告裡提到她還是哈佛的研究生時，遭遇到母親的閱讀模式和研究者（即 Sharon）的閱讀模式相

互干擾的問題。Sharon 慣常使用「這是什麼？（What's that?）」的遊戲，但她的一個小研究對象學到的是「把空白填滿（fill-in-the-blank）」的遊戲，結果，他們要一起完成閱讀圖畫書的活動時，便非常困難。（原註十三）

　　在所有這些例子中，媽媽在一開始時，她自己能夠而且的確演出整個腳本；但隨著兒童的成長，孩子會漸漸的擔任更活躍的角色。遊戲隨著時間而發生變化是非常重要的。剛開始時，成人以讓兒童可以成功參與的方式來組構遊戲，然後，當孩子的能力逐漸成長時，遊戲改變了，使其中總有些新的東西讓兒童可以學習、可以嘗試，包括逐步取代原來是成人扮演的角色。在這些遊戲中，Bruner 使用的詞「鷹架」，已經變成遊戲中用來指稱成人角色的普遍稱呼。這是一個好詞，而且我們要記得這是個非常特殊的鷹架———一個隨著兒童需要減少、能力增長時，逐漸自行解除的鷹架。

學校中的鷹架

　　圖表 6-1 顯示了所有學習環境中，吻合「鷹架」這個字的基本結構。也是閱讀研究者的兩位作者 Pearson 和 Gallagher 認為這個模型可以廣泛地應用在教育上。雖然大部分的教學例子來自於閱讀和其他的語文教育，但這並不是說我們不能用同樣的構念來思考其他領域的教學技術。（原註十四）

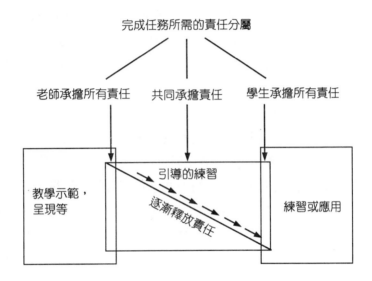

圖6-1　符合「鷹架」這個字的學習環境基本結構。

（J. Campione, in Pearson and Gallagher 1983）

　　因為要在同一個時間內，對一整群學生微妙的配合個人程度來教學，存在著很多問題，所以符合這個模式的教學，最常發生在教師與個別學生的互動中。有一個例子來自我在聖地牙哥的教室，我在語文課上先教 Leola 功課，然後她再去教她的同儕們。以下是她作業單上首先出現的兩個項目，先以完整的形式呈現這兩個項目，接著是對這作業的分析，然後是我和她談這兩個項目時（非常類似 Wertsch 的例子中，母親透過複製拼圖模型和年幼兒童的談話），以下是我的指示的一個版本，是編輯過的（把重覆、自我校正等等降到最低）：

　　1. new　　*1.* Yøłoɖu　　*2.* ty¢olsd　　*3.* møne

2. no

3. off　　　　You　　　　told　　　　me

1. 讀左邊表列的新字：new

2. 想一想這個字的反義字：old

3. 拼出這個反義字：O-L-D

4. 找出一組有著對應號碼的字，然後把用來拼反義字的字母劃掉。

5. 在空白處複製紙上剩下的三個字母：Y-O-U

6. 把這個字唸出來：you

（所有 10 題都作完後，剩下的字，可以成為一個有趣的句子。）

教師對 Leola 的教學	
第一題	
教師	Leola
來吧！	
第一題這兒說 *new*，	
new 的相反詞是什麼？	Old
Old。你怎麼拼這個 *old*？	O-L-D
好，在這張紙上的字母中，	
把你用來拼 *old* 的字畫掉。	（Leola 照做）
好，現在剩下哪些字母？	Y-O-U
可以拼成什麼字？	You
好，現在把*你*這個字寫在這裡。	

第二題	
來作第二題吧！這裡說-	No
No，no 的相反詞是什麼？	Yes.
好！你怎麼拼 *yes*？	Y-E-S
太好了，現在你要——	Leola 劃掉 Y-E-S
	Told

　　很明顯的，老師提供的幫助的確可以漸漸減少，而Leola也的確學到獨自完成這些工作，比較一下第一題和第二題老師所給的提示即可知道。第二題，我和 Leola 進行了前三個部分，然後一個模糊而不完全的問題：「現在你要——」就夠了，Leola 自己便將剩餘部分完成了。

　　另外一個與個別學生鷹架教學的例子，來自 Gillian McNamee 的研究——幫助兒童重述故事的研究。在她以一個幼稚園老師為對象所做的第一個觀察研究中，McNamee 分析這位老師所提出的一系列問題，藉著說出這些問題，這位老師幫著一位小朋友，直到這個小朋友可以自己把故事說出來。然後，在一個更有控制的實驗情境中，McNamee 對著十二個幼稚園學童說了一個故事，並要求每一個學童重述三遍。在每一次重述裡，成人提出一系列經過設計的問題，剛開始僅提供最少的幫助，然後視學童需要，問題變得愈來愈明確：

　　1. 覆述兒童說的最後一個句子。

　　2. 問兒童：「後來怎麼樣？」或「然後呢？」或「一開始／結束時發生了什麼事？」

　　3. 問一個與下一段資訊有關的問題（wh-question）。

4.以附加問句的形式，提供下一段敘述所需的資訊。（註
　　十五）

　　在第二次重述故事時，兒童需要幫助才能說的故事事件愈
來愈少。在第三次重述時，兒童需要你提供給他的故事事件的
數目是一樣多，但是所需要的幫助類型由較特定轉為更一般性，
由4到3或2。當第二個故事呈現以便觀察兒童是否抓到了重述
故事的技巧時，兒童會回歸到大約是重述故事的第二個階段：
比第一次重述需要較少的幫助，但比第三次重述又需較多特定
的幫助。

　　如同McNamee指出的，我們並不會以解釋或指示來教任何
人說故事。我們可能提供模式，但我們也以問問題來幫助他，
藉著問題指出哪些資訊應被包含在內。還記得分享時段中Mindy
的老師吧！

　　鷹架模式的教學設計，記錄及評估得最好的是「互動教學
（reciprocal teaching）」。在一九八一年，Annemarie Palinscar還
是個研究所的學生時，與心理學家 Ann Brown 提出一系列的研
究，這些研究是要透過四個認知策略：預測、產生問題、總結、
分類，來增進閱讀理解。他們設計出的形式是：「師生之間對
談，但由參與者輪流擔任教師的角色。」他們首先將此設計應
用於補救教學的老師及他們的國中學生，然後，擴充了這個模
式並加以評估後，再用在其他年級的老師及學生身上。基本上：

　　　　我們是在鷹架教學的架構之下，向課堂上的老師
　　介紹互動教學的。這也就是說，教師被告知，這個教

學計畫的目的是：『引導學生獲得，並獨立應用這四
種認知策略的能力，從而達到增進閱讀理解的目的。』
教師們得知，這種責任的轉移，意味著他們必須在教
學的過程中，使用不同的教學策略。最初，教師提供
模式並伴隨著解釋，然後，模式逐漸淡化，而教練的
角色功能逐漸加強，提供正確的回饋及鼓勵，促成自
我評估，並在適切的時候，再度介紹模式及解釋。教
師也被告知，這種轉換的發生率會因學生而異，但無
論發生多慢，每一個學習者必須挑戰他（或她）自己
的能力上限。（原註十六）

在給了這些例子之後，我想強調鷹架的三個特色：一是它
們使得生手由一開始便可以參與成熟的任務。二是他們藉著提
供可調整的、暫時性的支持做到這點。Palinscar稱許KEEP的研
究者 Ronald Gullimore 和 Roland Tharp 所提出的這個字——「*後
設腳本（metascript）*」：「是一種有著一般格式，並建議採用
某種特殊策略之一般性指導的口說教學，但又不至於高度規範
到完全扼殺反應教學的空間」。

在最近的討論中，*鷹架*這個字，常與維高斯基所提出的構
念「*趨近發展區間（ZPD）*」聯結在一起。*鷹架*指涉可看到、
可聽見的，具有上述特質的支持。事實上，如果初學者對手邊
的工作，接管愈來愈多的責任——如同我們在前面提出的所有
例子中所看見的，那麼，相對的，我們可以回溯式的推論說，
我們提供的幫助是適時的、適當的，而這位初學者正在他或她

的趨近發展區間內運作著，做著起初需要別人幫助，但很快便可以獨立作業的事。

對於鷹架的一般評論

在考慮到將「談話作為鷹架」的模式概化時，有三件事必須加以思考，那就是：內化的過程，得到的是答案或了解，以及所獲得的知識之本質。

內化的過程。很重要的一點是，不要用機械化的概念來看內化的過程，亦即外顯的社會互動（說和聽）轉化成內隱的心理過程（思考）。關於互動教學，Resnick指出「許多閱讀理解過程的自動化本質，閱讀進行的速度，和它次序性的本質，常使我們很難相信，在一般性的閱讀課程中，有技巧的閱讀者會自行提問及創造結論。」（原註十七）

在數學教學的研究中，Resnick和她的同事，曾經區分過兩種算式：一種是老師教的算式，另一種是更成熟的（也就是接近專家所使用的那一類），通常是由學習者為了自己而自行想出來的。例如，Resnick和她的同事發現，學童被教導了一種加法的算式後，會自己發明出更成熟的算式。例如：計算 3 ＋ 4時，老師教他們把兩個數群數在一起，1，2，3，和 4，5，6，7。然後，他們自己會發明一種策略，無論這個較大的數字在前面或後面，都由較大的數數起，然後，再加上較小的數：4，然後 5，6，7。（原註十八）

這個證據推翻了將內化視為隱默模仿之簡單版本的想法。

用蘇俄心理學家 A. N. Leont'ev 的話來說：

> 內化的過程並不是把所有外在的活動轉移成預存
> 的內在「意識空間」，而是這個內在空間*形成*的過程。
> （原註十九）

所以，在教學中，我們不應該假設，在成熟表現的各個成分和構成最有效教學的各個成分之間，存在著一對一的關係。如同兒童的語言發展，提供的模式是可從中學習的樣本，而非要學習的範例。

人類認知的核心是發現新想法的能力，Bruner 說得好，也就是「超越所得的資訊本身」。芬蘭心理學家 Yrjo Engeström 說：「鷹架這個想法只侷限於談論既存資訊的獲得過程。」Engerström 所舉的最後一個例子（格外讓人感到驚訝的是這是由非美國人提出的），那就是 Huckleberry Finn（譯註一）拒絕他的社會有關奴隸的規範，及對這種拒絕的實踐。在這本書的最後一個句子說，Huckleberry 必須離開家，以避免被他阿姨 Sally 再度社會化到那種規範。無論我們是否同意 Engerström 這樣來闡釋 Huckleberry Finn，Engeström 提出的觀點是很重要的：可視為一種教學模式的鷹架，並無法說明導致新想法的那些心智跳

譯註一：Cazden認為這個例子由一位非美國人提出，令人感到驚訝的原因
　　　　是Huckleberry Finn是美國作家馬克・吐溫小說中家喻戶曉的角色。

躍。（原註二十）

　　答案或理解。幫助孩子以某種方式得到特定的答案，和幫助孩子獲得概念性的了解，因而能夠在未來自行建構出類似問題的答案，兩者是有著極大的差異的。還記得第三章中「所以呢⋯」的句子嗎？兒童從老師所提出的問題裡存在的線索得到答案。

　　教師發問—學生回答的結構存在著一種弔詭，那就是：學生的回答對於課程的進行極具關鍵性，但老師所期待的回答通常並不明顯。French 和 MacLure 提醒我們，任何問題——即使是一個看起來很簡單的問題，像「那是誰？」——都可能會有許多潛在的答案，而要提出一個正確的答案，一個人不僅需要知識而且還必須做「脈絡化的、闡釋的工作」。French 和 MacLure 在長期研究兒童語言發展時，在托兒所教室中所拍攝的錄影帶裡，發現「許多老師使用兩種互動策略，提供學生一些指引，來幫助他們試著找到教師所要的答案。」

　　一個策略叫做「預先成形（preformulating）」：「教師將希望得到的兒童回答的暗示，預先放在問題中，以一句或更多的話語，將兒童導向相關的經驗領域⋯這領域對回答該問題而言是極重要的。」

預成配方（preformulator）	教師：你能看到大象那長鼻子的頂端有什麼東西嗎？
核心話語（Nuclear Utterance）	那是什麼？

　　第二個策略叫做：「再形成配方（reformulating）」，在第

一次回答錯誤時使用。依據使原始的問題更清楚的不同程度，
French 和 MacLure 區別出五種形式的「再形成配方」：

原　始　問　題	再　形　成　配　方
那些人在做什麼？	1.他們在種什麼？
那是哪一種大象？	2.它是一隻很「傷心」的象嗎？ （此處的再形成還包含了一個錯的 答案「傷心」，但卻提示答案是 屬於與傷心同一個語意組。）
你還看到什麼其他的東西？	3.你看到一個有抽屜的櫃子嗎？ （此處的再形成配方包含了正確的 答案）
他們怎麼去的？蓋瑞。	4.他們坐公車去的？還是坐小汽車 去的？
你用了什麼顏色？	5.是咖啡色，對不對？ （原註二十二）

　　因為這些再形成配方逐漸的減少兒童所需面對的認知工作
量，French 和 MacLure 預測教師會比較喜歡先用較不明確的版
本，所以上面所呈現的次序應該也是使用的次序。（原註二十三）
　　這種簡化的方式，除了幫助兒童回答一個特別的問題之外
（而且也幫助教師「上完」這些課程），是否還有其它的好處，
是一個重要的實徵性問題，但也是一個很難回答的問題。我認
為，我以話語指導 Leora 做作業所問的那些問題，的確展現了
衍生性（generative）的效果。互動教學，比起其他的教學形式，
顯示出更能符合對「效率」的嚴格要求。

　　知識的性質。該問的重要價值性問題是：隱含在類似鷹架
結構中的知識及教育的概念是什麼。在判斷這些結構的教育價
值時，是取決於某種互動順序的內容，以及一個人的教育哲學。
　　在第二章中，我曾提過 Searle 所關心的「誰在搭建誰的建
築？」這樣的議題。而如同他所描述的，Searle 以分享時段中
Mindy 和她的老師之間的互動作為例子，說明他的此種顧慮：

> 　　Cazden 主張並展示如何介入年幼兒童的「秀和説
> （Show-and-tell）」活動單元，以幫助兒童學習做更有
> 焦點、更有延伸性的敘述。然而，在 Cazden 的例子
> 中，當兒童被引導以適切的形式報告某些經驗時，這
> 些個人經驗中的理解、價值觀、興奮感都被否定了。
> Applebee 和 Langer（也是語文教育者）（1983）表示
> 支持「教學的鷹架（instructional scaffolding）」並提供
> 一些例子，顯示教師藉著提供一份概括所需步驟的問
> 題單，為學生的科學實驗報告提供了鷹架。毫無疑問
> 的，這份概要幫助學生的實驗報告更完整，但這真能
> 幫助他們學到撰寫科學報告的目的和本質嗎？例如，
> 學生為什麼要展示及報告這個實驗？在這個報告中，
> 是誰的意圖應得到榮耀？（原註二十四）

　　這些都是重要的問題，對我而言似乎特別重要，當我們談
論的是建構——不只是理解——口說或書寫的文本。在分享時
段這一章中，就像所有固定的標準必然有的問題，他們討論著

如何編輯原始的錄音帶。同樣的，有關「誰控制語言」的問題，也在寫作會商中被提出來，如同我們在第四章看到的。因為，那些能算是有效方法的教學，並不一定就會是有價值、有重要目標的教學。有關價值的問題，會持續的被教師和研究者一再提出、爭辯及回答。（原註二十五）

◀ 將談話視為再概念化 ▶

大部分鷹架裡，建構的重要成分是教師的問題——也就是問—答—評（IRE）序列中的第一部分，它引導學習者的心志注意到手邊工作的某些特質。「再概念化（reconceptualization）」這個字，相對的，喚起對第三部分——通常指的就是評量——的注意。但是，評量這個詞並不能描述第三部分的整體涵意——因為第三部分通常並不僅止於表達一個對或錯的判決，而是導引學習者對正在討論的現象（或所指涉的東西）產生新的思考方式、分類方式、再概念化的方式，甚至是重新脈絡化（recontexualizating）的方式。

想著、說著或寫一個複雜的現象時，我們無可避免的會注意到，並使用一些字（話）來表達部分的畫面。這樣的限制不是說人都有偏見；而是顯示了人類知覺中天生的選擇性。想想那熟悉的「可倒轉圖相（reversible figures）」：一個人可以看出一隻鴨子或一隻兔子，另一個人卻會看成老婦人或年輕婦人，但這兩種觀點不會同時出現。

有時候，說者或聽者、作者或讀者的心理脈絡，被稱爲「參考架構（frame of reference）」，而任何的指涉動作，都需要語言學者 James Wertsch 所說的「參照觀點（referential perspective）」。他的例子來自於媽媽和她們的幼兒一起拼圖時的鷹架式對話。這在本章前一部分已經描述過。每一片拼圖可以叫做不同的名字，一片圓形拼圖片可以叫做圓圈或輪子或卡車；一片長方形的拼圖片，可以叫做長方形或窗戶或房子。（原註二十六）

Wertsch 稱呼圓形或方形之類的標籤爲「一般指涉表達（common referring expressions）」。它們應用在非常廣泛的情境中，但並未負載任何關於這些情境的特定資訊；它們是語言學家稱爲「無標記（unmarked）」的標籤，而它們似乎也表達出指涉物「真正」是什麼。相對的，Wertsch 稱呼像輪子和窗戶之類標籤爲「知會脈絡的表達（context-informative expressions）」。它們提供了更多關於指涉物被看到的那一刻，給出資訊的那個特定觀點的資訊；它們在較窄的脈絡範圍內做有效的溝通，而且這樣的資訊只有那些以相同方式看到這個情境的人可以理解。因此，在說者、聽者之間，在作者、讀者之間，這樣的資訊需要、也導致較高程度的交互主觀性（intersubjectivity）。（原註二十七）

學齡前的初始概念化（initial conceptualization）

我們也可以視爲再概念化的是另一個更熟悉的、對話次序

中的第三部分，剛好也是以「E」字開頭的「擴展（expansions）」（譯註二），是指照顧幼兒者對極小兒童的反應。心理語言學家 Roger Brown 和 Ursula Bellugi 在一九六〇年代早期，開始以三個小孩 Adam、Eve 和 Sarah 為對象，進行語言發展的研究時，最早注意到的事情之一便是「擴展」的發生頻率。此處的「擴展」指的是，父母回應他們年幼子女所說的電報式話語時，會重複他們認為是幼兒想要說的話，並填滿缺漏的部分。下列是由第一次付印的報告中取得的例子：

兒童	母親
媽咪！蛋酒	媽咪已經喝過蛋酒了。
Eve，午餐	Eve 正在吃午餐。
媽咪！三明治	媽咪也會有一個三明治。（原註二十八）

在這三個例子中，媽媽把行動的時間以話語的方式放進句子中，——過去、現在、或未來——這在英文中是必須的。

「擴展」的存在，在西方中產階級幼兒照顧者的語言中，被廣泛記錄，同時也被廣泛的討論。大部分的討論，集中在這種對話對兒童習得文法知識的可能助益。但在發表的第一篇文章中，Brown 和 Bellugi 寫道：「在我們看來，母親在擴充幼兒語言的過程中，教給幼兒的絕不只有文法而已；她可能在教一些像世界觀（world-view）的東西」。在早期的會話中，幼兒

譯註二：這本書裡所提到的 IRE 序列中的 E 是 evaluation，此處的「擴展（expansion）」，也是以 E 為起首字母的字。

不僅學到「如何」表意，還學到表達「什麼」意義。（原註二十九）

學校中的再概念化

　　「教育」有很大一部分的貢獻，是教學生如何以新的方式看現象，將圓再概念化成輪子，或輪子成一個圓。如同幼兒照顧者一樣，教師那些隨著學生的反應而調整語意的回應，持續的在教像「世界觀」之類的東西。除了考慮環境對兒童獲得文法有幫助外，我們也可以將教學視為使學生習得技巧和知識的一種環境助力。除了母親與幼兒在這種一對一的對應關係中，說出語意上相互配合的話以外，也思考一下教師在基本的問—答—評形式中的第三部分，所說的語意相互配合的話。

　　Griffin 和 Mehan 由閱讀課中，提出一個簡單的例子：

教　師：（在黑板上貼著的紙上寫下「樹〈tree〉」這
　　　　個字）如果你知道這個字是什麼，請舉手…
學生 A：輕敲（Tab）
教　師：它不是"t"這個聲音開頭的嘍！

　　　　教師的反應例證了一種叫做「聲音基礎教學法（phonics）」的教學…藉著將學生對某個話語的可能詮釋明確化（事實上是具體化），教師乃是與學生合作著建構話語，以便使學生學到（或部分學到、或朝

向學會前進）應該學到的東西。（原註三十）

只有在讀寫能力的活動中，我們必須設想「話語」是由字母組成的。

Lemke 在他對高中科學課所做的研究中，也確認出此種教師話語的功能。他把教師在「評」這部分所說的話，視為「回溯式的脈絡化（retroactively contextualizing）」或是簡單地說「回溯（Retro）」。他發現教師們經常會在結構上、或主題上，將學生先前的答覆再概念化。就結構而言，教師可以將學生的答案重建為只是一種爭取發言的嘗試（bid）。在主題上「對學生答案做回溯式脈絡化的策略，其實是在對話中發展主題最普遍的互動策略。」他所做的高中科學課的轉譯記錄，對非科學專家而言，實在很難讀得懂。但這兒有一個來自物理課「回溯」的例子，教師「徹底的重新脈絡化了一個學生的答案（以及之前的整段對話過程）」，這位教師說：「相對論！這就是愛因斯坦之所以發跡的道理。」（在這整個轉譯記錄裡，「女」表示女學生，「男」表示男學生，空白的括弧，表示不清晰的字。）

> 教師：電，對，如果有電子旋轉，便有一磁場。如果它們順時針轉，你得到一種磁場；如果它們逆時針轉，你便得到另一種磁場，這也就是為什麼你—你（　）磁力量子數。（師，生笑）這個（做了個姿勢）是順時針或逆時針轉？
>
> 女：依照它——

男：依你是誰——

女：對我們——

男：對我們而言它是逆時針轉，但對你來說它是順時
　　針轉。

教師：相對論，很好，這就是愛因斯坦之所以發跡的
　　　道理。

　　Lemke 評論：「在如此創造出的新脈絡中，『相對運動』
和『相對觀察者』的主題，豐富了前面進行之談話的意義，而
且至少標示出一個主題系統的存在，這個主題系統將目前的言
談和其他科學言談聯結在一起。在這個例子中，主題的轉換如
此徹底，甚至是幽默且好玩的。」（原註三十一）

　　其他的觀察者，用其他的名稱來稱呼有這種功能的成人談
話，像是在家中的起始概念化，或是學校中的再概念化。Ryan
談到媽媽對幼兒模糊的單字話語，給予豐富之詮釋的益處；而
維高斯基也主張兒童和成人在共享意義之前早已共享指涉物。
Edward 和 Furlong 說：「使學生朝向教師所想的意義移動的過
程…是大部分教學的核心。」（原註三十二）

　　目前為止，這些例子已經顯示出父母的擴展和教師的評估，
可以改變或豐富前一個學生回答時所提出的意義。這個「再概
念化」的概念，也可以應用在兒童的目標結構上。James Wertsch
以維高斯基的觀點說，發展中最重要的層面就是：兒童能接受
「對共同活動的目標做出不同質的詮釋。」（原註三十三）

　　Newman、Griffin 和 Cole 的研究，詳細描述了這是如何發生

的。他們正努力找出「一種理論，可以解釋文化組織的經驗在心智發展中所扮演的角色。」他們的焦點，有個簡短的標題是：「在脈絡中認知（cognition in context）」。其實，這只是以一組更普遍的字來說明「思考和談話」。他們在教育的脈絡中進行研究，部分的原因是因為：「教育是文化所組織之經驗的一種形式，方便作為政府政策的工具。」（原註三十四）

有一個分析選擇了和皮亞傑的化學化合工作有著同樣結構的問題。這個問題包含著一疊疊卡片（最初是四疊、然後五疊、六疊），每一疊都有一個不同的電視或電影明星。兒童在和一位教師的互動中，需要找出使成對的明星可做朋友的所有方式。簡言之：

> 當一個兒童盡可能配出所有對子後，研究者在兒童重新開始配對之前，進行一段短短的指導。研究者會要求兒童再檢查一下，看看他（或她）是不是已經找出所有的對子。如果兒童沒有發明一套系統化的程序來檢查，研究者會建議一套給他。如果 Moke 是左邊那一疊的第一個明星，她會問：「你配的對中，Moke 是不是和其他每一個人都配過了？」然後，她會問對右邊而言的下一個明星…等等。研究者利用這些暗示，希望能帶給這個孩子一個將這個明星與另一個明星系統化配對的想法。然後，我們可以看到這個系統化的程序〔參考皮亞傑的說法是「交叉（intersection）」〕是否會被應用到下一次的組合過程中。（原註三十五）

Newman等對教師與兒童互動的分析，特別是對成人之「暗示」的詮釋，是得自蘇聯心理學家維高斯基及 Leon'tev 的報告（原註三十六）。我想對本章讀者而言，對維高斯基的理論可能比對Leon'tev的理論更爲熟悉。簡言之，根據Leont'ev所言，每一個人類活動（由動機所發動的）的結構都是由行動（由目標所引導）組成的，而這些行動是由操作組成的，這些操作依條件的不同而自動的被選擇與實行。每一個行爲都可能由行動轉爲操作，或由操作改爲行動。所以，舉例而言，對開始學開車的人而言，換檔最初是一個由目標導向的行動；之後，它的狀態降低爲一個操作，在特定的情境中自動運作。

Newman等說：「從例子看出，隱含在Leon'tev的理論中的是，行爲中有一些特質使它們可被使用於社會性協商及轉化中……我們將這些單元的特色稱爲『非獨特的可分析性（non-unique analyzability』」。所以，例如把卡片（或化學元素）配對，教師與學生可以在不同的活動中，同時產生行動的狀態（同步性地 synchronically）；當一個兒童的理解發展時，對這個孩子本身而言也是如此（縱貫性地 diachronically）：

> 教師的問題「你怎麼知道你已配出所有的對子？」已預先指出學生正努力配出所有的對子。這可能是一個假的前提，但策略上是有用的……以這個問題來面對兒童那一排對子，彷彿它們是兒童竭盡所能努力找出所有對子的產物。然後，教師引發交叉配對的過程，

來修正兒童無法找出所有配對的嘗試。換句話說，她借用了兒童的配對行動，把它當成如何完成預設目標的一個例子。我們懷疑，是不是當兒童自己「實徵」的配對，被追溯性的、以交叉配對的基模來詮釋之後，兒童才開始學到研究者所謂「找到所有對子」是什麼意思。（原註三十七）

Newman 等繼續提出建議：如同替問題分類一樣，對於教師及研究者而言，什麼是具有啟發性的，其間有重要的差別存在：

> 在教育中，對於將目標輸入師生的互動中，然後再進入兒童的獨自活動中，這種由教師對兒童的行動所做的假設可能是很有用的方式。我們的原始編碼記錄基模，把許多兒童的產品視為找到所有對子的差勁策略。在心理學中，這樣的過度詮釋會產生危險的誤導。兒童被記錄為表現的很差，其實是因為一開始他們並沒有在做這個工作。（原註三十八）

當Newman等應用維高斯基和Leont'ev的理論時，「逐漸接近（appropriation）」（Leont'ev 所用的字）的過程，是相互的而有順序的。至少在某些教師—兒童一對一的互動中，從後來的配對工作中可以明顯看出，接續著教師發動的「逐漸接近」（如同 Newman 等所描述過的），找對子的行動已被兒童「逐漸接近」，並轉化為一種新的、漸漸可被理解的行動——也就

是我們所說的系統性程序，「交叉」。（原註三十九）

　　面對這種現象，除了較熟悉的用詞——*再概念化*之外，我曾刻意的引用了 Lemke 的用語——*重新脈絡化*，以便將這種教育觀點對照較常描述的*去脈絡化*（decontextualization）。

　　有些現象可以被視爲相對地*去脈絡化*。如在某些圖畫書中，一面空白書頁上一架孤零零的飛機，比起天空中真正的實景，或是將飛機描繪在較完整的景象中的圖畫而言，是較爲去脈絡化的；無意義的音節較有意義的字更爲去脈絡化；而在反射卡上的字則比前後相連的文本中的字，更爲去脈絡化。

　　心理學的實驗也提供較或較不脈絡化之刺激的例子。例如，在兩個蘇聯的實驗中，如果要求學前兒童「做個衛兵」（脈絡化的指示），比起只簡單的要他「站好」（去脈絡化的指示），兒童可以站的比較久；而如果要兒童記憶一張表上所列的物品，玩開商店遊戲（脈絡化的工作），比只單純的要兒童記憶一張清單（去脈絡化工作），兒童會記得比較好。（原註四十）

　　當學校的語言使用被稱爲去脈絡化時，那是因爲和兒童在家中的談話比較起來，學校的談話較不常指涉某一個特別的脈絡：即實際存在的情境。但是，教室談話所特有的困難，不只是因爲它相對地缺乏一共享的物理脈絡以資參照；通常是因爲在教室裡，較常指涉另一種脈絡：其他人之口說及書寫文本中的話語。還記得當 Naso 的中產階級學生自發地做文本與文本間的聯結時，Naso 的驚奇吧！物理的脈絡總是共享的，但其他話語的脈絡則可能共享也可能無法共享。對此種脈絡的指涉有時可以明指出來，但通常對該脈絡的指涉，只是一種假定（譯註

三）。

思考一下在專業的會議中會發生的事。在那兒，大多數的談話和物理的現場是沒有關係的。進入什麼房間、或什麼旅館、甚至哪個城市都是無關緊要的。而對這個專業領域外行的人，會發現詮釋很困難，但並不是因為物理情境和所談無關。詮釋非常困難，是因為這些談話是被豐富而複雜地脈絡化於單單由話語所創造而共享的世界之中。

同樣的，這些問題也會衝擊本書的讀者。我已試著用兩種方式來脈絡化這些想法：第一、提出應該有助於所有讀者的例子；第二、提供其他文本以供參考。如果那些文本是讀者已經很熟悉的，那麼，作者的名字——如在討論讀書時，提到Bruner或Heath——的作用是邀請讀者想起那些作者的想法來詮釋本書所寫的東西。閱讀研究者Richard Anderson說文本的理解是一種再脈絡化：

> 通常人們都相信，當兒童長大一點時，便較有能力進行抽象思考，所以，也較有能力處理抽象的、去脈絡化的語言…問題是，既然文本的語言是抽象的，那麼關於這種語言的思考，基本上也是抽象的。理解文本最重要的…是發展一種和訊息一致的具體表徵（instantiated representation）。所以，大多數的畫面，是讀者在沒有助力之下獨自完成的；細節的產生，是基於

譯註三：意思是，談話的人只是假設對方知道所指涉的脈絡，但是並不明說。

記憶中貯存的資料。如果文本是去脈絡化的，那麼，
理解的過程便是再脈絡化的過程。（原註四十一）

在 Anderson 的用法中，*再脈絡化*這個字強調，由每個學生
來主動建構心智脈絡是非常重要的；在過程中老師必須提供的
幫助亦然。這些幫助是以整個課程的整合形式出現，但它有時
也會像在問─答─評中「評」的部分所說的話般，以較分子式
的方式出現。

關於再概念化的一般性問題

就像將談話視為鷹架的隱喻一樣，將談話視為再概念化的
隱喻也引發重要的議題：關於教師與學生在年齡及文化上的差
異；關於成人充滿感情的回應；也關於價值。

關於師生年齡及文化差異的議題。師生間年齡及文化的
差異會在師生間產生極顯著的障礙。在這一方面，教師面對了
與父母不同的任務。透過在家中的對話，父母及其他在這親密
社區的人，大體決定了兒童表達什麼意義（世界觀）及如何表
達（語言系統）的基礎。兒童帶著這種世界觀，或說它們的兒
童版本，來到了學校。理想中，也是經常的，如同 Naso 所鼓吹
的：教師會努力去了解並製造聯結。記得在第二章中，Duckworth
說過的，關於「了解學習者所了解的」，以及 Bernstein 說過的，
關於兒童的文化變成教師文化的一部分，先於教師文化變成兒
童文化的一部分。如果這些沒有發生，如同我們在「分享時間」

那一章中所看見的，會導致誤解、衝突，以及對兒童學習能力的不當推論。（原註四十二）

　　成人以充滿感情的聲音回答。再想一想父母的「擴展」及父母「擴展」與教師「更正」之間的不同。形式上的差異，可能只是音調上的，或開始時選擇說 yes 還是 no。但這些微的不同，對兒童可能有極大的意義。假如說正在讀一本書，一個兒童說：He fall down.（他跌倒了）。請你自己依著下面這兩句話說說看，要強調畫線的字：

　　擴展型：Yes, he fell down.（對，他跌倒了。）
　　更正型：No, he fell down.（不對，他跌倒了。）

　　Willes 在幼兒課上進行觀察時，曾尋找可比較的回應。當托兒所中一首兒歌 Humpty Dumpty 被改為唱遊的歌時，她找到一個例子。老師要兒童以握緊的拳頭代表蛋，而把另一隻手面向身體代表牆：

　　師：你們坐在牆上的蛋（Humpty Dumpty）在哪裡？
　　　　它準備好要掉下來了嗎？
　　　　它是不是有一點搖搖擺擺？
　　生：我有兩個蛋頭（Humpty Dumpties）。
　　師：哦！你不能有兩個蛋頭（Humpty Dumpties），它
　　　　一定得坐在一堵牆上。（原註四十三）

在這個情境中，教師正努力要將全班為了這次表演組織起

來，我們可以了解，她只有很少很少的時間來做意義的協商。
但看起來，似乎是一個在較高地位的人，有力量去維持她對兒
童手指的脈絡化的人，不是把兒童的觀點看成另一個可能的選
擇，而是看成一個嚴重的錯誤。

　　有關價值的議題。我們必須要問的不只是誰的鷹架，而且
要問是誰的世界觀。此處，在知識的領域中，權威的強行加入
甚至比那些較爲價值中立的認知技巧領域，更應被質疑。給予
再概念化不同的意義時，不要否認學生帶到學校來之意義的正
當性。（原註四十四）

◀ 原註 ▶

一、Vygotsky 1962。

二、Duckworth 1981, 51-52。

三、Bloom 1956; Gall 1970。

四、Redfield and Rousseau 1981。

五、Gage 1977 和 Berliner 1976 討論順序問題。Levinson 1979 討
　　論（說話行動式的分析所必需的）將對話依功能編碼的一
　　般性問題，並有由教室中或其他地方取得問題次序性的例子。

六、Edwards and Furlong 1978, 41。

七、Barnes et al. 1969, 24。同樣的想法在第三版中以不同的用語
　　加以討論，Barnes, Britton, and Torbe 1986。

八、Resnick 1985, 178-179。她的維高斯基參考資料是 1978。

九、Fischer & Bullock 1984。

十、Snow 1977。

十一、Wertsch 1984, 10。Wertsch & Stone 1985, 175-176。

十二、Ninio & Bruner 1978。至於有關躲貓貓的討論，參見Ratner & Bruner 1978, Bruner 1983，還有 Cazden 1983a。

十三、S. Haselkorn, 私人溝通，1978。

十四、Pearson & Gallagher 1983, p. 337。圖表引自 J. Campione 未出版的報告。

十五、McNamee 1980, 96。她較早的研究是 McNamee 1979。

十六、Palincsar 1986, 78。她和 Brown 出版了許多有關互動教學的文章，大部分都會對同一群學生較早期與較晚期的表現給一份成績單。另一份非常豐富的討論在Brown &Palincsar 1986。

十七、Resnick 1985. 177。

十八、Groen & Resnick 1977。

十九、Leont'ev 1981, 57, 強調原創性。參見由 Wertsch & Stone 1985 所作的討論。

二十、Engeström 1986, 32

二十一、French & Maclure 1981。較大的研究在 Wells 1986b 中報告。

二十二、French 與 Maclure 1981, 38-43。

二十三、在一個附註中，French & Maclure（同上）註記了他們分析教師所作的事與 Blank 1973, 90-97, 所提的「簡化

技術」之間的雷同性。

二十四、Searle 1984, 481; Applebee & Langer 1983。

二十五、Hammersley 1977 和 Edwards 1980 也討論了這些課題。

二十六、Wertsch 1985。

二十七、在不同的領域中，共享的心智脈絡，亦即簡稱爲「觀點」的，有著不同的名稱。在科學理論的領域中，Kuhn 1970 稱之爲「派典」；而在文學理論的領域中，Fish 1980 則稱之爲「詮釋社區」。我將他們的想法擴及日常理論。因爲那是個人天天行動於其中、並在其中說話的日常生活。

二十八、Brown & Bellugi 1964。

二十九、Brown & Bellugi 1964, 413。更新的討論，參見 Cazden, 付印中 a；由 Watson-Gegeo & Gegeo 1986a，在所羅門群島所做的研究，對於理論擴及於非西方的文化中，是非常重要的文獻。

三　十、Griffin 與 Mehan 1981, 196,208。

三十一、Lemke 1982, 165, 並伴隨有成績單（以簡化的記號法表示）。

三十二、Ryan 1974；Vygotsky 1962, 73；Edwards & Furlong 1978，依靠著會話分析家 Emanuel Schegloff 1972 提出的與「形成」相關的概念。McHoul 與 Watson 1984 描述一個澳洲地地理教師嘗試著將學生的「常識」轉化爲「正式的知識」。也可參見 Vygotsky 1962 對「自發概念與科學概念」所作的討論。

三十三、Wertsch, 在 Rogoff & Wertsch 1984。

三十四、Newman, Griffin, & Cole, 1984 以及未出版的版本。

三十五、同上，付印中。

三十六、Vygotsky 1962, 1978；Leont'ev 1981。

三十七、Newman, Griffin, & Cole, 未出版的手稿。

三十八、同上，1984。

三十九、研究者應該注意，行為單位非獨特的可分析性，是相對於將「形式」與「意義」一對一相對應的爭議點，同時也是語言─行動理論及基礎編碼的假定。

四　十、Manuilinko 1975; Istomina 1975。

四十一、Anderson 1977。

四十二、在試著幫助學生理解時，科學教育學者所面對的特殊困難教育事件，不只是利用語言將自然現象概念化的新途徑提供給學生。可參見由紐西蘭的研究者Osborne & Freyberg 1986 的研究中所提出的例子。

四十三、Willes 1983, 107。

四十四、更多的討論，可參考由澳洲教育學家 Ken Watson & Robert Young 1980, 1986，對「教師對學生反應的重新配方」所作的批判分析；還有英國社會學家Paul Atkinson & Sara Delamont 1976 對一個科學教室與醫學院中的臨床訓練中有關發現學習的「階段管理」所作的有力分析。

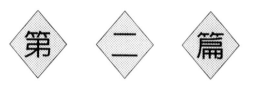

第 二 篇

和同儕說話

7

同儕互動：認知的過程

　　英國國家英語教學協會（NATE）決定在慶祝協會成立三十週年時，發行一本小冊子，他們希望其中有學生的心聲。結果他們找到三個在一九六〇至一九七〇年代就讀倫敦綜合學校的學生，而那個學校英語系的主持人便是英語教學協會的成員。訪談他們有關英語課的記憶時，由西印度移民到倫敦的 Merle Chalon，比較了她在加勒比上學的經驗，在那兒，「我們一排排的坐著，老師在前面，而在前面更遠而且高起來的地方是位女校長」，但倫敦的這所學校，是「一群兒童…能互相交談並互相幫忙」：

　　　　我們經常成群的工作。房間裡有些桌子…我們坐

在角落裡一張全是女生的桌子。除了我以外，還有另一位來自西印度的女孩和一個亞洲女孩，而無論我們該作的功課是讀或寫，我們都能實際地彼此幫忙，我們可以討論這些功課⋯⋯這讓我們覺得新奇而興奮。

我們做過很多作業，通常，我們一組人可以帶著一個錄音機離開，談論一個特別的主題，或一本特別的書，然後向全班同學報告⋯⋯我們談論的書中有一本是 George Orwell 寫的《動物農莊》，因為我們老師發現兒童會由不同的層次來汲取這本書的內容。對某些兒童而言，這僅是一本有關動物的書，但對像我們班上的一個男生 Fred 這種人來說，他確實能了解其中的政治涵意⋯⋯能夠了解到那個層次的人會離開去談論它，然後回來和我們一起聽錄音帶。這樣做真的對全班幫助很大。而且，因為教室中常常在進行不同層次的活動，這種（分組活動）也使老師有更多的時間去照顧那些需要特別幫助的兒童。（原註一）

這種學生之間針對學業課題所進行的互動，而且其中部分言談在正式的教學時間可以被接受的情形並不多見。在簡介中，我注意到，教室雖是一個如同餐館或公車一般擠滿了人的環境，但其中談話的社會組織是截然不同的。在教室中，談話由一個人——老師——所計畫與控制，而且，她通常一次只准許一個人說話。

在美國及英國所作的大規模的觀察研究都顯示出最普遍的

上課圖像。（原註二） 即便把座位由行列式改為小組式，結果卻只有座位本身，而不是學生的工作被社會化。在這兩個國家中，社會組織似乎有兩種主要的形式——至少在小學中是如此：

1. 傳統的大班教學，教師在教室前面控制一切。
2. 個別化的教學，學生個別進行指定的工作，教師在學生的座位或在教師的座位上，監控並檢查他們個別的進度。

因為 Merle Chalon 所記得的這種教室組織形式，在大西洋兩岸之壓力的威脅下，在現在的教室言談中似乎是已瀕臨絕種的類型，所以探索它的特殊貢獻是很重要的。

討論社會互動在認知、學習及知識發展中的角色時，並未明確區別與專家（指與那些對手邊的特定事物了解較多的）互動和與同儕互動（指其他有著同等程度了解的學習者）的差異。但是維高斯基，在他對「趨近發展區間」的定義中，卻同時說到「成人」和「較有能力的同儕」：

> 趨近發展區間是實際發展層次與潛在發展層次之間的距離。實際發展層次由單獨解決問題的能力決定，而後者是由在成人的引導或較有能力的同儕合作下之解決問題的能力所決定的。（原註三）

此外，他還說：「兒童思考中較高層次的功能，最先是以辯論的形式出現在兒童的集體生活中，如此之後，才發展成兒童個人的反思」。（原註四）但是，他更詳細地討論內在、外在活動的關係，及語言與思考的關係時，似乎只是假定兒童與

成人談話的情形為討論對象，至於兒童與專家之談話的相對情形：兒童集體談話可能有的特殊價值，則並未被分析。

皮亞傑的書寫同樣也缺乏此種明顯的對照，但強調之處恰好相反，他的論述似乎假定同儕間的互動情形為討論對象。（雖然，我們曾在上一章看到，皮亞傑派學者 Eleanor Duckworth 注意到成人發問的教學價值。）對皮亞傑來說，社會互動是自我中心最根本的解毒劑：在與不同的觀點面對面時，一個人會受刺激而考慮自己的有限性。他對社會互動角色最完整的討論是在《智力心理學》（原註五）這本書中。但是他為《教育中的團體遊戲》（作者是皮亞傑派早期兒童教育學者Constance Kamii 和 Rita DeVries）所寫的介紹中，對這些想法作了一番簡短的回顧：

> 某些教育人員說，有些時候我的教育理論僅是「認知的」，他們並指出我忽略了兒童發展中之社會層面的重要性。的確，我大多數的出版品，都在處理兒童認知發展的各個層面，尤其是運思的發展。但在我第一個作品中，我就已強調了個體之間充分互動的重要性，不是後來覺得重要才回頭來重提的。事實上，很明顯的，面對不同的觀點在兒童期邏輯思考精緻化的過程中，就是不可或缺的。而且，此種面對在成人發展科學時益形重要。如果沒有分歧的理論及持續尋求超越這些歧異理論中的衝突與矛盾，科學的進步是不可能的。（原註六）

　　對維高斯基而言，重要的是與專家（成人或兒童）的互動；而對皮亞傑而言，重要的是與同儕互動。這差別是衍生自他們關於外在談話如何影響內在思考這現象所持的對立信念。維高斯基認為，思想——或內在語言——清楚地反映了它的社會起源。維高斯基所說的「*社會的*（social）」有兩個意義：一是在互動中起源，二是使用由文化組織的象徵系統——特別是語言。

　　　對維高斯基的想法——即認知的社會起源，有一個重點要注意的，就是他使用了「內化」這個字。他不僅只是宣稱社會互動導致兒童能力——解題、記憶等的發展；他還說在社會互動時使用的工具（尤指語言）是被兒童所接管並內化的。所以，維高斯基在此處對內化及認知的社會基礎，作了非常強烈的陳述。（原註七）

　　而皮亞傑認為，社會互動是很重要的，因為它會激發認知衝突，談話是內在改變的催化劑，但它對思考的形式及功能卻沒有直接的影響。日內瓦的心理學家 Perret-Clermont 認同了這種發展的觀點：

　　　當然，這種認知衝突並不會創造出運思的形式，但它帶來了認知發展精進所需的不平衡。而且，在這種方式中，認知衝突賦予社會因素一個特別的角色，使社會因素成為導向心智成長的因素之一。社會—認

知衝突也許可以比擬為化學反應中的催化劑：它並不
會出現在最後的結果中，但如果少了它，化學反應是
不會發生的。（原註八）

在本章接下去的部分，我會提出同儕對談中四個潛在的認
知益處：對話具有觸媒的作用，對話作為互補角色的具體呈現，
對話作為與聽眾之關係及對話作為探索性談話而非「最後定稿
（final draft）」。我將這些貢獻分類時，並未考慮到年齡。唯
一重要的年齡差異，可能是較年長的兒童及成人能只透過「話
語」彼此學習（例如，在《動物農莊》的討論中），而較年幼
的兒童較能由活動中獲益（例如，堆積木或科學實驗），在其
中，語言指涉著具體物件以及會產生真正行動的決定。

◀ 對話作為觸媒 ▶

兩位敏銳的學前教師提供了生動的例子，顯示了對話的觸
媒功能。第一個是來自 Sally Cartwright 有關堆積木的筆記，她
在緬因州 Tenant 港的社區幼兒學校任職，在這兒，許多兒童的
父親在海上工作：

1. Todd 和 Emily 用大的空心磚做一艘捕龍蝦的船。孩
   子們做了一個很好的、銳利的弧形（一次就做好
   了！）、一個船艙、用來拖捕捉器的假裝絞盤、舵

柄、水深探測器、龍蝦箱及捕捉器等等。他們的建築吸引了許多船員，他們七嘴八舌地傳出這些聲音：「出發囉！」「我們要去釣魚了！」「你帶了午餐嗎？」「在籃子裡！」「可惡！引擎居然起不動！」「你加油時，一下子加得太多，油路卡住了，」這是 Travis 說的，他當然是我們的機械士。「Rrmmm, rrmmmm! 啟動了，咱們準備出發了！」「解纜繩！」「什麼繩？」「纜繩，就是綁在碼頭上的繩子。你是怎麼回事？是農夫啊？」這是 Noah 說的，他會跟他爸爸一起去釣魚。

「嘿！前面就是大海！」「你看那些海浪，好大喲！」

「哇！穿上救生衣！」「拿去，這是你的！」「O.K.」

「我的天呀！Mary！噁心死了！」

「怎麼了？」

「你正站在我裝魚餌的桶子裡！」

2. 五個兒童在大積木區堆積木。其中四個人已經做好了一條船並出海到凶險的海上，只有 Michael 還在碼頭上，正努力要解開存在在他的想像中而仍綁在碼頭上的纜繩。（Michael 的爸爸是 Monhegan Island 郵件船上的工作人員，他看過所有啟航的動作，而且可能很了解，解開一條船的船纜並不是一下子就可以完成的）。他的背轉向那條船，試著告訴其他的人等一下，但他們——在他們的想像中——早就已

經遠離岸邊在海上了，並在逐漸強烈的暴風雨中，穿上了救生衣。最後，Michael 終於完成了他的工作，大喊道：「我幫你們解開纜繩了」，但在遠遠的海上，其他人根本沒有聽到。（原註九）

第二個例子來自 Vivian Paley 在芝加哥大學實驗學校的附屬幼稚園。她寫了一本書：《華利的故事》（*Wally's Story*），是描述她如何漸漸了解五歲兒童的心靈的故事。（Wally 是幼稚園裡的一個小男孩，黑人、而且很窮。）這些對話是 Paley 由錄音帶上轉譯下來的，錄音帶是她每天為自己錄下的。有一個有關「公平」的討論，已放在第四章。下述例子是來自同一群兒童，這一次是由一個很冗長的事件——談論如何測量地毯開始的：

Wally： 這個大地毯是巨人的城堡，小的是傑克的家。

Eddie： 兩個地毯是一樣大。

Wally： 它們不可能一樣大。看著，我要沿著地毯走一圈。現在看好——走，走，走，走，走，走，走，走，走，——數這些走。好，現在數數看另一個地毯，走，走，走，走，走。看到了吧？那個的走比較多。

Eddie： 不公平，你騙人，你走得比較快。

Wally： 我根本不必走，看也看得出來。

Eddie： 我也看得出來，但你還是得用量的。你需要一把尺，大約六百英寸或英尺。

Wally：我們有尺啊！

Eddie：不是那把，不是那種短的。你必須用那種很長
　　　　的、會捲起來在一個小盒子裡的那種。

Wally：用「人」好了，人的身體，躺下來成一行。

Eddie：好主意，我從來沒想過這個方法。（原註十）

在這些例子中，我們的確聽到了不同的觀點——有關公平
的，放餌的桶、船，及測量，長度保留。有時候，可以很明顯
看出一個兒童轉向另一個兒童的觀點；不過，常常沒有什麼改
變的證據。例如，在堆積木中無法整合的觀點，及持續地不相
信測量時固定單位的價值。

這是否意味著這些同儕談話沒有價值？立即的轉向是對經
驗的價值合適的測試嗎？我不認為如此。面對衝突的觀點或想
法，無論是來自成人或同儕，都無法期待它會產生立即的改變。
語言的發展也是一個很好的例子。在兒童入學之前，有許多時
候，當兒童把語言看成由規則管理之系統的這種知識正在發展
時，會製造出像「goed」、「holded」之類的字。而在回答：
「你正在做什麼？」這樣的問題時，會回答：「我做跳舞！（I
doing dancing！）」。在那些時候，兒童並不受衝突觀點的影
響，而且任何的糾正也沒有顯著的效果。但兒童的確有在進步，
而我們必須假定不同的觀點提供了部分的助力；雖然，我們尚
無法追蹤它們在兒童腦中無聲的過程中所發生的影響。

關於學齡兒童間合作學習的認知價值，一群日內瓦心理學
家（原註十一）所做的一系列訓練研究提供了實徵的支持。他

們檢驗了同儕合作在邏輯推理技巧上的效果。兒童是處在皮亞傑所謂的具體運思期。Perret-Clermont由這些研究中得到的結論是：透過認知衝突導致的主動認知重組過程，同儕互動加強了邏輯推理。但並沒有一個研究分析互動本身。

　　Elice Forman的博士論文就在分析互動本身。（原註十二）她給了一對一對四年級與五年級的學生，十一個解題分段——也就是一系列愈來愈複雜的任務，需要個別的化學反應。成對的學生被鼓勵從頭到尾一起工作。她分析合作時的錄影帶，同時也針對邏輯推理個別的做前、後測。

　　Forman的研究對合作的本身提供了兩種資訊：一是合作者與單獨解題者（由以前的研究得知）的不同，二是合作學習的伙伴彼此在互動模式以及認知成長的差異。所有的焦點都集中在完成指定的工作時的互動過程。互動過程中所有的互動形式（如：平行的、聯合的、合作的）以及實驗策略的類型（如嘗試錯誤型、孤立變項型、混合型）都加以編碼。Forman發現在同一套十一個題目的題組中，合作者比單獨工作者能解更多的題目；而那一對出現最多合作互動、並使用最多混合策略的小組——Bruce 和 George——也解決了最多的問題。

　　那麼，Bruce 和 George 的合作，是如何幫助他們精確的掌握了這一系列的問題呢？皮亞傑式的互動是「認知衝突」，而在比較後面的幾個題組中，這也的確發生了，在他們的實驗結果中可以看到。當兒童開始爭辯他們所證明的東西時，會看到皮亞傑式的互動。以下便是Forman對第三段的兒童互動所做的摘要：（原註十三）

在這個部分，化學物 C 是化學問題的解答。這兩個男孩裝好實驗裝備並混合下列各組實驗：B; C; BE; CD; CE; DE; BDE; CDF; DEF。除此之外，他們能檢驗展示的兩組結果是：BCE; DEF。所有實驗包含化學物質 C 的都會轉為紫色，其他組會保持清澄。

各組化學物質混合後，研究者會問兩個兒童：「是什麼使實驗結果產生變成紫色或不變成紫色的差異？」Bruce 最先做結論說是 C 和 E，George 很驚訝的認為應該只有一個單獨的元素，例如 C，產生了預期的顏色效果。在聽到研究人員提出標準反應：「你確定是 C 和 E 嗎？」Bruce 重新檢驗了一些實驗，然後發現其中一組包含 E（卻沒有包含 C 的）的並沒有改變顏色。Bruce 當時並沒有立刻指出 C 是唯一的操作化學元素，George 問 Bruce 是否所有包含 C 的實驗，都產生了所預期的顏色改變，Bruce 掃瞄了每一個包含 C 的實驗，然後宣布每一個包含 C 的實驗的確改變了顏色。

基於實驗結果，以及由前幾個實驗得來的資訊，George 作了結論——C 是問題的解答。Bruce 質疑 George：他認為應該是 F。這時候，他們倆個一起重新檢驗這些實驗。然後，George 仍做結論是：C，而 Bruce 則認為是 C 和 F。

研究者問他們是否確定自己的答案，George 回答說他確定 C 但不確定 F。實驗結果又被檢查了一遍。

這一次，Bruce 指出實驗 CDF 足以顯示 F 是操作性化學元素。George 把實驗 DEF 拿來比較，並用它和 Bruce 辯論，因為 DEF 並沒有產生預期的反應。Bruce 回答道：「D 和 E 是比 F 更強而有力的液體，所以 F 沒有辦法發揮效力。」George 嘗試用另外一個方式來問 Bruce：「那你怎麼知道是 F 而不是 C 使混合液 CDF 變成紫色？」Bruce 反問 George：「那你又怎麼知道不是 C 和 F 同時作用使 CDF 變成紫色？」George 的結論是重新提出他的主張說：「我就是知道只有 C 會發生作用。」

◀ 對話是互補角色的具體呈現 ▶

當 Forman 看她的錄影帶以找出 Bruce 和 George 為何會這麼成功時，她注意到有些有貢獻性的互動不能將之歸類為認知衝突。在實驗早期的設定裝置階段，在找到實徵證據以供討論及爭辯以前，明顯的看到相互的引導和支持。下面便是 Forman 對 Bruce 和 George 如何實際扮演互補角色所作的摘要：

> 在他們合作解題過程的初期，George 和 Bruce 平行的工作，而且兩個人都使用和前測中產生化合物的方式類似的實徵策略。而在一同工作約一個月以後，他們藉著扮演互補的角色，設想出一種以實徵的方式

產生化合物的社會程序：一個人選擇化學物而另一個人檢驗其獨特性。

　　兩個月以後，他們開始組織他們的混合物。依每一個混合物裡的元素種類為基礎，分成一組一組。此外，他們也衍生了一個演繹的系統來產生兩元素的混合物。這個演繹程序，使那個先前做完檢查的兒童有能力改進、糾正、加強他的實驗伙伴所做的選擇。較高次序的混合是利用類似的社會程序實徵地產生。

　　在最後一個單元中，這些男孩繼續扮演互補的角色，但是，現在是以黑板做為記錄的工具。他們以非常高度組織的方式產生混合物——單元素、雙元素、三元素混合等，而且，三十一種可能產生的混合物，幾乎都出現了。他們利用推演的程序產生二元素的混合物，但仍然依靠實徵的過程產生較高層次的混合物。

　　在最後一次合作單元過後的一星期，進行第一次後測。研究者要他們單獨產生混合物，以評估每一個男孩對演繹混合物系統的內化程度。Bruce 自己一個人能演繹地生產所有的十種二元素混合物。但 George 卻不能。George 應用了實徵的系統來產生混合物。在四個月後第二次後測中，兩個男孩均能用推演的程序產生二元素的混合物。

　　在此處，維高斯基的書寫提供了更多的洞見。用 Forman 的話來說是：「在一些需要衍生實驗證據和需要管理技術的工作

中，藉著扮演互補的解題角色，同儕先能夠一起解題，之後才
能單獨作業。同儕觀察者似乎提供了一些類似『鷹架』式的幫
助，也就是在教學情境中，其他研究者歸功於成人的那種幫
助。」（原註十四）

◀ 對話如同與聽眾的關係 ▶

在討論話語（包括教室言談）如何聯結認知和社會時，我
們通常發現我曾經提到過的*社會的*有兩個意義：一是利用人類
歷史之文化傳遞的產物——特別是語言本身及它在某些口語與
書寫類別的實際表達。二是將社會互動轉化為內在語言。而在
分析了某個一年級的合作電腦寫作後，Heap 提出了「社會的」
的第三層意義：導向他人（orientation to the Other）。（原註十
五）

這種「導向他人」是當某些話說得不清楚時，由周圍所有
的立即回饋，透過話語來完成的。而在單獨寫作時，要達成此
種「導向他人」——此時他人即是未來的讀者——就更加困難了。

有一個例子來自 Babara Kamler 參觀一班二年級時所做的觀
察，她是 Donald Grave 研究小組中的澳洲籍同事。那班的老師
Egan，與個別兒童固定進行寫作會商。此外，她鼓勵這些孩子
為自己的寫作互相舉行同儕會商。以下便是 Kamler 看到的，由
兩個學生 Jill 和 Debbie 所舉行的會商：

　　在三月十一日，Jill 是當天排好要與老師進行寫作會商的六個孩子之一……在 Egan 的指導下，Jill 和其他會商者走向語言桌。Egan 曾要求 Jill 先花些時間和七歲的 Debbie 看完她的作品，以確定她已經準備好和老師進行會商……

　　Jill 開始大聲向 Debbie 唸出每一頁……當 Jill 傾聽著她自己的話語時，在 Debbie 還沒提出任何改進或批評的意見之前，Jill 就在第一、二、三頁均作了一些修改，而在第四、五、八頁的修改則是直接回應 Debbie 提出的問題而做的修改……

　　在這半小時的會商結束時，Jill 作了六個會影響到文章整體意義的內容上的改變。她刪除了一些沒道理的或她自己都不再支持的資訊；她也增加了一些資訊以澄清或解釋。Debbie 的出現，對這份草稿內容的更動是具有關鍵性的。她真實的在 Jill 面前，強迫 Jill 在寫完以後，第一次重讀這篇文章；Debbie 似乎使 Jill 概念中的聽眾現形。Jill 也需要一個活生生的讀者來問問題……

　　後來 Debbie 宣稱該輪到她了：「好啦！Jill，現在你來幫我！」她們調換了角色，重新回到語言桌上開始讀 Debbie 的作品《冰屋》（*Ice Follies*），一直到二十分鐘後 Egan 說她已準備好要和 Jill 談一談，兩人的會商才會結束。（原註十六）

在這個同儕互動的模式中，作者與非作者—幫助者的角色區別，比 Heap 所描述的電腦前的合作，其界定更為精準。就像 Heap 所以為的，角色是互動的；和 Heap 所描述的不同之處在於，是教師模塑了角色使幫助者將其具體化。Kamler 和 Graves 認為，就像在互動的教學中，兒童從和老師的會商中，以老師為模範，學會了扮演發問者的角色時該做什麼、該說什麼，這是個關於如何就寫作內容，而非形式來發問的一致模式。教師相信與內容相關的問題對這些年幼的寫作者更有幫助。而這些問題也是兒童彼此能互相發問的問題。所以，教師的示範使兒童能夠彼此為對方扮演教師的角色。透過與有反應的聽眾交流之經驗，擔任寫作者使兒童受益；透過內化一些不止要回答老師同時也要向同儕提出的問題，擔任批評者也使兒童受益。

為使這種益處發生，教師的示範必須是兒童能夠學習的那一種。Graves 說：「在同一所學校的另一位老師，其會商結構的模式，兒童並不容易學習。所以，在他的教室裡，較少有透過同儕會商而使效果擴增的情形。這樣的比較顯示，在任何一個教室中，當老師示範一種兒童可以學習彼此使用的模式時，同儕互動的心智價值將會增強。（原註十七）

Kamler 認為兒童作者從同儕現身中以兩個方式受益。最明顯的是：同儕雖以成人的模式問問題，但內容的適切性是適合手邊的文本（有些 Jill 所更動的，是對 Debbie 所提出問題的直接反應）。較不明顯的是，沈默的同儕，並不會減損其有效的代表了「對聽眾的需要」並且它也使得「概念中的聽眾看得見」。

沈默聽眾的隱藏效果，可以概念化並填充我們將維高斯基

在討論自我中心語言時，區隔功能和形式而創造出來的表裡面的一個空格。我們通常認為話語在功能上是社會性（為另一個人說的），在形式上是外顯的（出聲的）；而內在語言在功能上是個別的（為自己說的），形式上則是內在的（只有思想，沒有聲音）。但對自己大聲說話——即維高斯基所說的「自我中心語言」，不論說話者的年齡為何——並無法符合這樣的區分。根據維高斯基的說法，自我中心語言在心理功能上是內在的，但在形式上是外顯的。Jill 回應於 Debbie 沈默的出席所做的改變正好是另一個極端：在形式上是內在的（雖然以書寫記錄）而在功能上是社會的，以使寫作更有效的和他人溝通（圖 7-1）。（原註十八）

功能	形式	
	外　顯　的	內　在　的
社會的	完全的溝通性語言	沈默的編輯
個人的	自 我 中 心 語 言	內 在 語 言

圖 7-1　功能與形式

Susan Sowers（Donald Graves 過去的研究同事）報導了 Hilary——Egan 班上另一個二年級學生——如何從事這種沈默的編輯。她對 Graves 解釋當她把草稿唸給自己聽時，所做的事：

「我有一個個別的會商——和我自己，」Hilary 這樣回答。

問她在這個個人會商中做了什麼時，她說她把自己寫的書讀了又讀，而且想想其他孩子可能會對她提出的問題。她給了一個例子，在她現在所寫的書──《農場上》（*On the Farm*）中有一頁有個她預想到的問題：

「你的馬叫做Misty，那你會去騎牠或餵牠吃東西什麼的嗎？」（預先假定的問題）

所以，我會這樣寫：「除非是下雨天，我每天都會騎牠！」（做為回應，這是她將要寫下的）。（原註十九）

◀ 對話是探索性談話 ▶

在觀察 Duckworth 與兒童面談一個幾何問題時，一個教師說：「我想，這是第一次，我清楚的看到兒童學習──沒有完整答案的學習過程。」她所說的「沒有完整答案的」正是英國教育學者 Doglas Barnes 所說的「探索性談話」，相對於「最後定稿。」（原註二十）

Barnes 使用這種對比的字是很有趣的，因為它類似於最近有關寫作的討論。最近關於寫作的討論認為所謂最後定稿是一個始於想表達更具探索性的想法之過程的終點。以那些近來的研究看來，Barnes似乎是主張：教室言談是一種過程而非產品。在某一點上，他明白地將口說語言和書寫連結起來：

　　探索性文稿和定稿之間的區別，本質上是在區別
語言以不同的方式，進行預演知識（the rehearsing of
knowledge）的功能。在探索性的談話及寫作中，學習
者本人對自己想法的適切性負責；而最後定稿式的談
話及寫作，則尋求外在的標準和較有距離的、未知的
聽眾。這兩種語言的使用方式在教育上都佔有一席之
地。（原註二十一）

　　Barnes提出的「探索性談話」的概念，曾在第四章提到過，
那時是將其視為討論中一種談話風格的特徵，即使老師是參與
者時亦然。但它似乎更容易發生在只有同儕的討論中。Barnes
推薦一種能夠提升這兩種談話之利益、並促進兩者之關聯的教
學程序，他並且描述了一個必須承認是很理想化的例子。那是
一個「環境研究」單元裡，先由老師做介紹性的呈現，接著轉
換為小組討論，最後才變成一種和全班一起進行的「回頭報告
（report-back）」之討論。Barnes的主張中十分關鍵的便是他所
提出的假設：探索性的小組談話「不但增強了課堂討論，同時
也支持那種較不會在全班發生的學習形式。」（原註二十二）

◀ 同儕談話的意義 ▶

　　以下我提出兩項最後的評論，可以為同儕談話的價值提供
進一步的討論。

　　第一，雖然這種互動會發生在家庭、社區和學校之中；但
它在學校發生卻是格外地重要，因為在那個體制化的場合裡，
大多數的師生互動都有侷限和僵化嚴肅的特質。在最後一章中，
我提醒大家注意那種有特殊特徵的親子互動，其中躲貓貓和唸
圖畫書是最熟悉的例子。在這樣的互動中，有可預期的結構，
但父母和子女會不時地改變角色，最後變成都是孩子在說話。

　　這種學習環境和教室情境明顯地非常不同。在學校上課時，
教師下指令、而兒童無聲無息的照著做；教師問問題然後兒童
回答，而且通常只用一個字或一句話。更重要的是，除了互動
式教學，這些角色是不能互換的。兒童絕不會告訴老師去做什
麼，而且除了徵求老師的許可外，也很少問問題。唯一能讓兒
童以同樣的心智內容替換互動角色，給予指示同時也遵循指示，
提出問題同時也能回答問題的情境，便是同儕之間。

　　但是，有的人可能會說，學生不在學校的時候幾乎都在和
同儕說話；為什麼還要利用寶貴的、可以和教師（專家）談話
的學校時間去做同樣的事？我的回答是：在學校以外的談話中，
談話內容並不是有關學校的科目，無法提供學生練習學業言談
之形式的機會，而這正是學校教育所期待的特殊談話方式。

　　第二，當我在此聚焦於同儕互動的認知利益時，其實還有其他原因值得把它們刻意地包含在教師計畫中。其中一個原因是，在多元社會中，這種互動對於社會發展而言具有潛在的價值。除非教室的社會組織能確保平等地位互動的價值，而從這樣的互動中，跨越差異的正向態度能夠成長；否則，跨越某些層面的差異（例如：生理、心智或情感的殘障）使孩子變成「主流」，並且跨越其他層面的差異（官方所認定的人種類別）來「整合」兒童，就什麼沒有道理可言（而且似乎是不誠實的）。在下一章中，我們要探索使這些益處較可能發生的條件。

　　團隊與合作的形式在成人生活中是這麼顯著的一部分；而在學校裡卻使學習變得如此個別化，這也是很不合理的。（原註二十三）

◀ **原註** ▶

一、英國全國教師協會，n.d., 14, 25, 略經編輯。

二、在美國，Goodlad 1983, 1984, 和他的同事觀察了 1016 個教室。在英國，Galton, Simon and Croll 1980 在三個教育轄區下的 19 所小學裡觀察了 58 個教室。

三、Vygotsky 1978, 86。

四、Vygotsky 1981, 157。

五、Piaget 1950, 第六章，Piaget 修改過的自我中心式思考，只能在《兒童的語言與思考》（*The Language and Thought of* the Child）這本書的英國版、第六章中看到，但他的基礎是第三版（1959）。

六、Piaget 1980。

七、來自 Wertsch 所編輯的 Vygotsky 介紹 1981。

八、Perret-Clermont 1980, 178。

九、私人溝通（Personal communication）1980。

十、Paley 1981, 13-14。

十一、Perret-Clermont 1980。

十二、Forman 1981；同時也出現在 Forman and Cazden 1985。

十三、這些摘要是來自 Forman 未出版的註記中。

十四、Forman and Cazden 1985, 343。

十五、Heap 1986。

十六、Kamler 1980, 683-685。

十七、Graves, 私人溝通 1980。

十八、本圖取自 Wertsch and Stone 1985 的手稿版本。

十九、Sowers 1984b, 9, 改編版。亦可參見 Sowers 1984a。

二十、Duckworth 1981, 51；Barnes 1976。

二十一、Barnes 1976, 113-114。

二十二、同上，p. 200。在另一個有關同儕談話的研究中，Barnes and Todd 1977 的發現和 Forman 一樣，團體達到的認知水準，並非因個人單獨工作而達到的。

二十三、作為美國人對日本教育有興趣的一部分，有些觀察者曾經注意到日本成人團體一同工作之合作能力，以及日本學校中同儕團體的強勢角色。LeVine and White 1986

認為這是日本能將西方的學校教育融入日本社會傳統的一個重要部分。

8

同儕互動：脈絡的影響

所有的言談都會受到言談發生之脈絡的特徵影響，學生的言談也不例外。本章將報導一些以這些特徵為焦點的研究。

◀ **差別化的經驗** ▶

在第五章我已報告過探討學童從教師得到差別對待的研究。但教師並不是使同一個教室裡的兒童經驗有所不同的唯一來源。學童和同儕之間也有不同的經驗，不管這些來自同儕的幫助是自發性的或是被教師指定的。

自發性協助

同學間自發性（非指派的）的合作或幫助具有高度的價值。這種幫助可視爲一種「利社會（prosocial）」態度的表達，對參與者而言，則可視爲資源的擴增器。但這樣的現象對於某些被忽視的學童也造成問題。

發展心理學家 Catherine Cooper 和她的同事進行了一連串有關二年級學童自發性協助的研究，在研究中，自發性的協助並不被當成作弊；反而是受到鼓勵。比較這些學童所扮演之不同角色的社會計量位階（sociometric），結果令人感到驚訝：

> 在二年級的教室中，兩位最常接收到來自同儕不請自提之資訊的小朋友，也正是班上最常被諮詢的小朋友。這樣的模式提醒我們：一些學童也許正在學習交換的十字路口上，他們相互貢獻，也從彼此的互動中獲益良多；但同時卻也有一些小朋友既錯過了問題的挑戰也無從享受同儕教學的益處。（原註一）

與研究者預期不同的是，學業能力並不是唯一重要的影響因素。在這個二年級班上有兩位小朋友具有六年級的程度，但只有其中一位被視爲諮詢者。

在一個補充 Cooper 研究結果的研究中，Garnica 將六名在社會計量表中屬低社群位階的學童（即所謂的 omega 兒童）（譯

註一），以及從班上其餘學童中，隨機抽樣的六位學童作一比較。（原註二）採取每一位學童三段二十分鐘的言談爲樣本（將小型錄音機置於焦點兒童身上取得資料），並加以分析。這些兒童的對話行爲是以下列七項作爲比較的層面：

1. 在兒童對兒童的對話中，談話權輪替的次數。
2. 在兒童對兒童的對話中，不同談話伙伴的人數。
3. 對目標兒童主動啓始談話的次數。
4. 目標兒童主動啓始談話的次數。
5. 目標兒童的名字被其他兒童提及的次數。
6. 目標兒童所受羞辱、嘲諷之次數。
7. 目標兒童所產生的自語量。

　　量化的分析顯示 omega 兒童與其他兒童，除第六項的羞辱次數外，其餘的項目，都有極大的差異。omega 兒童大多被孤立，而在談話中也易被忽略（第一至五項）；他們較常對自己講話（第七項）。質化的分析顯示，這些兒童之所以未受較多羞辱與嘲諷乃是因爲他們很少嘗試走出或挑戰他們被忽略的社群地位。

　　假使非正式的幫助是重要的，那麼我們需要了解的不只是它能發揮功能的情境，更要了解如何去改變被孤立兒童的地位。Cooper 和 Garnica 的研究都沒有解釋爲何某些學童既能主動引發，又能接收到較多的同儕互動。就我們所知，在這些教室中，

譯註一：omega 爲希臘字的最後一個，omega 意指最末，此指社群位階最末之兒童。

原因通常來自個人的特質。另外兩個有關同儕差別經驗的研究指出個人特質，如性別、學業能力或種族都是有影響的；關於這些，老師還有許多可以著力之處。

　　第二章呈現她關於分享時段之研究的 Sarah Michaels，曾觀察兩班六年級的寫作課，其中，電腦被介紹用來做文書處理的工作。（原註三）爲了使用電腦，每位學童都必須學會軟體所要求的文書編輯指令。在期末的測驗中，Michaels 發現此類知識在兩個班級的分佈情形有極顯著的差異，並且透過研究小組成員整年的廣泛觀察來解釋這些差異。

　　測驗是一個實做的編輯問題，電腦螢幕出現一首歌詞有多處錯誤的流行歌。每一個學童必須個別地進行修改並解釋他們所做的修改及修改的理由。以下是 Michaels 之發現的摘要：

	教室 A　N = 12	教室 B　N = 17
完成編輯工作	1	14
使用較複雜的指令完成	1	12
了解程式的組織模式	1	12
使用如游標或 Control C 之類的術語	2	12

　　我們不能用兩個班級寫作課程的差異來解釋這種電腦知識的分配；B 班學生對這些編輯技巧的需求並沒有比 A 班學生更爲迫切。從現場筆記中，Michaels 說道：「我們知道有五名 A 班學生將整篇作文重新鍵入（只作了少許更正），而不是使用 QUILL 的編輯能力。」關鍵性的影響力似乎在於，教師將電腦指令的知識介紹到班上的方式，以及──對我們目前的討論相當重要的──她對於同儕關係型態的間接影響，因爲知識也就

是在這些關係型態裡傳播。

　　在 B 班，知識在學生間廣為流傳，教師本身成為一位專家，因而能給予學童個別的幫助。她也將有關指令的資訊展示於牆上的掛圖，學童經常諮詢這個圖表（包括考試時）。A 班就不同了，教師並沒有扮演專家的角色；她發給學生從使用手冊影印來的資料，但從沒有看見學生查閱。同時，她依賴一位從 B 班老師和學生身上學會電腦使用方法的學童 Richie，來幫助其他小朋友。關於學生對學生間專門知識的傳播情形：

　　　　在 B 班，最重要的因素就是，學生總是成對地在電腦前工作（至少有 30 ％的時間）。學生配對是根據教師完成與編輯初稿的順序；因而具有某種不可預測性。男女混合和電腦能力混合配對的情形是平常的事。因為成雙地工作（以及掛圖）使得電腦詞彙與編輯資訊廣為流傳。學童對編輯指令和模式等資訊的廣博並沒有性別上的差異……

　　　　而在 A 班，對於電腦的使用，並無任何正式的配對策略（不像 B 班）。當有人在使用電腦時，沒事可做的學生通常被允許在教室後面閒逛。一般而言，電腦的分組是以性別來界分（如同在午餐室及遊戲場的組群方式）。因此在電腦上，Richie 花較多的時間和男生一起，偶爾才幫一下女生。果不其然在電腦的測驗中，兩位能實際使用 QUILL 指令的一些知識的男生

正是 Richie 的好朋友。A 班中沒有任何一位女生能顯
示她知道如何插入或刪除文字。

　　這個研究清楚地描繪了資訊被引介之後，如何透過小團體
傳播，並且呈現社會組織中促進或阻礙資訊傳播的一些層面。
學校裡教導的知識和技巧，很多都可以在校外取得，因此不能
要學校對於學生學到什麼、沒學到什麼，負起完全的責任。但
這個研究裡的學童卻是完全依賴學校來學習編輯的技巧。極少
數的家庭電腦也只是用來打電動玩具，而所有的學生在學校也
從未有接觸電腦的經驗。Michaels 指出其中對教師相當重要的
意涵：

　　　　引介知識與資訊傳播之間的差異不應與「正式」
學習與「非正式」學習之間的差異混淆；也不應該和
「教師啟動」與「學生啟動」的活動之間的差異混淆。
視學生的知識基礎與教師的教學方式而定，如果將正
式程度與學生責任視為連續向度，教室中資訊的引介
可以發生在這個連續向度的不同點上；也就是說，它
可能發生於一個團體課中、一張掛圖、同儕教導、非
正式的團體討論等。同樣的，資訊如何傳播也許依賴
正式與非正式過程的多樣性，如，透過被賦予明確教
導任務的同儕專家、與教師一對一的討論、或者是平
時同儕間的閒聊。所有教師都得依賴傳播，資訊的散
佈，但教師卻不會全然了解傳播的程度，它究竟是透

過哪些多重管道發生的，以及傳播的阻礙有哪些。如
果教師能察覺教室中資訊傳遞的社會組織與學習成果
兩者之間的關係，他們也許更能使自然發生之學習機
會的好處發揮到極致，並使先前沒有預料到的學習障
礙所帶來的壞處降到最低。

　　例如，以電腦為例，如果教師想要依賴學生專家，那麼在
兒童處於非正式同性別組群非常平常的年紀時，她就應於開始
時確定男孩與女孩專家兩者都有，而且（或）建立能確保混合
性別配對的系統才是。

指定團體中的互動

　　性別並不是使教室壁壘分明的唯一因素，而教師指定學生
至特定同儕團體也不會因為有同儕幫助，就消泯了所有知識傳
播的障礙。在一系列的研究中，社會學家 Elizabeth Cohen 將發
展於實驗室場景的理論——位階期望理論（Expectation States The-
ory, EST），應用於教室互動之中。這個理論試著去解釋，團體
成員的位階特質如何成為其他成員對其能力期待的基礎，繼而
影響了集體工作裡互動的頻率和影響力。（原註四）
　　根據 EST，有幾種社群位階特質在教室裡十分的明顯：
・與某些特定工作直接相關的特定位階特質，如在一個被指定
　解決數學問題的小組中的數學能力。
・某些與團體工作並非直接相關的特定位階特質，如閱讀能力

與不需要閱讀能力的團體工作。

· 擴散性的位階特質（diffuse status characteristics），如性別或
種族。（先前有關兒童玩棋類遊戲的研究發現，白人凌駕於
黑人之上，盎格魯英裔美人優於墨裔美國人及加拿大印地安
人，歐裔猶太人勝於以色列中東裔猶太人。）（原註五）

在一個以九個雙語教室互動為研究對象的研究中，二到四
年級的兒童團體被指定極富挑戰性的數學與自然作業，每天一
小時，持續十五星期。（原註六）研究中，希望每位學童能完
成自己的作業，但鼓勵所有學童能求助於他人，而當他人需要
幫助時也能提供協助。教材是以英語與西班牙語呈現，教師使
用雙語，所以英語還不到流利階段的學童並沒有居於劣勢之中。
同儕覺知的學童社群位階，在學年開始時，以社會計量法訪談
結果量得；互動的頻率是從觀察工作中的團體獲得；學習成效
係以課程內容為測驗內容，在課程單元開始與結束時實施評量。

在這些課中，談話與一起工作的頻率，和學童所感知同儕
間誰對數學或自然最為拿手有密切的相關。但也與他們所覺察
的同儕閱讀能力及親近的友伴關係有關。學童中互動頻率最高
者，通常也是學得最多者，特別是關於那些比較複雜的概念。
「那些高社群位階者，有較多與同儕互動的管道，而這個，也
就幫助了他們的學習，換句話說，富者欲富。」Cohen 總結道：

異質同儕團體在教室中的使用，有如一把雙刃的
劍。談話與一起工作明顯的對學習有良好的效果。特
別是概念上的學習⋯⋯然而異質團體也有明顯的負面效

果⋯社群位階越高的學童參與頻率與影響就越高。這些差異⋯通常被視為能力個別差異不可避免的結果⋯〔但〕他們也可被視為教室社群位階的產物⋯因此，考慮如何辨認並處理這些位階帶來的問題，似乎是我們這些提倡合作性團體工作者的責任。

根據 Cohen，處理的方式之一是使學童相信，在教室裡，很多（不只是一種）能力是重要的，而且這些多種能力與指定作業的完成息息相關。根據 Cohen 的學生在史丹福大學所做的研究，另一種處理方式是，在學校中由成人模塑那種成人鼓勵學生接受的平等地位關係：

　　實驗結果顯示，如果成人反映了外界社會的位階次序，在這些地方所做的「期望訓練（Expectation Training）」就不會產生預期的效果。例如，盎格魯教師是「老闆」，而西班牙裔助教明顯的只扮演部屬的角色。除非助教及教師為兒童示範平等地位的行為，否則低社群位階兒童很可能以為在一個沒有種族區隔的情境裡，勇敢發言並告訴高社群位階兒童該做什麼是不合理的事。（原註七）

◄ 學生間的文化差異 ►

關於有多種效果的同儕互動，除了位階差異製造出的問題外，文化差異也影響何謂最佳團體結構的定義。

其中的一個例子是取自將夏威夷 KEEP 學程移植到 Rough Rock 的 Navajo 學校的事，已於第四章提過。在原本的 KEEP 學程中，四、五位學童的男女混性別團體在學習區（learning centers）學習得不錯，但在 Rough Rock 就不是如此：

> 在學習區裡，學童通常感到不自在。他們變得坐立不安；會站起來，走向其他的桌子，也會把椅子移開，不是孤立起自己，就是形成兩人的小組；（而且）爭吵是常有的現象。學習區進展得並不順暢，他們也沒有製造出同儕間的互助。（原註八）

許多 KEEP 研究員與 Navajo 教職員經過相當的討論之後，Navjao 三年級的小朋友自己對必要的改變提供了暗示：「『首先我們必須有較小的團體……然後女生可以一起工作，男生可以一起工作。』其實那就是關鍵所在：同性別的較小團體。」

在這情境下，學童可說出他們在那種團體中能有最佳的運作。如果沒有這樣的情境，教師可以藉著觀察學生在教室和遊戲場中自己默然選擇的非正式組群及互動方式，學習到許多。

　　「合法」的同儕互動對於學生對學校的態度而言到底有多重要，也是有文化差異的。語言學家 William Labov 從事關於方言特徵、同儕團體幫派成員及黑人青少年的學校閱讀成就，三者之間的關係研究已有二十年。他的研究開始於紐約，爾後在費城。他相信閱讀障礙的根源之一是來自於地方文化與學校間的衝突，而很重要的一個對照點是，對團體合作和獨立成就之不同的價值觀：

> 　　學校的學習，整體上來說，是在團體面前的個別學習及競爭性展示。而在地方文化中高度發展的技巧卻是倚賴於一個不同的策略。運動，不管是正式或非正式，全憑密切的團體合作。音樂也是如此⋯⋯地方性的技能並不是在研究室的寂靜中發展出來的，而是在團體成員密切的互動中發展出來⋯⋯在地方文化中，有相當強大、正面積極的力量可供取用⋯⋯一旦我們辨識出這些力量，我們就可參與社會工程的建設工作，並將社群合作的力量與能量帶進教室之中。（原註九）

　　目前，我已在書中，報告了來自於種族的文化差異（美國原住民、夏威夷人、黑人等等）。社會階層是另一個文化差異的面向，這個層面在英國近期的教育研究中比在美國來得顯要。閱讀教育學者 Lowry Hemphill 近期有個研究，檢驗兩個白人高中女生小團體於正式與非正式的討論中討論風格的差異——一個是市區工人階級團體，另一個是市郊的中產階級團體。（原

註十）

Hemphill 本身帶領非正式的討論，討論像「女性是否應該當兵？」的議題。這些討論符合我於第四章中所描述的特徵：Hemphill 不去指定團體中的人發言，也不對學生的看法作評論等等。也就是在這樣的非正式討論裡，我們看到這些女孩的談話風格裡非常明顯的社會階級差異。

一個很大的不同是聽者使用回饋語（back channeling utterances）的方式〔指「是啊（yeah）」、「嗯（mmm）」或是聽者用來完成或重述說者話語的那些具有實質內容的話語——和第四章裡描述的，Meier 的基礎作文課討論中所增加的那些特徵是一樣的〕。Hemphill 發現在兩個非正式討論中，回饋語有相同的頻率，但卻有不同的功能。於中產階級的團體中，約近有一半的回饋語是由下一個發言的女孩所發出。也就是說，這些回饋語如同「爭得發言權策略（floor-competing device）」一般，是用來爭取發言權。這裡是一個例子，及 Hemphill 的分析（原註十一）：（譯註二）

Leslie ：Mmmhmm. So, I g—I don't know, I guess I just
　　　　 have a different perpective ⌐ on it.
Rachel ：　　　　　　　　　　　　 └ Yeah.
Leslie ：It's w—

譯註二：此處因涉及中、英文斷句的不同呈現方式，爲使讀者明白原作者
　　　　的用意，先以原文呈現。

Rachel : My grandfather was in the air force or the navy, one
of the two, excuse me, during th—World War Two.
And my mother always tells this funny story about
he was home from a Navy base of Air Force or
whatever he was doing…

Leslie ： 嗯。所以—我—我不知道，我想我對它有不同
的┌看法。

Rachel： └對。

Leslie ： 它是不──

Rachel： 我祖父曾在空軍或海軍服務過，在兩次中的
一次，在這個──是第二次世界大戰。我媽媽
總是告訴我這個有關我爺爺從海軍基地或空軍
休假回家的有趣故事，或者告訴我關於他所做
的一些事…

（中產階級組非正式討論）

　　Rachel 在 Lesile 快說完話時，也是說話可能結束
處，插入「對」。因為 Rachel 並非先於 Lesile 的說話
者，所以她沒有享有「前一位說話者接下來說」的優
勢。藉由插入「對」，Rachel 變為前一位說話者，並
且就在 Lesile 為了找適當的用字，口吃了一下時，掌
握了發言權。Rachel 接著開始敘說她很明顯地在討論
的此刻想爭得發言權來敘說的長篇故事。Rachel 在此
所用的策略就是「競標（bid）」。

　　勞工階級女孩的回饋語就不同了。她們的回饋語較長，且包含較多有實質內容的詞語，其中只有百分之十可預測誰為下一位發言者。也就是說，他們較被用來幫助彼時擁有發言權者，而非用來競爭下一個發言權。（原註十二）

> Kelly：孩子們早上一起床，跳著去沖個澡，也許因為他們運氣好，跳著去——，或許是我們幸運，他們跳著去沖了個澡。他們套上任何衣服，也不燙衣服，他們只是套上條褲子，一件T恤，就跑去上學了。而我們必須一早起來，洗個澡，把衣服燙好，┌然後穿好衣服。
> Eileen：　　　　　　　　　　　└把頭髮梳理好，並化上妝。
>
> （勞工階級組非正式的討論）

> Lowry：假如他們決定明年開始，女生要當兵，你會怎麼辦？
> Eileen：搬到┌別州，裝瘋。
> Kelley：　　└搬到別州。
> Eileen（繼續說）：因為你有點神經不正常，他們就不會徵召你。他們不會徵召你，因為他們不會希望軍隊裡有個瘋子。
>
> （勞工階級組非正式的討論）

　　發現這種輪替關係的對比時，Hemphill 也發覺其他有關的

差異處。儘管兩個團體中的說話者都展現出能夠建構文法結構複雜句子的能力，以團體而言，中產階級女孩的輪替則更為複雜。這種談話的結果之一是，說話者輪到一次說話時，從輪到說話到說的句子被視為完成，然後將發言權開放給其他成員，兩點之間的間隔變得較長。例如，以下的話語：

> 我的意思是你將強迫其他可能不相信你的做法的
> 人去打仗。

這個句子是從頭到尾別人無法打斷的句子。對中產階級的說話者而言，就像是回饋話語有助於競得發言權，複雜的語法也幫助她們保住了發言權。整體而言，這樣的情形導致的對比是：中產階級的女孩們為發展個人話題而競爭；相對的，勞工階級團體間說話者與聽話者卻為主題的發展而合作。

在非正式討論之後，兩個團體都參與以「飲酒或駕車年齡是否應該提昇？」為話題的較正式討論。對於成人參與者，Hemphill 訓練了一位同事來執行例行課程。她自己則聚焦於分析轉變成課的參與結構對於兩組的談話引起的效果。

在中產階級女孩的言談中並沒有太多的改變。他們避免使用俗語（如提及徵召時沒有使用「嚇得屁滾尿流」的字眼）並且較少談及個人經驗（雖然選擇這兩個主題的部份原因是為了要引發此類的敘述），但她們的用語仍然相當複雜。對於勞工階級的言談而言，較正式討論的影響顯然大得多。有較多的沈默（於回應教師提問時）、句法較不複雜、敘述較長，或十分

儉省的回答。成人說話時，兩組的女孩使用的回饋性話語比起同儕說話時要多。對於中產階級的女孩而言，回饋話語曾是她們取得發言權的策略，但這樣的功能現在則被教師取代。對於勞工階級女孩而言，回饋性話語曾是合力發展話題的機制，因此，這種話語在她們個人的談話內容中消失就產生較大的影響。

Hemphill 提出以下的結論：

> 中產階級學生重視說者的個別角色；而勞工階級學生重視說者與聽者間的合作，兩者的對比可解釋為何這兩個團體對「教師談話」有不同的反應。我的研究支持這樣的主張，即中產階級的兒童及青少年皆來自那些注重在談話時，掌控發言權的能力及建構無須聽者支持而能獨自談話之能力的家庭。我的報告裡也提到：勞工階級的兒童與青少年不僅在校外較少有接觸此種談話風格的經驗，而且他們所習慣的是另一種風格：注重合作性發展話題與扮演聽者角色時致力豐富話題的談話風格。教室言談很少提供展現第二組能力的機會；卻幾乎全然地提供前述第一種能力所能展現的機會。因此，勞工階級不僅對教師而言是較缺乏能力的，他們所體會的學校或許是，就他們所了解，一個不注重口語技巧的地方。（原註十三）

如同 Hemphill 在她結論所提及的，這種差異對於寫作而言，也有和言談相同的涵意。這樣的差異也使得學生回應團體（同

儕團體）對於勞工階級學生寫作者益發顯得重要。

◀ 課程科目間的差異 ▶

　　同儕互動在不同的課程領域中，有其不同的功能。Stodolsky 於芝加哥所從事的，有關五年級數學及社會的同儕合作研究，我已於第三章提及，她作了以下的比較。她發現社會課較常用分小組的方式，而被指定的工作也有質的不同。在社會課中，兒童通常有團體合作的作業：討論、製作地圖、排演短劇、畫畫或做勞作；而數學課時，大部分的互動發生於比賽或遊戲中。在認知的內容方面，數學課的小組常做基本技能的練習，而社會課的小組做的事範圍較廣——從高層次心智歷程，到完全與認知無關的活動都有。

　　有種傳統的學習環境值得在此處一提：chavrusas——是由兩個年輕人組成的讀書小組，他們每天花十小時於正統猶太學校中一起研究猶太法典。（一些讀者也許看過電影*陽朵*，芭芭拉史翠珊女伴男裝混入猶太學校，在劇中引致許多歡鬧的後果。）教室中有個老師，猶太語所謂的拉比（rebbe），根據歷史學者（至少有一位）的看法，老師的角色居於chavrusas之後：

　　　　在猶太學校中，主要的學習模式是 chavrusas，或者稱為學習夥伴制。學生在持續進行的對話與辯論中檢驗自己涉入的內容。每個學生都必須為自己的立場

辯護，其他的人也必須向夥伴的立場挑戰，即便那言
論只是有一點點不正確或不完整⋯共同學習被視為確
保思考的精確與明晰的最佳方式。（原註十四）

當然將學習環境從一個文化遷移到另一個文化總是一件具
有試驗性質的事。不過，在面對較難的課文時，首先示範如何
進行有效率的學習，再讓學生以成對或小組方式進行學習，看
來與互動式教學（reciprocal teaching）不無相似之處。（原註十
五）

◀ 那麼電腦呢？ ▶

　　一般有關電腦對教育之社會組織長程影響的預測，通常都
會強調他們個別化的，甚至是隔離化的影響。例如，在一九五
七年 Isaac Asimov 的科幻小說「The Fun They Had」中有一景是
這樣的：未來世紀裡，家中的兄弟姊妹，準備好端坐在家中的
電腦終端機前時，回憶起以前他們從祖父聽來的過去時光，那
時孩子真的一起到位於社區中心的學校上學。

　　但就短程的效果來看，電腦在教室的設置似乎鼓勵了更多
的社會互動，而不是使它變少。紐約時報的週日版（1983，一
月二日）的封面故事，提到「電子革命正要開始改變我們的社
會生活」，以及工作習慣。在教室裡也是如此。Bank Street 教
育學院的一個研究小組已經著手觀察發生在教室中的此類變化。

他們一致的發現，做電腦作業時的同儕互動要比做其他作業來的頻繁。例如，在一個探討教室中程式學習的研究裡（使用LOGO），「我們觀察到，與其他非電腦活動比起來，在寫程式的過程中，學生有較多的合作行為，學童也接受到較多其他學童求助，或較多『插入式』的評論或建議。」（原註十六）

　　在教室中設置電腦為何會導致較多的同儕合作行為可能有幾個理由。一是這項科技的一個永恆特質：在螢幕上進行作業有一種公開的性質，這是桌上的紙張所沒有的。其他的理由則是比較暫時性的。今天在許多教室中只有一部電腦，這樣一來使得電腦成為稀少的資源，因此要求學童成對使用電腦，可以使電腦的使用機會成為兩倍。此外，新科技的專門知識也是稀少的資源，而學生專家可以彌補教師協助十分有限的可得性。最後，成為電腦第一波的使用者，對教師而言有著冒險與實驗性的意味，對於校長和督學而言，也有勇於接受創新的意味，他們將因發生於校園中的「電腦革命」而感到驕傲。

　　由於許多初步的報導提到學生合作的增進，以及將軟體視為「無教師（teacher-proof）」新課程的看法，使得批判傳統教學實務（如 IRE 教師序列）的評論者，期盼電腦像電子特洛伊木馬一般，一旦被接受進入教室，就能夠釋放其顛覆的力量。然而，在耐久不破的傳統教學架構下，如果老師沒有刻意採取行動，這樣的預測似乎不可能成真。

◀ 教師的角色 ▶

　　我不認為同儕團體能夠或應該完全獨立於教師而運作。我們已經了解在分組及監控自然形成之小組時，教師有多麼重要。關於討論的內容，教師也同樣扮演著極為重要的角色。

　　角色之一為楷模（model），如在第六章互動式教學及第七章Kamler寫作討論會裡所提到的。教師作為楷模的角色是在與專家（教師）互動及與同儕互動兩者間的一個重要聯結。

　　第二個角色是在討論中偶爾參與，我們在第四章看過從Vivian Paley 幼稚園的摘述裡看到這種角色的一個例子。另一個例子取自一部關於 Central Park East 的影片，這個學校是紐約市的一所另類公立學校（原註十七）。標題為「*孩子的事*」（*Kid stuff*）的這部影片裡，有一班二—三年級學童同儕間進行討論與合作的片段。拍攝這段影片時，這個班級正深深涉入一個有關古埃及的單元，之前到大都會博物館裡參觀關於埃及國王塔特（Tutankhamen,1583 B.C.）的展覽，使他們對這個單元更是熱衷。

　　教師 Leslie Stein 很少要求全班同學在同一時間內做同一件事情，但在地毯上的聚會是個例外。在地毯上，小朋友說故事，向全組小朋友讀出他們寫的作品。在訪談中，Stein 解釋道：

　　　　我想這真的很重要。這是一段他們絕對不能想做

什麼就做什麼的時間，他們必須坐著聽故事。在這個
情境裡，他們必須彼此問問題，彼此獲得資訊，彼此
幫助，我很喜歡這樣。

影片中有這樣一段，就在 Kevin 讀完他場景設在古埃及的
故事，「逃脫的奴隸（The Runaway Slave）」之後發生的討論。
當全班正在研究古埃及的事物時，恰巧很多同學也看過一部頗
具震撼力的電視影集──根（Roots），是有關美國奴隸的故
事。在這兩個時空如此不同的場景中，對於相同的奴隸現象，
產生了一些可以理解的混淆。以下是一段教師也參與的討論片段：

Jeff　　：那個傢伙真壯。他以前可以憑他自己的力量
　　　　　從金字塔搬下大石塊。就他自己一個人。

Angie　：你在談論他的根，對吧？

Kevin　：不，我是在說，如果你是奴隸，就像「根」
　　　　　一樣。Rhonda？

Rhonda：他為什麼要逃？

Kevin　：啊？

Rhonda：他為什麼要逃？

Kevin　：為什麼 Kunta Kinte（「根」裡面的一名奴隸）
　　　　　要逃走？Marc？

Marc　 ：Rhonda，他之所以要逃是因為他們讓他做工，
　　　　　做得太苦之類的。所以他想逃離奴隸的生活，
　　　　　不想做得那麼苦。

Rhonda ：那是「根」嗎？我想他是講到別的吧！

T ：等等。抱歉，打斷一下。我覺得Rhonda所講的滿重要的。Kevin你是否可為你剛剛講的多解釋一些，我想你可能講的太快了，使有些人搞混了。

Kevin ：假如你當奴隸當了五六年，你不會想逃開這樣搬運大塊大塊東西的生活嗎？我給你們看圖片。

T ：也許你可以不用圖片來解釋，是不是可以試著不用圖片多解釋一些呢？

Kevin ：好啊。你看，他正在蓋金字塔，你知道，他們一定要用大塊石頭，又大又方的石塊，巨大且為方形的石頭來蓋金字塔，對嗎？而且他一定要搬動石頭。石頭重達七百磅。Oni？

Oni ：Kunta Kinta 並沒有做奴隸做六年，他所做的比那多多了。而且他現在也是，對不對？不管怎樣，他不是還是個奴隸嗎？他並沒有逃走。逃走的是 Harriet Tubman。

Kevin ：Janala？

Janala ：我有兩件事要說。他們有沒有像 Kunta Kinta 那樣吃糙穀？…

　　老師比任何學生都了解他們所正在努力去理解的對比。此時她的角色是去阻止滔滔不絕的談話並且要求 Kevin 慢慢的重

述他對奴隸的想法。但社會歷史學上相似與相異的複雜組合，恰好被Janala的好問題觸及，「他們（埃及奴隸）有沒有像Kunta Kinta（美國黑奴）那樣吃糙穀？」，這樣複雜的組合並不是透過一次討論就可以了解的。所以教師的另一個角色是聆聽兒童的想法，將這些想法納入對未來情境之計畫，在這些情境中，可以再次提及某些重要的概念。

◀ 非正式同儕文化的言談 ▶

任何教室中都包含兩個相互交織貫通的世界：教師計畫下的正式世界，以及同儕文化的非正式世界。大部分的教育研究只對第一種世界感興趣，並且隱含地採取教師的觀點。本章至此所討論的研究，及之前所述之研究都有這樣的限制。他們所報導的同儕互動，都是或應該是教師計畫的一部分。（原註十八）

學生自從在學校的第一年起，就不曾侷限自己的行動言談來達成教師的計畫，即使教師非常希望情況是如此。所以我們的觀察也不應如此侷限。如果把這個議題作一個並不十分精確的比喻，可以說只從學童與教師及指定作業的關聯來看孩子，就如同「希望能寫出關於當地住民之科學性客觀報告的殖民地行政首長，…卻只是在意識上構思那些關於在殖民權威規範下出現的當地行為的研究問題。」（原註十九）作為一個教師，並不像當殖民地的行政首長，因為教師是一個被看重的社會角色，它應該可以被改進而不是被「罷黜」。所以，發掘並了解

學生的聲音是我們作爲教師或研究者應做之事的一個重要部分。

有些作者已經談論過這個議題。在 Saint-Exupéry 的《小王子》（*The Little Prince*）故事裡，以敘述的形式表達出的一個重要主題就是試著去了解他人之了解的重要性（讀者應該還記得於第二章末，有關「分享時段」的討論）；另一個主題則是兒童的觀點與成人的觀點之間的衝突，如，兒童關切如何才算是將大蟒蛇畫得很好，而成人總是關心著「重要的事情」。（原註二十）

五十多年前，Willard Waller 在他的經典研究《教學社會學》（*The Sociology of Teaching*）中的一部分，專門探究固存於教育機制中的，學生與教師間的衝突。Waller 指出：並不是只有在教室的參與者來自不同的家庭文化時，這些衝突才會存在。較普遍的情況是，關於如何界定情境，師生之間存在著與年齡及角色有關的衝突。「學生規範的基本問題，可說就是教師與學生在學校生活中嘗試建立其各自對情境之定義的掙扎。」（原註二十一）很多近來的研究，都可說是嘗試對 Waller 的洞見做更詳細的檢視。

當然，教師不需要外來者來告訴他們，說學生總是說著不該說的話，做著不該做的事。但是藉著那些使熟悉事物變得陌生的觀察者，幫助我們看到我們的學生是如何地在經歷著學校生活，這樣的觀察將使我們更能夠反思自己和學生的行爲。

在一些特別有價值的個案中，觀察者幫助我們，從兩個不同的觀點來看教室的片段，（就像是在大家熟悉的可倒轉著看的圖片中，幫助我們既看到鴨子也看到兔子，既看到少婦也看

到老婦人）。不過大部分的時間，研究者將焦點放在某一處，要不就是因為老師這個角色的重要性而產生的老師的觀點（如同本書目前為止提及的大部分研究）；要不就是因著學生在教室中相對的弱勢地位，而產生的學生的觀點。

　　課程領域裡明確地探討教師及學生這兩種觀點間無可避免的張力是寫作。有一個研究以了解雙方的方式呈現了教師及學生的觀點，那就是 Michaels 對寫作課討論的分析，曾在第四章提及。在研究中，學生願意依照教師所指定之題目寫作，有些學生卻沒有照著教師預期的方式去作。我們如何疏解介於鼓勵學生發展其作者的「聲音」，與直接或間接教導寫作傳統（不只是關於拼音或標點等表面細節，還包括更根本的事，像是想法的選擇與組織），這兩者之間的緊張狀態呢？

　　第二個例子是關於同儕間的言談，是 Lemke 對「旁側談話（asides）」的詳細評論。當這些非主題的談話沒有被正式允許時，學生便會想辦法對彼此說這些「旁側談話」，這些旁側談話通常在錄音範圍之外，所以也不會出現在轉寫稿（transcript）中。在 Lemke 對高中自然課的研究中，他注意到在教師與學生辯論時的一段「旁側談話」：有一個學生，Erin，在與鄰座的同學商談了一段旁側談話後，問了個問題向老師挑戰，啟動了與老師的辯論。這樣的旁側談話，對於賦予老師全然的溝通控制權的規則而言，是不合法的。如同 Mehan 和 Lemke 發現，教室言談通常不按照那些規則來進行，而且認為規則本身與違反規則都有用處。Mehan 討論了違反規則使教師能夠「度過（get through）」這堂課；Lemke 則探討了違反規則所具有的，使學

生了解課程內容的價值：

> 在很多情形下，學生可問其他同學教師所說的事，
> 如，他所錯過的話，現在在做什麼，甚至於去問他所
> 聽見卻不了解的事情。這些旁側談話通常用來尋求確
> 認或支持一些想法或問題，這些想法或問題是學生稍
> 後會在討論中公開提出的，創造出大部分有經驗的老
> 師所知的——課的最重要的時刻....。那些有著精彩
> 有趣對話的「課」通常會有許多的旁側談話。大多數
> 教師並不會在每次學生和鄰座同學講話時訓誡他們，
> 他們沒這麼做是好的....
>
> 讓我們想想強力反對「旁側談話」之規則背後的
> 教育假定。他們假定教室學習本質上是一個界於分開
> 的、孤立的學生與老師之間的個別化的歷程。就是這
> 樣的假定使得那種規則顯得合理。但教室觀察顯示，
> 教室中所發生的事是高度社會性的歷程：在所有參與
> 者間，一個複雜的、合作的、自我調適的互動模式。
> 規則屬於那種將學習的社會性質扭曲的教室學習圖像，
> 這樣的扭曲企圖造成的局面是：每個學生是獨自負責
> 的，獨自為他們在教室中學到或沒學到什麼而負責....
> 這樣看來，教室中唯一能夠嚴格執行學生間不准談話
> 之規定的情境是考試，這件事是其來有自的。在考試
> 時，教室的社會過程被擱置一旁，取而代之的是一套
> 非自然的、分開、孤立的個體。（原註二十二）

　　此處整個教室言談社區中正式與非正式、合法與不合法的部分互相交織重疊。教師的「兩難」並不在於教學目標應該是什麼，如同剛才說過的學生寫作的例子，而是該訂立何種談話的規則以便更有效率的提升教學目標。（原註二十三）

　　藉由觀察一些不會對教學目標有貢獻的學生行為，（研究者）提出一些不同的問題。這樣的行為從兒童很小時候即開始，甚至是在看來似乎理想的幼兒環境裡。Hatch 在一所有位極富教學經驗的教師並且有「全語言（whole-language）」學程的幼稚園裡進行觀察與訪談。他把焦點放在一天裡的某些時刻，即同儕互動被禁止（例如一個孩子在分享時段，或是老師正對全班交代事情時說話），或是被阻止（如在地毯上進行大團體活動時）的時候。

　　他發現三種違規的行為模式：遺忘期許，因同學某時刻的話語刺激或因別的小朋友的接近而沒有遵守教師的規定；秘密溝通，或是明知故犯地違反規定，如「一邊觀察一邊竊竊私語」；以及試探極限──基本上就是觀察，但沒有竊竊私語。Hatch 認為這些行為就如社會學家 Erving Goffman 於養育院研究中所謂對組織期許的「次級調適」：即是不順從正式規範的行為。（原註二十四）

　　從教育人類學家 Jeffrey Shultz 對其自己研究所民族誌研究課程的反省（學生還包含九名他教育學院的同事），我們看到令人驚訝的證據，顯示這樣的行為是學校的結構裡固有的，不論學生年齡或動機：

　　我注意到我的學生做著很多孩子們做的事：傳紙條，偷看報紙，準備其他課程的教材，為了與課程無關的事物嬉鬧等等。似乎，扮演學生角色天生有著某些特質會引發這類對立的行為。

Shultz 是這樣地解釋這種對立行為：

　　這是一種面對某種世界的方式，在這樣的世界裡，一個人所做的經常被視為不適當，或是不正確，而且在這個世界裡，一個人所想的事物並不被認為是相關或有趣的。想出方法來操縱並打擊此種系統變成一種難以擺脫不做的挑戰；甚至到了一種程度，即，就算由成人來扮演學生的角色，他們也受制於這種對立的歷程。（原註二十五）

　　在註解中，他問道，不知學生如此的表現是因為他們覺得自己被看待成像是無能者或無知者呢；還是他們只是在重複生命早期習得的行為。對於這些身為同事的自願者來說，我同時也懷疑所發生的是不是有些 Goffman 所說的「角色疏離（role distancing）」的味道——偶爾以玩笑的方式顯示他們並不是一個「真正」的學生。（原註二十六）

◀ 同儕互動脈絡的重要性 ▶

　　不論身爲教師或是研究者，我們不應只把學生看成只是用來填滿 IRE 序列的第二個空格，藉此活化某種特定的教室言談結構，並提供話語來塡滿課的主題內容的工具。即便教室的聚光燈不是照在教師身上，即便我們只看見學生嘴部移動但聽不見說出的話，教室舞台上發生的事件仍是重要的。

◀ 原註 ▶

一、Cooper, Marquis, and Ayers-Lopez 1982, 76.

二、Garnica 1981.

三、微電腦與閱讀計畫（Microcomputers and Literacy Project）的主要研究者包括 Bertram Bruce（於 Bolt, Beranek 和 Newman 的 QUILL 軟體開發人之一）、Karen Watson-Gegeo 和 Courtney Cazden。所有的資料以表格顯示，所有的引言取自 Michaels 1985a。

四、Cohen 1986.

五、Schofield 於 1982 年清楚的描述了最近整合的中學中，黑人與白人的關係，其中並廣泛討論這種做法對「地位平等」關係的影響。

六、這項科學課程是 Linguametrics 的 Finding Out/Descubrimiento。Cohen 強調它的重要性：「想記錄同儕互動所導致之學習成果的研究者（或教師），必須確定課程教材的品質要有相當的水準，足以促使學習發生；讓同儕來討論那些看不懂的、計畫與編選粗劣的教材，對學生一點都沒有幫助。」這項課程也對如何教導兒童有效參與團體工作所需的行為。提供了詳盡的建議。

七、Cohen 1986, p. 108.參見 Robbins 1977.

八、Jordan, Tharp, and Vogt 1985.

九、Labov 1982a 168-170.

十、Hemphill 1986.

十一、同上 , p. 41.

十二、同上 , p. 39.

十三、同上 , pp. 131-132.

十四、Helmreich 1982, 110-111.

十五、對其他課程的意見，參見 Moffet and Wagner 1976 for K-12 Language arts（從維高斯基的觀點），以及 Kamii and DeVries 1980 以皮亞傑的觀點詮釋幼兒教育中，所有的兒童遊戲，包含數學。

十六、Sheingold, Hawkins, and Char 1984, 58.也請參閱 Hawkins, Sheingold, Gearhart and Berger 1982.

十七、十六釐米影片 *Kid Stuff*，以及一段同一間教室較長的影片 *We All Know Why We're Here* 影片，可從 North Dakota 教學研究中心租得（The North Dakota Study Group, Center for Teaching and Learning, Box 8158 University Station, Grand Forks, North Dakota 58202.）。1980 年 10 月、1981 年 1 月與教師、Leslie Stein 訪談的拷貝版可以從同一單位獲得。

十八、在第三章中，描述在聖地牙哥教室中所發現的兩個例外個案。Mehan 1980 描述了發生於教室每週工作分配的一個短短的時間裡，Carolyn 如何成功地分配時間，一方面對老師投注注意力，一方面進行和同儕間的事。Streeck 1983, 1984, of the Free University of Berlin, 重新分析了 Cazden, Cox, Dickinson, Steinberg, and Stone 1979 所討論的四個同儕教學的片段之一（從教師的觀點看來，取不成功也最混亂的那一段），來顯示學生如何將這個事件看成完成指定工作的一種同心合作的努力，但卻是以他們自己的方式來完成。

十九、Speier 1976, 99.

二十、Saint-Exupéry 1943.

二十一、Waller 1932, 297.

二十二、Michaels 1985b; Lemke 未出版，32-35, edited.

二十三、在紐西蘭，Alton-Lee 1984 一項有關兒童學習的個案研究發現（與她自己預期的相反）在教師引導的課堂中，同儕側邊談話具有教育價值的類似例證。

二十四、Hatch 1986; Goffman 1961.

二十五、摘錄自 Shultzn. d., 14-15 and 19-20.

二十六、從馬克思觀點的「反抗理論（resistance theory）」來分析學校文化已超過本書的範圍。特別是 Willis 1977 對

於英國綜合中學中勞工階級男學生所做的研究；Everhart 1983 對於美國中學的研究；Connell, Ashenden, Kessler, and Dowsett 1982 在澳洲的研究，研究對象包含男孩與女孩、家長、學生、一所免學費的上階層學校及一所勞工階級的綜合中學。

說話的方式

9

教師言談的標誌

在第三章「課的結構」開始時，我曾以下列的例子來說明教師言談的特徵：

現在幾點了？Sarah。

兩點半。

對。

那個章節討論了教室言談中的一些特徵：老師提出已知道答案的問題，以及對學生回應的立即評量。本章將探討以教師角色談話的其他特徵。

在任何一個言談社區裡的所有談話方式中，某些模式只在

某些特定的場合發生。我們最先想到的是那些與職業角色相關的說話方式：當醫生、律師、運動播報員在工作時，說話的方式。語言的多種使用方式中和上述這些情境相聯結者稱為「標誌（register）」。標誌係指在某一角色上約定俗成的說話方式，這樣的說話方式並且被視為是該角色的標記。

　　但並不是所有的標誌都是與職業相關的。我們所熟悉，也常被研究的就是嬰兒言談（baby talk，BT），指的是一些中產階級的褓姆對嬰兒或幼兒談話的模式。在某些方面，教師言談（teacher talk，TT），教師對學童說話的方式和嬰兒言談是相似的。兩者的特徵都是音調高、語調誇張、發音仔細、句子短、常重複語句，若與同一成人（在父母或教師的角色外）對其他成人說話時相較，則顯然有較多的問句。如同上面列出的幾點所顯示的，標誌並不是語言結構的一項個別層面；它是同時發生的許多特徵的組合：包括發音、句法、說話行動（speech act）等等。（原註一）

　　其他使教師言談有別於父母言談的是一些較專屬於教師角色的一些特質，像是，教師在教室的言談中佔了三分之二的時間（在 IRE 的言談序列中，佔了 I 與 E 的部分），幾乎主導了所有的互動，通常也有著一系列的分界語，如「好」，「現在」，且常常打斷學生的談話，但卻很少被學生打斷。

　　教師談話內容有個普遍的特徵就是表達「控制」——控制行為及言談本身。例如，從蘇格蘭的中學教室中，語言學家 Michael Stubbs 發現八種「後設溝通性言談」——此類談話的功能是用來控制教室的溝通系統。以下是他列出的八項以及每一

類的例子：

　　1. 吸引或顯示注意

　　　現在還不要開始，只要注意聽就好。

　　　好，開始吧！各位！

　　2. 控制談話量

　　　你們還有什麼要說的？

　　　我可以稍稍安靜地做。

　　3. 檢查或確認學生是否已經了解

　　　一個很認真的什麼？我沒聽懂你說的。

　　　你了解嗎，Stevie？

　　4. 作摘要

　　　似乎其他同學都不同意你的看法。

　　　好，我所要說的是…

　　5. 下定義

　　　好，Brenda，這對你有沒有什麼意義呢？

　　　有沒有人可以換一個方式說？

　　6. 編輯

　　　這樣已經越來越靠近主題了。

　　　不，不，我們不要這種傻話。

　　7. 糾正

　　　（當一個學生說「paramount」的意思是很重要時）是呀，

　　　比你所講的還重要，是非常非常重要。

　　　（當老師在批改學生的報告時）「外貌較差（less well-

　　　endowed）」可能是你所需要的詞——男生通常不會去追

「身材壯碩（well-built）」的女生。

8.將主題明確化

現在我們談的就只是結構而已。

很好，但那又是另一個議題。（原註二）

如同 Stubbs 所解釋的，教室言談的特殊之處並不是說，某人說話來引起某人的注意或是說話以確認對方是否了解；在任何大些的群體裡都可能有此種語言功能的出現。特別的地方在於：教室裡的言談在很多方面，是「極度的不對稱…學生幾乎完全沒機會使用這些言談方式，假若學生使用的話，就表示非典型的教學情境已然衍生。」（原註三）

在他對後設言談的分析中，Stubbs 所感興趣的是因著教師的角色而使得一般教師都有的言談標誌的特徵，而不是在扮演教師角色時因著人或情境而產生的風格上的差異。標誌和風格兩者皆由語言系統中多層次的特質組合而成，其不同不在於這些特質有沒有出現，而是因著這些特質出現的頻率不同而有所不同。但這兩個構念間有個重要的差異：我們說到標誌時通常用單數，而說到風格時通常用複數。了解 TT 標誌的共同性非常有幫助，但了解風格的不同樣貌也同樣的重要。不同的風格可能出現在一個教室裡正式程度不同的情境裡，也可能存在於性別或文化背景不同的教師身上。

對語言多種不同樣貌（variability）的研究，也有助於我們確定我們對標誌的成份所做的假設，並了解何以會是如此。對 BT 的研究再次的提供我們一個例證。在閱讀了一連串關於 BT 的研究後，Robert Brown 表示 BT 是成人說話者兩種強大意圖結

合下的產物：一是清楚地溝通，二是爲了表達關懷。假使他是正確的，這些意圖在不同情境中不同程度的重要性就會以可預期的方式影響著 BT 的形式。的確有些指標顯示事實如此。例如心理語言學家Catherine Snow表示，和自由玩耍比起來，在對幼兒閱讀的情境下，母親使用較多複雜的言語；因此她說「書裡圖片提供的額外情境支持，將話題侷限在某個範圍之內。因此，比之於較沒有明確界定的情境（譯註一），對幼兒讀書時，即便是使用較繁複的言語，兒童還是可以了解。」（原註四）

　　爲了歸納有關教師言談標誌多種不同樣貌的研究，並找出這些不同與其組成成份之間的關係，以下我將使用一套能對客套現象（politeness phenomena）廣泛解釋的模式來說明。這套模式是社會語言學家 Penelope Brown 及 Steven Levinson 所創（因此，以下就以 B & L 模式稱之）。（原註五）接著，就算是練習使用 B & L 模式吧，我們將會探討在一年級雙語教室中的某個語言事件中，教師言談標誌的一些特質。

譯註一： 即上文所說的自由遊戲情境。

◀ Brown & Levinson 模式 ▶

　　為了解釋 Brown & Levinson 的模式，下表的左側用他們自己的話寫下他們的假定（assumption）；而我以教室的語言對這些假定所做的詮釋則寫於右側。簡單地說，這種模式包含以下三種想法：

1. 教師無可避免地會涉入「威迫顏面」的行為（face-threatening acts，FTA）。因為教師限制學生自由，而且通常於公開場合批評學生的行為及課業。

2. 教師通常以不同的「客套策略」來軟化這種威迫行為的效果。有兩種重要的策略：一是表達親密（「積極」的客套策略），二是表達順從與尊敬（「消極」的客套）。值得注意的是，在此模型中，「積極」與「消極」只是形容的用語，它們並不涉及評斷。

3. 對於學生及教師來說，任何行為的嚴重性，端視他們所感知的社會距離（social distance, D），相對權力（relative power, P），以及教師的行為在某個特定時刻的強加程度等級（ranking, R）而定。

　　現在請逐段閱讀下表，左側為 B & L 模式；我的詮釋則在同一段落的右側。

Brown and Levinson (1978)	教　室　的　詮　釋
行動者以理性來行動，雖說不見得自覺，而且他們會建構出一些口語策略來達成某種目的。	教師是理性的行動者。
這些目的通常包含兩件事：一、傳達訊息；二、以盡量減低對訊息接收者威迫顏面的方式來進行。	教學不只是講述，也不只是成功地溝通所指為何；教學也需要經營人際關係並以避免威迫顏面的方式來完成教室控制。
「顏面」有兩個層面，而這兩個層面都可能被特定行為所威迫：消極顏面，意指一個人避免被人妨礙，干擾和限制的主張；積極顏面，意指一個人被他人稱許的主張。一些行為如：打斷對話，就同樣威迫著消極及積極顏面。	教師以其專業角色的本質而言，是持續威迫著學生的顏面──控制學生的行動自由，即評斷（通常是消極的）極大部分的學生行為；也時常打斷學生的工作與談話。
理性的行動者通常不會「大膽而無理的」做出威迫顏面行為（FTAs）而沒有一些補償的行動；相反地，他們會尋求一些補救策略來減低威迫。補救的策略通常包含積極客套與消極客套，或者就讓言談成為「非正式（off-record）」。積極客套現象係指親密友朋間對一般行為的誇大，藉由親密語言的使用來達到其補償的效用。消極客套現象是一種用以保持社會距離的形式，藉著表達順從與尊敬來減低顏面威迫行為的強加性。而非正式策略則使用暗示和隱喻，刻意地使意義變得模糊，因而有轉圜的餘地。	教師通常會以一些補償行動來軟化他們的威迫顏面行為。他們的策略有積極與消極的客套兩種，以及出現較少的，「非正式」策略。

威迫顏面行為的嚴重性以參與者所評估之社會距離（D），相對權力（P），及他們對某些行為之強加程度給予的等級（R）而定。

教師為一個比父母親社會距離更遠的團體：一群學生和他們的老師間之心理距離D的特別感受通常會受到種族及社會階層造成的社會性差異之影響，但並非全然由這些因素決定。P的感受之有所不同，端視教師對其權威的信心，以及家庭與同儕對該權威的尊重程度而定。在教室中R依情境不同而有所不同；時間與承受教師威迫顏面行為的學生，都會影響對教師威迫顏面行為嚴重性的感受。

對FTA之嚴重性的感知會決定對補救策略的選擇。無理大膽，不帶補救的FTA行為，意涵著狀況緊急、威迫性不高及說話者強大優勢的權力。FTA的程度越嚴重，越容易採用消極客套的模式，因為積極客套行為的有效度取決於對說話者與聽話者關係所做的脆弱假設。

班級間不同的D和R（部分因為R），使得教師綜合使用積極與消極客套形式時，使用兩種補救行為的頻率也有所不同，也因此造成兩種不同的控制風格。

以下我將嘗試使用實例來使這個抽象的模型具體些，這些例子包括與TT同步發生的不同等級之行為強加程度（R），教室中的權力關係（P），和聽者與說者間的社會距離（D）。此三者——R，P，及D——是影響說話方式之社會脈絡的三個面向。當分開來探討這三個面向時，我們必須記住，任何話語事實上是同時地表達出這三個面向的某些價值。我們將其分開來考量只是因為分析上的方便。

強加程度之等級的變化

　　強加程度之等級（R）的變化強調社會性脈絡中的某一面向——即說話時的情境，以及任何一項進行活動中的參與者（教師與學生）之權利與義務。

　　例如，Florio報導六年級教室裡勞作課與較為正式的社會課中，教師指導語形式上的差異。這些差異可以理解為R的差異，即所感知教師控制行為的嚴重程度。勞作課的指導語的形式較傾向訴求團體之共同利益與目標，或者以 wh 疑問詞開頭的命令句。以下是她的例子，括弧中是我以B＆L模式所做的分類。（原註六）

　　好，其餘的同學，我們把椅子圍成一圈！
　　我們不要再為難他了。
　　我們每個人都要負責其中的一部分。
　　（積極性的：同時囊括活動中的說話者與聽話者。）
　　幫我個忙，關一下燈好嗎？
　　（消極性的：如同承擔一項債務般）
　　你為什麼不過來一下，然後我把它們給你，讓你發下去？
　　（積極性的：提示理由）

　　如果教師與學生都把勞作課看成是一段學生可以執行自己的計畫的時段，那麼教師如果提出會干擾這些計畫的要求，就

需要一些補償或緩和的行為。

社會課中，教師的指導語多為直接命令句。

把作業拿出來。

把它寫完。

指出正確的位置。

（無理大膽：毫無補償行為）

在課堂中，當重點作業已完成，學生會期待老師指示哪些作業需要完成，而不需要補償行為。以下兩則標示著星星記號，假設性的指導語聽起來就顯得奇怪而不恰當：

＊你能幫我個忙嗎，把作業拿出來？

＊你可以指出正確的位置嗎？

除非這樣的語句有著清楚的語調標示為一種諷刺，否則對如此非嚴重行為（低 R 行為）使用這種客套形式，特別是消極形式「你能幫我個忙嗎」，就正好可以做為 Brown 與 Levison 提出的一個觀點的例子：即，此種不適切的選擇會表達出行為的嚴重程度，但其理由卻是與 R 無關的。在這個例子裡，學生可能會認為教師承認她事實上沒有多少權力凌駕於學生之上。

另一個例子顯示強加程度之等級如何在一個單一事件裡發生變化。在我聖地牙哥的教室中，我鼓勵同儕間的教學行為。有一天，我要求一位三年級男生，Greg，拿掉紙袋面具，不要

亂跳，以便擔任兩位一年級同學的小老師。我小心翼翼地，至少使用同時發生的三種客套特徵來接近他：

　　　　Greg，嗯——我有一個工作想給你看看，這樣你才可以，嗯，給他們看，嗯，啊——（消極性的：以猶豫表達「傳統式的間接」及「順從的表示」；積極性的：「給理由」）

此時 Greg 停下表示願意並拿掉了面具。這件事對我而言，似乎是一件了不得的大事；但對他則不然。由於我察覺到自己誇大了等級的問題，接下來的指示因而變得較不猶豫，且是以較直接的命令式語句說出：

到這邊來，我會告訴你。

權力的變化

　　權力（P）的變化係指參與者間的關係較為普遍的層面——此處說的並不是絕對的權力；而是說話者所感知的相對權力，她（此例指教師）認為聽話者（學生）所感知的權力。

　　Robert Hess 及其同事所做的一個研究中，直接以母親與教師就權力方面作一比較。（原註七）她將六十六位母親對獨生小孩的談話與三十四位幼稚園教師在學校中對一位小朋友的談

話，在兩情境下作比較：一為諮詢性的溝通遊戲，一為積木分類的工作。教師與母親在教學效能上並無差異，但在說話的特徵上有很大的差異。例如：「教師言談以較間接、緩和的方式提問、要求與命令的頻率高於媽媽們。」以下是一些教師較為間接，或較為客氣的說話方式的一些例子：

・我想知道為何這些積木是一樣的。
・我希望你能告訴我。
・你能告訴我為什麼你把那個放那邊嗎？
・請把這個積木放到屬於它的地方。

　　教師與母親的差異與教育程度是無關的；也就是說，這是一種父母言談和教師言談之間的差異，而不是個別成人特徵的差異。當研究者將母親分為低教育組（受教育年數中數為十二年）與高教育組（中數為十五年），然後分別與教師（中數為十六年）比較，結果，間接性指導語的比率如下：

低教育程度母親組　　45.5%
高教育程度母親組　　48.5%
教　師　組　　　　　60.6%

　　可見對她們之言談的這個層面而言，兩種角色的差異，比起媽媽們的教育程度，具有較重要的影響。

　　Hess 及他的同事提出幾個為何教師比母親使用較多間接指導語的解釋，其中包括親子間有著較明顯的權威關係。母親通常對她們的「權威」較具安全感，因此就不覺得需要像教師那

樣，用那麼多間接指導語來緩和他們控制性的言詞。

　　一些教室的觀察者為這樣的間接性感到憂心，認為此種間接性可能會造成年幼學童，或者對習慣於直接表達權威的任何年齡學童造成理解上的困擾。（原註八）然而，一些幼齡學童的教師使用隱喻的間接模式，似乎就相當地成功。

　　　　像一朵向日葵一樣。（坐直坐好。）
　　　　你的夾子準備好了沒？（把雙手準備好，幫忙作鬆餅。）
　　　　我看到一些椅子需要回家。（把椅子放回去。）
　　　　是否可以讓你的外套跳到它的鉤子上呢？（把外套掛好。）

　　此外，一位現代舞者，Hanya Holm，對一個兒童舞蹈高級班學生說：

　　　　孩子們，你的屁股就像沙包一樣。我要過去在上面打幾個洞。（原註九）

　　這些例子的特徵不只是從直接命令轉換為較間接的形式，而且也將名詞與動詞轉換為兒童遊戲世界的一些隱喻。前四句的說話者，Jiiva Devi 老師（波特蘭、奧瑞岡州）告訴我說，她這樣說是因為她發現孩子在不與他們的意願衝突時，比較願意遵從。心理學家 Rochel Gelman 也注意到當孩子不願意為自己說

話時，實驗研究者通常能夠用玩偶的方式來誘使兩、三歲的幼兒回答問題。她稱這些現象為「地位緩和機制（status-mitigating device）」，她並提出：當我們了解為什麼這些方式有效時，我們就會更加了解幼兒及研究（我想加上，還有教學）。（原註十）

教師感受到必須緩和、軟化她們的控制語詞，如 B & L 模式所示，或許和她們對權威的不確定感有關。但使用何種特定的緩和模式，即便是某種間接的形式，將會受到其個人背景，及他們認為何者最不會對某些學生造成紀律衝突所影響。

社會距離的多變性

教師與父母的差異不僅在於他們對權威的感知（權力的差異），同時也在於和親密的父母相較之下，教師與學生間較大的社會距離（D）。許多教室的觀察者對教師所感覺的，或希望保持的師生社會距離做了評論。我曾提及的「出生地」那一課，就是想要縮短起初在聖地牙哥尖銳地感受到的社會距離所做的嘗試之一部分。

相同的，Hess 及其同事在試圖解釋為何教師言談較父母間接時也提到，教師面對一群兒童的必須性，以及師生關係的短暫性也對教師此種制式化特質有所影響。Heath 根據她和阿帕拉契山區教師合作研究的經驗，也提到教師以較間接的方式表達指示的意圖，其實是為了面對對學生而言十分陌生的照顧者（care givers）角色，所用的因應策略。（原註十一）

間接的指示語不是唯一可用社會距離來解釋的 TT 特徵。

標誌可用它們包含什麼來點出特質；同樣地，也可用它們不包含了什麼來界定。控制之表達四處充斥，同樣驚人的是，幽默與情感的表達幾乎沒有。有關教室幽默的研究相當少見，Walker和 Goodson 兩位英國研究者的研究則加以討論，至少提到了它的重要性。例如，對於初爲人師者有句俗諺：「耶誕前莫微笑」就有著這樣的涵意：笑話是讓自己在學生眼中成爲一個人的過程之一部分。（原註十二）

就像幽默感一樣，對於社會生活而言，情感的表達是很基本的。然而兩者都很少被研究者提及。Goodlad 對一千多個美國教室的觀察研究中發現「情感——不論正面或負面——全然地缺席。我們所看到的情感表達只能說是中性，或者充其量『平板』。」（原註十三）即便說教師每學年開始教學時對學生總是陌生人，但爲什麼這些距離的特質卻始終存在呢？如果沒有幽默與情感的表達，可能達到一種共享的社群感嗎？

也有證據顯示，教室中教師與特定學生間對社會距離感知的差異，從語言的一些特徵看來，符合 B & L 的模式。例如，在 Wright 女士的幼稚園及一年級教室裡，Shultz 發現教師對她已教了兩年的一年級學生使用較爲玩笑式的風格（積極性客套）來說話。「共群感（Comembership）」是 Erickson 與 Shultz 給所感知社會距離面向的標籤。（原註十四）用這個術語來說，Wright 女士對一年級學生較有「共群感」；對於相對而言是教室新人的幼稚園學生，與他們的共群感則較低。

在一所專科學校裡，Erickson 和 Shultz 分析了諮商時的面談，他們發現除了外在可見種族的特徵外，其他可達成共群感

（低 D）的方式：

> 對於每個接受研究的諮商員而言，有些學生雖然
> 和諮商員的種族和文化溝通風格都不一樣，卻如同那
> 些在這兩個層面和諮商員類似的學生一樣，接受到友
> 善的對待和特別的協助。但這些都算是例外，這些例
> 外中的每一個幾乎都是和情境相關的，學生和諮商員
> 間建立的共群感是特別的（譯註二）。一位愛爾蘭裔
> 美籍輔導員與墨西哥裔美籍學生表示他們上的是同一
> 所教區學校；一位義大利裔美籍輔導員則透露他曾當
> 過高中摔角隊教練，而一位波蘭學生也說他曾參加過
> 專科學校的摔角隊。

「共群感」的程度和諮商員的言談特徵息息相關。例如，
一位白人諮商員對白人學生給予直接的命令語，而對於黑人學
生則使用較間接的指示語：

> 你為什麼不想想，啊…你下學期想選什麼課。

「共群感」也和訪談的成功程度（有益資訊的交換量）息
息相關。

就 B & L 的模式而言，令人驚訝的是對教師的控制言談研

譯註二：意思是每個這樣的關係都是因情境而異，並沒有普同的特質或模式。

究中所提及之客套特徵，大多數都是消極或非正式的。這樣的
現象顯示教師言談的其他可能性。教室應該是這樣的：教師使
用親密的人之間使用的積極客套言談特徵來補償身為教師必得
進行的 FTA 行為。或者教室應該是知覺到的高權力與低社會距
離的組合情境，如同在「高共群感」的諮商師生組一般，讓客
套標示變得不再需要。

　　在賓州的一個 Amish 教室，我們可以看到對此種情境的描
述。根據人類學家 Ray McDermott 的描述：

　　　　Amish 教師處理言談的方式大大違逆了美國的教
　　育理想。教師主控著這個班級，教室的互動分析顯示
　　教師大量使用命令句與直接的指示句。學童總是被告
　　知做什麼、何時做及如何去做。教師完全控制著學生
　　的發展。就學習閱讀和對 Amish 的認同感而言，他們
　　的體制是相當成功的。教師與學生浸浴在每人必須遵
　　循高度特別化之慣例的封閉社區中。就這些慣例而言，
　　每個人對其它的人都有責任。根據著某些原則，社區
　　成員共同努力達成共識與互信。在這樣的脈絡中，教
　　學並非盲目的命令，而是對接下來如何做才能達成更
　　進一步之共同合作的明智建議。教學是在一種溫馨關
　　係中編織的，而這樣的網絡將教學從命令轉化成明智
　　地組織生活成慣例的方式。對許多人而言看來是權威
　　而壓迫人的教室組織系統；事實上對於兒童而言是有
　　道理的，也因為如此，能讓學生覺得很好，願意學習

教師引導全班該注意之事。外來者卻常常沒有察覺到將師生活動奠基於信賴與責任感的那些點。（原註十五）

◀ 兩個雙語教室中，教師言談的標誌 ▶

　　兩個對芝加哥一年級雙語班級的研究提供了使用積極客套策略的實例。Frederick Ericson，Robert Carrasco 以及我本人曾花了兩年的時間對芝加哥兩個一年級雙語班級（西班牙語與英語）作了廣泛的觀察研究。這兩個班級的教師與學生都是墨裔美籍。我們研究目的是描述互動的社會及文化組織，特別是那些與一般主流的盎格魯班級（譯註三）不同之處。（原註十六）

　　在某些程度上，兩個班級有著明顯的不同。在其中一個班級裡，教師對於學生應待在教室的那個角落、應該做什麼作業等做了較多的決定，較多的時間學生做著相同的指定工作；而在另一個班級裡，學生有較多的自主權來決定要待在哪裡、要做什麼，在同一個時間內有較多不同的工作同時並進。如果對這兩班寫一個學習如何進行的民族誌，則可看到兩幅截然不同的畫面。就此層面而言，兩間教室分別可被歸類為：較具「結構性（structured）」或者較為「開放（open）」兩種。以下我將較為結構性的教室稱教室 S，稱其教師為教師 S；而以教室 O

譯註三：英裔美國人，此指主流社會中一般白人。

與教師 O 來稱呼較爲開放的教室與教師。

　　但從另一層面看來，這兩位教師的控制風格相近，但卻迥異於已出版文獻中大部分的描述。在師生關係的質化層面中，兩位教師都表達出一種個人化的風格，一種 Carrasco 所謂的 cariño——即一種親密關懷的關係。對於西班牙裔社區的成員而言，cariño 並不是什麼新的概念。民族誌描述的貢獻之一就是將社區成員隱默的知識和行動顯明，更爲人知。

　　我們對於cariño最爲詳盡的描寫是來自於教室S，在此教室中，除了一天三十分鐘的 ESL（將英文視爲第二語的課程，English as a second language）以英文進行外，課程大部分以西班牙語進行。爲了顯示教室生活的風味，以下呈現我的現場筆記，是我在一九七八年十一月第一次拜訪之後所立即記下的。描述中可看出一位一年級教師（此處指Cazden本人）對另一位一年級教師的仰慕：

　　　　我從未看過如此運作良好的一年級社會。我所指的是學童知道做些什麼、什麼時候做、在哪裡做。給予指示的時間極少（指示語少到我和Robert Carrasco幾乎不曾注意到），負面處罰少到幾乎沒有必要；大部分的時間，學生專注於工作上；而且這些並沒有強烈的軍事般的紀律感。孩子們可以「暫停」來聊個天，跳個舞，卻從不失控⋯除了將教室變成使人願意投注時間的愉悅外，這樣平順的系統應該會有極大的教育優點：極少時間花在紀律上，極多時間可以學習。（原

註十七）

我們的研究工作就是嘗試去探索教師及其學生文化上的調和，如何造成這樣好的社會組織。

試想學校一天中的第一件事。我們有以錄影機拍攝的五個這樣的例子，以下將呈現十二月某天的一個例子。簡單的說來，在學校開始上課之前，一些小朋友到了學校然後把椅子放下。沒有得到從教師的任何指示，他們在黑板前面的空間，將椅子緩緩的、小聲但不安靜的形成一個圈。大家帶著作業，女生坐在老師的某一邊；男生坐在另一邊。有幾個小朋友等了一下，伴隨老師走進來，老師進來時，手裡拿著早晨的咖啡，加入了小朋友的陣容。接下來的十二分鐘，完成兩項工具性的事：收tarea（作業）──這天的作業是練習一星期中每一天的稱呼，以及點名。對於第一次參訪者，或錄影帶的觀賞者而言，都可明顯看出這兩件事執行的全然無誤。在對錄影帶作仔細的分析後，我們才了解是TT標誌的特殊風格使得運作如此順利。（原註十八）

從時間序列的結構看來，收作業與 Mehan 的描述是吻合的。一節課的基本程序，以字母排列順序來點名（簡化點名程序），包含了三個部分：

　1. 教師叫喚名單上下一個孩子的名字。

　2. 該名學生將作業交給老師。

　3. 教師在成績簿上做個記號以表示收到作業了。

有時較延伸性的對話被加到這個基本結構中，也就是Mehan

的條件式序列：如，教師問學生是否知道要做什麼（有些小朋友誠實的搖頭表示不知道），或者要求學生說出沒交作業的理由，或是以話語或鼓掌表示讚許。錄影帶中清楚的顯示，對於這樣的時間序列在當時，也就是十二月，孩子們已經非常熟悉：他們在教師到達前就在地板上圍成一個圓圈，有些小朋友在教師叫他們名字之前就準備好要交作業了。

　　但在這十二分鐘的主流教室言談結構中，有相當多 cariño（關懷）的表達：團體內在稱呼的形式，暱稱語（diminutives）的使用，對學童人際相互尊重的提醒，及顯示教師對學生家庭生活之了解的表達。在更仔細的審視這些特徵前，必須要注意從脈絡中來看這些特徵。表 9-1 是一部分收作業活動的轉譯稿：西班牙原文在左欄（邊緣是教師點到每個學生時加上的編號），英文翻譯於中間，對於非口語行動的評論在右欄。注意，沒有一個指示語使用間接的形式，有些關於說話的指示語甚至是強烈的命令句。翻譯如下：

　　2. hon ，說「對不起」。

　　13. 親愛的，我要你用你的小嘴說⋯⋯你告訴我啊，告訴我。

稱呼語的形式

　　除非是真正叫孩子的名字時，在收作業或點名時老師會以親密的方式稱呼學生： papi 或 mami ，但通常縮短為 pa 或 ma（參看教師點名的 1，2，3，4，7，及 13）。當天在收作業時點到的二十位兒童中，教師以較親密的稱呼語來稱呼其中的十位小朋友。

西 班 牙 文	英 文 翻 譯	關於非肢體語言的評論
1. T：Norma Guzmán. T：OK, mami. Muy bien. ¡Tú lo hiciste solita?	Norma Guzmán 很好，非常好，這些全都是你自己做的？	三個暫時休息時間，Norma 都沒有起身，在這期間，老師在改作業。老師看著 Norma，伸出手來收作業。
Norma: Sí.?	對。	
T：Sí? Ok, me escribiste algo allí abajo.	是嗎？好。你在下面還寫了一些東西給我。	老師的眼光從孩子身上移到作業上，再從作業移動孩子身上，再移到作業上。
2. T：Vicente Hernández?	Vicente Hernández？	老師看著這男孩子，當這孩子試著穿越五位坐得非常靠近的男生。這男孩走過來，老師從他接過作業，眼光仍停留在男孩身上，這男孩緊張地調整自己的皮帶，然後把手插在口袋裡。
T：Con permiso, di, pa. ¡Ya lo sabes, todo, sí? Yo te prehunto depués. Pero encantada que lo entregaste.	親愛的，說：「對不起。」你懂了嗎？完全懂了嗎？我待會再問你。不過我很高興你把作業交過來了。	她看著名單，男孩手插在口袋轉過身，然後走了四步到了其他男孩後面的地方，臉朝下，自覺地走著。
3. T：Salúd Juárez? Tráemelo, ma. Gracias, ma. ¡Lo sabes todo, Salúd? No? ¡Pero los vas a practicar? Sí?	Salúd Juarez？親愛的，把它拿過來，謝謝，親愛的。你全部都懂了嗎？ Salúd？不？但你開始要練習了，不是嗎？	Salúd看著名單，老師看著將作業高舉過頭的Salúd。。老師舉起手來。這孩子身體前傾跨過兒童座位所圍的圓圈把作業交給老師。老師看著名單，將作業把擺在作業堆上。當 Salúd 說不時，老師看著一直搖頭的 Salúd。

4. T：Carlos López. Los es-tudiaste, papi? Sí? OK. ¿Ya los sabes to-dos? Sí?	Carlos López。你讀了嗎？親愛的？讀了？好。那你都了解了嗎？是嗎？	老師看著 Carlos，他從攝影機拍不到的地方走到黑板邊將作業交給老師。老師看著他。老師低頭將作業放到作業堆上，然後又看著他。
5. T：Mario León. Ah, no. OK.	Mario León，啊，沒有，好。	孩子直接跪著繞過圓圈，將作業滑過地板。老師伸手拿作業，並沒有看著小朋友，直接將作業疊在作業堆上，繼續看著名單。
6. T：Eugenia Molina.	Eugenia Molina。	老師叫 Eugenia 的名字。孩子坐在老師對角，孩子伸手交作業，老師將作業收下眼睛沒有看著她。
7. T：César Monjaras? íAste, papi? Sí?	Cèsar Monjaras？你讀了吧？親愛的，是不是？	老師叫Cèsar的名字。他穿過圓圈交作業，老師看一下他，就又看著名單找下一位小朋友。
8. T：Jesús Monjaras? Ahora sí. Esto sí qui-ero ver, la tarea.	Jesús Monjaras，這就是我要看的，你的作業。	叫Jesús Monjaras的名字。接著老師看著他站起來，手上拿著作業走向她。他交了作業，轉身，然後手拉著褲子的上緣回到座位。
9. T：Roberto Nigrete. Gra-cias. íYa lo sabes? Para ponerte la es-trellita?	Roberto Nigrete，謝謝你，現在了解了？所以我可以給你小星星了？	老師叫學生的名字；他將作業丟過圓圈給老師。老師看了看他，把作業收了下來。

10. T：Edelia Padilla? íLo sabes tú? Sí? Toditos?	Edelia Padilla，你了解了？是不是？每一個小細節？	老師叫了 Edelia Padilla 的名字，從她那裡收下作業，然後將作業放在作業堆上。
11. T：Ricardo Raygoza. Gracias.	Ricardo Raygoza。謝謝你。	老師叫 Ricardo 的名字；他將作業送過來，轉身，回到座位坐下。
12. T：Edith Roldán.	Edith Roldán。	老師很快的把作業放在作業堆上，叫下一位小朋友的名字，Edith 就坐在老師的右手邊，老師沒有和她說話也沒有看著她。
13. T：Mario Escobedo? OK.	Mario Escobedo？好。	老師叫 Mario 的名字，並看著他，手指著嘴巴要求他作解釋，說話的語氣有些生氣。
Mario: No tengo nada. T：Yo quiero que tú me degás con tu boquita, papi. "Yo no estuve ayer por eso no traigo la tarea." Tú dime. Dime. íPor qué no tienes la tarea? Mario: Porque tenía la tos. T：Porque tenías la tos.	Mario：我什麼都沒有。 T：親愛的，我要你用你的小嘴告訴我。「我忘了帶作業因為我昨天沒來。」告訴我，告訴我，你為什麼沒帶作業？ Mario：因為我感冒了。 T：因為你感冒了。	 孩子回答之後老師的語氣轉緩。

圖 9-1

　　Carolyn Wyatt，英語及語言學科的督學，指出一種稱呼形式的不同社會用法。她注意到一位有效率的高中黑人英語教師常以「先生」、「小姐」來稱呼班上的學生：

　　Patrick 先生，你可以解釋一下這句嗎？
　　Lewis 小姐，我還沒聽到你的看法。

　　在某些脈絡裡，這類形式的使用可能傳達著諷刺性的責罵。但這裡，Wyatt 的解釋是，藉著這樣的稱謂，教師一方面傳達出對學生個人的尊重，一方面也表示該門課──少數族群文學之課程目標的嚴肅性。（原註十九）

暱稱語（Diminutives）

　　在「La Tarea」的摘要中出現三個暱稱語：estrellita（9），toditos（10），boquita（13）。接著於相同的事件中，教師又用了兩次：

　　Quiero que estén callad*itos*, eh?　我希望每一個人安靜，好嗎？
　　Gracias a Dios*ito* por esas abuel*itas*.　感謝上帝庇佑這些老婆婆。

翻譯無法正確的表達出這些暱稱語詞結尾的意涵（譯註四）。這些附加的語尾並不會改變它們所附著的形容詞或名詞的意義——如上例中的安靜，上帝或老婆婆——而是具有功能的，就像是使用和 usted 相對的代名詞 tu，來表達說話者與聽話者間的親密關係。兒童對 Frederick Erikson 的稱呼顯示師生間共享這種非語意改變的風格特徵。當天稍早時，兒童對 Frederick Erikson，身高超過六尺的觀察者，稱呼為「*un profesocito!*」（譯註五）。 教師解釋道，Erikson 曾在哈佛時當過她的老師，「就如同我是你的老師一樣」。參訪者的介紹以以下的互動作結：

T：El es mi maestro. 　他是我的老師

C：Maestro como un profesorcito. 　老師，就像（小）教授。

T：Como un profesorcito, de verdad que si. 　對，像教授。

Respeto 的重要性

孩子們常常被提醒 *respeto*（尊重）的重要性。當 Vincente 插在另一個孩子前方以便交作業時（教師在轉譯稿中的提名 2），老師告訴她「"Con permiso" di , pa」（說「對不起」，親

譯註四：此處係指語言學中 attached morpheme 的觀念，由例子中可知西班牙語以字尾附加 morpheme 來表達親暱之意。如：-ita, -itos, ita 等。

譯註五：字尾 ito 有「小」的意思

愛的），雖說當時地板上的座位安排使得這樣的情形無法避免。

　　也許尊重的部分意義是期盼小朋友對沒交作業作解釋，如同轉譯稿中的 13。

教師對學生家庭生活的了解

　　教師對學生家庭生活的了解可在收作業與點名兩項活動末尾的非工具性談話時間序列中看出。當 Edith——comadre-infor-madora（長舌公）——在收作業快結束時提到 Juan 前一天曾在餐廳發脾氣時，老師問道「papi，你會對媽媽發脾氣嗎？」，老師知道他的母親是餐廳的義工。在點名將結束時，老師以一長段對 Anibal 母親病情的描述來向學生解釋 Anibal 的媽媽（一位教師助理）沒來的原因。然後向 Juanito（小 Juan，暱稱語）詢問他母親的病情，因爲老師知道他母親也生病了。當 Juan 說當母親生病時，他一直待在阿媽的身邊，老師在感謝上帝之時，表達了她對西班牙裔社區中的延伸家庭，以及祖父母在孩子生活中之重要性的了解。

Gracias Diosito por esas abuelitas que nos cuidan, por que si no, estamos muy tristes sin las mamis.	感謝上帝，為那些照顧我們的祖父母，不然的話我們將會因為沒有媽咪而感到非常難過。

　　像這種在學校的一天開始時有關家庭和健康的談話，是拉丁文化的一部分，無論是從時間上或是主題上來看都是。在西班牙裔的社區中，一群人聚集起來談生意時，若立刻進行正式的議題是不恰當，甚至是無禮的。人類學家 Edward Hall 描寫了盎格魯生意人希望能在會議開始時立即聚焦在生意之事時所遭遇的問題。為了要有效率，他必須學習使用會話裡的這個開頭部分，如同上述這位老師，如此有效率地做到的。（原註二十）

　　另一個此種西班牙模式的例子收錄於 M. J. Yanguas 在 Radcliffe 大學的榮譽論文。（原註二十一）她訪談了二十五位波多黎哥工人階級的成人作為一個探討這些工人如何習得英語為第二語之研究的部分資料。Yanguas 本身就有西班牙的背景，她的母親在波士頓當裁縫。她的一些受訪者是她母親的同事，或者是來自同一天主教教區的成員。由於第一次訪談對象是她母親的舊識，她母親也一同前去。正因為她母親的出現對於創造出非正式言談的情境十分有幫助——一種社交談話和訪談間文化適切的組合——Yanguas 所做的訪談幾乎都由媽媽，有時是爸爸，陪同前往，即便是訪問陌生人也是如此。由於這樣的訪談情境對盎格魯主流文化而言是陌生的，這樣的例子比從教室中取得的例子，更明顯地點出文化差異。

　　除了口語上稱呼語風格的特徵、暱稱語、尊重的表達、適時表達對家庭的了解之外，教師以令人聯想到父母之行為的肢體動作對孩子表達出非口語的 cariño：如和個別孩子一起學習時，將孩子放在大腿上；親吻孩子以為獎勵等。B & L 模式也提到類似的非語言行為，雖然這個模型只分析了語言化的那些

部分。

一般的評論

　　上述這個例子是取自教師 S 的教室。但是教師 O 在對待學生的行為中也表達出 cariño，兩位教師在訪談中也都討論到和學生間的親密關係。教師 S（本身沒有小孩）解釋，她刻意試著讓學生「透過她（through herself）」來做學校課業。教師 O（已為人母）說，一些小朋友將她身上「父母的那一部分呼喚出來」。以下的現象和 R 對客套策略的影響之說法（譯註六）頗為一致：cariño 的特徵在教室 S 中出現的較為頻繁，也較為誇大，在這個班級裡，教師強加於兒童的決定也較多。相形之下，教室 O 裡就較少有這樣的情形（指教師強加決定於兒童身上）。在教室 O 裡，時間與空間分化較少，關於什麼會發生，發生在那裡、何時、如何發生等，其間的界線較不清楚。

　　Carrosco 建議使用「個人化（*personalization*）」這個詞來形容兩位老師的控制風格，或說標誌。將個人化看成教師風格的特質，應與「私密化（*privatization*）」有所區別。私密化指的是不在公開場合或者為了競爭性的理由而指責小朋友，而在私底下以個別的方式更正小朋友的言行。Philips 及 Erickson 都認為私密性在美洲原住民社區具有重要性。在 B & L 的架構中，私密化指的是藉由改變情境，以減低 R 來減緩 FTA 的一種方式

譯註六：指 B & L 模式的說法。

；*個人化*則是指當 FTA 發生時所採行之補救行動的風格。

最後，以 B & L 模式的角度來看，我們可再檢視雙語（或多語）情境中語言使用的一個重要層面：語碼轉換的社會性意義，特別是程序上及有關紀律的用語。Brown 和 Levinson 指出「西班牙語被用於積極的客套策略，英語則是消極的客套策略。」（原註二十二）隱含著的意思是，為達控制目的，將語碼轉換成英語，即主流社會的語言，和這個現象同時發生的還有一些其他消極客套的指標，表達出對英語為主（或說居優勢）之社會的非個人化指涉（學校是這個英語為主之社會的一部分），這些消極客套行為也將教師的權威奠基於社會的行為規範之上。相反的，為達控制而將語碼轉成西班牙語時，就應該與積極客套的特徵共同發生，以便將教師的權威奠基於西班牙文化中對老師的「*尊重*（*respeto*）」，而非優勢社會的規範之上。

兩位芝加哥教師都注意到對於自身權威來自團體內（譯註七）的支持。學校開始上課前，有人告訴我們即使美國墨裔兒童有足夠的英語能力來應付英語單語學程，父母親通常仍然選擇讓孩子上雙語學程（在同一學校），以便讓小朋友有拉丁文化背景的老師。他們希望小朋友能尊敬老師，擔心盎格魯教師得不到那樣的尊重。

基於上述這種關於語碼轉換之社會意義的假設，我們可以預測：即使將英語作為教學媒介的使用情形從秋季到春季間頻率增加（如同班級 O 的情形），老師仍將繼續將語碼轉換成西

譯註七：指同文化社區。

班牙語來做班級控制。我也預測類似下列的言談仍將一再的出現：

> 教師 O 對學生行為發火時，她說（提說她自己）
> 「某某小姐想聽故事，玩遊戲，但是——」然後轉用
> 西班牙語清楚的說明 *respeto*（注意在英語子句中，「小
> 姐」的使用是一種去除個人指涉的消極客套特徵）。

在這兩間教室中，我們可以把將語碼轉換成西班牙語以做控制之用，更簡單地解釋爲：這只是轉換爲兒童最熟知的語言。剛才所討論的，將語碼轉換視爲積極客套風格之部分的假設，光是從語碼轉換的頻率是看不出來的，這樣的假設來自對教師言談標誌中共同發生的那些特徵更仔細的分析。

◀ 教師言談標誌風格變異的重要性 ▶

Brown 和 Levison 相信，對於客套和控制語言所做的社會語言學分析提供了「一種更精確的民族誌工具，可用來探討任何社會之社會關係的品質。」（原註二十三）更明確的說，他們提出思考教室言談中之選擇性結構的方式，即思考以下幾個層面的方式：教師言談標誌、其被某些教師使用的方式、某些客套策略的選擇如何表現出並動態性地增強了教室中人際關係的某些本質。

教師 S 行爲背後的情感與動機無疑是異常複雜的。從她在

教室的行為與訪談的話語中，我們推論她自覺自己是母親與教師的綜合體，而且用西班牙文化的方式來扮演這個角色。但她的行為絕非墨西哥或拉丁美洲教師風格的舶來品。反而似乎是在非西班牙世界裡的少數民族幼童圈中，一種保護與緩衝的表示。

較難推論的是，這樣的風格對於教師 S 成功地與兒童共創平和有序的教室世界究竟有多少貢獻。我深信它的貢獻非常重要，也相信每一位教師都必須面臨「尋找個人風格」的挑戰，這項挑戰和與每屆的學習者建立積極堅固的「共群感」將有同等重要的貢獻。

◀ 原註 ▶

一、Snow and Ferguson 1977 年的研究，其中包含許多 BT 的研究。Anderson 1978 年是關於 BT 和 TT 的文獻探討，這也是她為博士論文研究，即兒童對這些和其他談話風格的知識，所作的文獻探討。

二、Stubbs 1976. Heyman 1986 分析了最後一種後設溝通言談，即設定主題，以此來說明何謂談話分析者（微觀社會學者的一個支派）所謂的"formulations"。

三、Stubbs 1976, 162.

四、Brown 1977; Snow 1977.

五、Brown and Levinson 1978.

六、Florio 1978, 6-7.

七、Hess, Dickson, Price, and Leong 1979.

八、Willes 1983; Heath 1978, 1983.

九、前四個例子是來自於 1979 年，我在 Portland, Oregon 一所學前學校的觀察。最後的一個例子是取自 1984 年 5 月 Linda Nash 哈佛的期末報告。

十、Gelman 1978.

十一、Heath 1978.

十二、Walker and Goodson 1977, 206. 也請參閱 Walker and Adelman 1976.

十三、Goodlad 1983, 467.

十四、Erickson and Shultz 1982, 176. 也請參閱 Erickson 1975a.

十五、McDermott 1977, 157-58.

十六、Erickson, Cazden, Carrasco, and Maldonado-Guzman 1983.

十七、Cazden, field notes, Chicago, November 27, 1978.

十八、Dickinson 1985 曾經重新分析同一批錄影帶，他將此事件與 Ms. Wright 幼稚園／一年級班級的一天裡的第一次聚集做了比較，使用 Irvine 1979 的正式向度來分析。

十九、教室言談研討會中所討論的轉譯稿，1984 年 3 月，哈佛教育研究所。

二十、Hall 1959. Purves and Purves 1986, 174, 將此與寫信內容做一比較：「在某些文化中，將個人事件寫在商業信件中給陌生人是非常不恰當的；而在某些文化中，若不寫這類的事反而顯得不恰當。」

二十一、Yanguas 1980.

二十二、Brown and Levinson 1978, 115.

二十三、同上, p. 62.

10

學生言談的標誌

在倫敦一所完全中學裡，John Hardcastle 老師的班上〔我們曾於第四章呈現同學交互討論（cross-discussion）的情形〕，兩兩成對的學生經常進行同儕間的寫作討論。在其中一次這樣的討論裡，從 Kevin（他的家庭來自西印度群島的 Montserrat）和 Sunday（他的家庭來自奈及利亞）的對談中，我們稍微見識了學生對學校所期待言談類型的想法。在某個作文段落，Sunday 寫到「我的意思是…」Kevin 對這句話提出了兩個修正的建議：

「我想說的是」──你也可以加上「我想試著用言語表達的是…」

當 Sunday 說不好時，Kevin 對他的建議加上一些說明：

> 使用這些大字眼可以讓你顯得你是對的 (right)。你看 O 級（學校畢業考）的文章就是這樣。

最後，Sunday 還是接受了 Kevin 第一次的建議，並且將「我的意思是」改為「我想說的是」。（原註一）

我們也許並不同意 Kevin 的建議，但他是對的，在學校裡教師的確期待某種特殊形式的學生語言——口說或書寫皆然。這些說話的方式可視為學生說話標誌的特徵——重點不在學生實際上如何說話，而是教師要學生如何說話，至少是在教室時為課業的目的所說的話。既然某種特別的標誌雖被期待，卻不明白地被教導，標誌的形式便形成學校生活中潛在課程的一部分。

是在我自己於大學裡的教學使我注意到說話形式的潛在課程。有個秋季我對兩群不同的學生教授兒童語言的課程：一週兩個早上的課，對象是一班哈佛教育研究所的研究生；另一班是一門哈佛大學進修部晚上的課（一次兩節）。後者是一個學費較低的學程，目的是讓一些年紀大於大學生的學生能半工半讀攻取學士學位；或者讓一些人，因為興趣或職業需要來選修某些課。進修部的學生有兩部分——學位候選人，例如一位來自加州捕鮪魚的漁人，一方面當調酒師，一方面慢慢地朝著進入法學院就讀的目標前進；還有些學生是當地公立學校或托兒中心的教師。兩個班相互知道對方的存在，我鼓勵學生，如果方便的話，能換上另一個時段的課——例如早上的學生如果缺

課，可以利用晚上補課，或者讓進修部的學生經歷一下「真正」
的哈佛。

　　一天晚上，我注意到兩位研究所的黑人學生出現在進修部
的班上。他們不但不是坐在遠遠的角落，而且是坐在靠教室前
面的地方；兩人不但沒有保持沈默，而且經常參與當晚的討論。
最後，其中一位發表了對兩個班的不同感受。以下是我對他未
記錄下的評語的轉述：

　　　　早上的課，有一些人舉手討論一些我們沒讀過的
　　　文章；這樣的舉動把我們封鎖在外。而這裡，大家討
　　　論一些個人的經驗；這是一個比較人性化的環境。

　　後來思考這件事時，我記起兩年之前，一位來自阿拉斯加
的女研究生 Tlinigit（美國原住民），曾經在報告裡提到類似的
對比。在報告中，她描述在哈佛第一個學期時，另一門課裡的
討論情形。在她的報告裡，對比並不只是存在於說話方式之間
的差異，而也存在於教授對兩種說話接受的差異情形。以下是
我的轉述：

　　　　當某個學生，即使是大學生，基於某個學術權威
　　　的說法提問題時，X 教授會說：「這是個好問題！」
　　　並將問題加以延伸，並融入隨後她的評論中。但當一
　　　些學生像我這樣從個人經驗出發來談話時，我們的想
　　　法就不被認可。教授也許會說：「嗯！嗯！」然後繼

續上課，好像她從來不曾聽見我們説了什麼。

　　她在此表達的是，以個人經驗爲基礎所做的敘述是不可能在教室的討論中「得到發言權」的。（原註二）很明顯地，某些教室裡存在著隱微、不明顯的，或說隱藏的課程，它教我們鄙視這樣的敘述方式，催逼我們使用其它形式的說明與解釋來取代。

　　在對話中（即，並非像是分享時段裡那些自由出現，與談論的事全然沒有任何聯繫的話）敘述個人經驗，這種事情在教室裡的地位正好顯示出教師必得要面對的不同教學目標間的緊張狀態和兩難處境。一方面，如同Richard Anderson在第六章所提到的，敘述可以呈顯一般的想法，進而幫助理解。以下是Hymes提出的，敘述之此種認知功能的例子：

　　　　Joanne Bromberg-Ross（一位學生）記錄了一個婦女團體意識覺醒的課程，並且在我的研討會中呈現了其中的一段。記錄中有一段特別含括了兩種意義澄清模式交互依賴的情形。課堂的話題是男人與女人認為何謂「力量（strength）」。討論開始於對使用辭彙（terms）的討論。詞彙定義來來回回無法解決後，接著是一些個人經驗的陳述。突然，又回頭對定義作討論，陳述的方式使得後設語言的焦點看來似乎不曾中斷（譯註：意思是大家都清楚在討論什麼）。當直接的定義無法達成共識時，個人經驗的敘述解決了分辨

兩種「力量」的問題（一種好，一種壞）。第二種語言使用模式使得第一種的目的得以持續，當第一種語言使用模式陷入困境時，成功地解救了它。（原註三）

但另一方面，卻出現了播音時間的問題：敘述得花上很多時間，而教師可能覺得這些敘述對班上其他成員沒多大助益。就如同我在第七章所主張的，同儕團體可能是此類困境的解決方式之一。將時間給小團體，讓他們同時進行探索性的談話，然後以較短、較少的敘述，更概化的形式對整個班級提出摘要。

此章其餘的部分將介紹某些期待之說話方式的例子。這些例子由不同研究者所記錄，包含了不同的年級。我希望這些例子能刺激讀者思考他們喜好某種言談風格的理由。

◀ 說話的時機 ▶

為了讓自己的話聽起來適切，學生不只要說對話，同時也要注意在合適的時機說話。許多教室言談的觀察者都提到了教師期望之溝通知能的此項特徵。我們可在第三章「出生地」這一課裡看到一些例子。

其他的例子是來自 Lemke 對高中自然課的研究。下例中的 Janice 在教師叫她回答之前，已正確地回答了黑板上關於一個圖表的問題，然而她的答案一直不被教師認可，直到她在教師點她的名之後，於適當的時機（箭頭所標示的）說出，她的答

案才被教師接受：（原註四）

> T：氫氣應該有一個電子——就在那邊的某處——那麼
> 氦氣應有…？
> S：兩個電子。
> T：兩個。這是 1S，而白色的應該是？Mark？
> Mark：2S。
> T：兩個 S。那麼綠色的是？
> （Janice 說了兩次「2P」，然後才被叫到）
> T：Jenice？
→Jenice：2 ⌈ P。
> T：　　　⌊ 2P。對啊，綠色的應該是 2Px 和 2Py。

Lemke 做了以下的評論：

> 此處教師正試著去加強學生應該要等到被叫到後
才回答問題的規則，雖說教師並不是隨時都在加強這
個原則。當 Jenice 再次重複她的回答時（箭頭處），
回答已不像前幾次那麼清楚大聲，而教師似乎也不想
等到她回答完畢，就說出他確認性的重複「2P」，重
疊了 Jenice 的話。兩個特徵都顯示 Jenice 和教師知道，
她的最後一次重複只是純粹的形式（pro forma），因
為她前次的回答相當清楚，大家都聽到了。老師在此
處犧牲了科學主題發展的效率，轉而加強互動中的秩

序，正是此種秩序給予他控制誰說話，何時說的權力。
（原註五）

　　以上除了做爲說話時機之重要性的例子外，教師在必然已經聽到 Jenice 自發的回答後點她的名也可視爲「結構性再脈絡化（structural recontextualization）」的例子，曾在第七章中提過。教師的點名公然地將 Jenice 自願性的回答詮釋成一種爭取發言權的動作，這樣一來，就可以用教師喜歡的方式來接受這個回答。

◀ 標準的句法 ▶

　　說話適切性的標準之一，同時也是許多老師感到需要強制實行的就是正確句法的使用。第一個例子取自菲律賓中學的一堂數學課（在菲律賓，英語是學生的第二語言）。老師要學生說的是「The sentences in Group A （在黑板上）, are number sentences, while the sentences in Group B are set sentences.」，但花了好幾個說話的輪次，這個句子才被說出來：

T　：Ro?
Ro：The group—the group A—
T　：The sentences—
Ro：The sentences—sentences—

T ： in group—

Ro ： of group—

T ： in—

Ro ： in group A is a number sentence—

T ： are—

Ro ： are—number sentence—

T ： -ses—

Ro ： sentences—while the —set B —is set—set—

T （輕聲笑）：誰可以再說一次？

（老師又叫了四位小朋友，其中只有一位正確無誤的
說出了句子。）（原註六）

對於這位老師而言，學習數學似乎不只是學習以特別的方
式使用數學專有名詞；同時也要學習如何將這些專有名詞用在
英語句法正確的句子中。

更正不標準的句法並不是在英語為第二語的教室中才有的
現象，在學生說非標準英語方言的教室裡也有這樣的情形。無
論以正式或非正式的方式，許多老師承擔著這種語言標準化的
工作。

不管在那種情形，標準的版本以更正的形式出現將會有效
地阻止主題活動，而使注意力集中在語言的形式上，就如同我
們剛才看到的例子。或許更正句法可以用較不干預的方式出現，
例如用聲調來暗示確認而不是直接批評，如同以下一個取自英
國教室的例子。上課的主題是海洋生物外殼的功用：

T：What does protection mean? Any idea, Carl?

（保護是什麼意思？Carl，有什麼看法？）

S：Sir, to stop other things hurting it.

（老師，防止其他東西傷害它。）

T：Right, stops other things hurting it. Now if it came out
of its shell, and waggled along the seabed, what would
happen to it? Yes?

（對，防止其他東西傷害它。如果它跑出了殼外，在
海床上爬行，會發生什麼事？嗯？）

S：It might get ate.

（它可能會被吃掉。）

T：It might get eaten by something else, yeah?

（它可能會被其他生物吃掉。）（原註七）

　　教師用語在兩個例子中的對比可說類同於第六章裡描述的，
成人對幼兒用語的更正與延伸間的對比。但在教室的例子裡可
看到另一種影響（甚少被考慮到）：即學生的言談有雙重的聽
眾——老師和同儕。

　　在一項針對二十年間社會語言學研究的廣泛文獻探討中，
紐西蘭語言學家Alan Bell提出一種以「聽眾設計（audience design
）」爲基礎的「說話者本身語言變化的統一理論（a unified theory
of intraspeaker linguistic variation ）」。（原註八）對於教室言談
特別具有重要性的，是 Bell 對於看似十分簡單的「聽眾」之概

念所做的分析。在很多言談情境裡，包括教室在內，都不只是包含說話者與單一的受話者（addressee）。同時在場的還包括「旁聽者（auditors）」（不是直接說話的對象，但卻正式的以聽話者的角色出現）；有時還有「竊聽者（overhearers）」（既非說話的對象，也不是正式的聽眾）。在教室中，當學生並不是說話者直接的對象時，他們是永遠在場的旁聽者，而他們也影響著說話的人（教師及學生）。

我們已看過多位受話者的存在對教師言談的影響。第三章裡有個例子是關於命令句在教室言談中的多種用途：一面要求一位學生（受話者）再把某件事說一次，同時又斥責另一位同學（旁聽者）不依順序說話。

對一位學生發話者而言，受話者包含了教師（通常是正式的受話者）及學生同儕（在分組的課裡，像是旁聽者；當學生應該做自己事情的時候，則像是竊聽者）。除非是在真正私密的談話情境，否則學生發話者在教室中，總是有由教師與同儕構成的雙重聽眾，也因此在某種程度上必須處理兩類聽眾的不同期待。

Michaels 和 Foster 描述了一年級的分享時段，在這樣的時段裡，教師設定規則之後，就不再主動參與。（原註九）她變成一位 Bell 所謂的竊聽者，而非正式的參與者，但是當她在做其他的事時所聽到的，仍然足以讓她在發現學生不遵守規則時適時地介入。在這種擁有同質性的同儕聽眾的情況下，某些小朋友的故事──特別是黑人女孩──成為充滿手勢，音調具有戲劇性獨白效果的「表演式敘述（performed narratives）」。這

樣的報告本身就是很有趣的，它同時也幫助我們了解學生說話者在一般的雙重聽眾情境下所需面對的複雜要求。

語言學家 Roger Shuy 有段自傳式的評論，寫到這種雙重聽眾的情形：

> 即使在教室中，被教師接受與被同儕接受之間仍然存在著一種自然的衝突。以我個人的經驗來說，我清楚的記得同儕壓力和教師期望間的衝突。避免這種衝突的策略之一，便是給老師正確的答案，但卻用不標準或不正式的英語來說。

Shuy 把教師與學生的雙重要求分別稱為「垂直」與「水平」的接受度。在口說課中的例子就是，「La Paz ain't the capital of Peru.（拉帕茲不是秘魯的首都。）」當大聲閱讀時，想避免被視為教師寵兒的閱讀者會找到某種方式讀出正確的字；但卻以一種不正式的、同儕小組間的方式讀出。（原註十）

另一個期望衝突的例子，則來自於社會語言學家 Leslie Milroy 記錄一群北愛爾蘭青少年言談的研究。在剛開始的團體訪談中，一個男孩轉變了談話風格以符合訪談情境的正式性，卻遭到同儕取笑。「下一次，他將談話風格明顯地轉向同儕語言的方向。明顯的，同儕壓力超過錄音器材與外來訪談者的影響。」（原註十一）

老師對於學生這樣的言談應有何種回應？糾正嗎？即便是溫和地？或者辨識到，學生對於這種兩難處境已發現了 Berlarks

所謂的「轉化的解決方式（transformational solution）」（曾於第五章討論），而這樣的解決方式一旦被接受，或許可以讓學生不必在同儕團體與學校間做出被迫性的選擇。（原註十二）

◀ 去脈絡化與清楚明白 ▶

在第六章，我已說過了學校的語言使用通常有著「去脈絡化（decontextualization）」的特徵。從教師評量學生言談的事件裡可以找到符合此種特徵，以及與之相關的「清楚明白（explicitness）」特徵的例子。

去脈絡化的例子之一，取自哈佛研究生 Gail Perry 對幼稚園的觀察。在討論「我們可以看到水的不同地方」時，Sharanda 提到一個特定的湖——Lake Fairfax——而不是一般性的「湖」。就像那些個人經驗的敘述，她的參與從來沒有爭取到發言權，在老師最後總結時，她的發言也沒有被承認（箭頭標示處）：

T：在那些不同的地方，我們可以看到裡面有水？

S：海洋。

T：海洋，還有什麼？

S：游泳池。

T：游泳池。

S：海。

S：湖。

T：海，湖。

Sharanda：Fairfax 湖 。

S：（錄音帶無法聽清楚）。

→T：對…河、海洋、游泳池。還有哪些地方還可以看見
　　水…？（原註十三）

　　並沒有證據指出在發展上，兒童對一般名稱（湖）感到的
困難會高於特定名稱（Lake Fairfax ）。但 Sharanda 或許並不了
解，前者——也就是較不脈絡化的語詞，在學校中擁有特權化
的地位。

　　第二個例子是來自幼稚園對於字義之後設語言的討論。當
教師要求孩子對一個字下定義時，教師可能會拒絕較有脈絡化
的答案（第一位小朋友C1提出的），而要求孩子說出古典亞里
斯多德式的，字典式的定義（C2 給的答案）：

T　：什麼是搖籃曲？

C1：是不是幫助你晚上睡覺的？

T　：但是它是什麼呢？

C2：是一種歌曲。

T　：那就對了。（原註十四）

　　有時，評量學生言談並不是在於所選擇的個別字詞，而是
在於學生所說的整件事是不是明白清楚。以下的例子，是來自
一班二年級閱讀分組的課，這個班級就是我和 Sarah Michaels 研

究分享時段的班級。課文是給初級讀者閱讀（譯註一）的故事，故事是關於早期用太空船送猴子上太空的故事。不知是巧合或是有意的計畫，上課當天正好有一艘人乘坐的太空梭發射。在故事討論中，有兩次教師要求學生把答案說得更清楚明白些。這些要求以箭頭標出。

例一：

T ：好，Jenine，關於火箭發射呢？是不是就是今天太空人要搭乘的那一艘？是同一類嗎？（Jenine 搖頭）它有什麼不同？

J ：上面有猴子。

T ：上面有猴子，那麼今天發射的火箭上面有什麼？就是太空梭。

J ：太空人。

T ：有太空人，而不是猴子。很好，好。（四十五秒鐘中斷，有三位朋友在座位上因講話而被斥責，此外，教師幫另一個孩子找了一本書）好，我們是不是都在看著第一二九頁？

Ss ：是。

T ：而 Janine 已經告訴我們今天的太空梭發射和書上火箭發射的不同是什麼，Janine？（停了四秒鐘）今天誰要上去，故事裡是誰上去了？

譯註一：basal-reader 是美國頗為盛行的一種教科書版本。

J　：太空人。

T　：告訴我。

J　：太空人今天要上去。

→T　：而在故事中——（好像是在替 Janine 説，告訴她
　　　要如何繼續）

J　：在故事中是猴子上去。

T　：好的，很好，是猴子，而不是人上了太空。

例二：

T：好，你能不能告訴我們他們是如何回到地球的？
　　告訴我們這個部分。他們是怎麼做的？他們是怎麼
　　回來的？（停了三秒）他們遠在太空，以很快的速
　　度飛行。Paul，他們是怎麼回來的？

P：他們用降落傘。他們降落在水裡。

→T：多説一些。你是説他們把降落傘放在猴子身上？

P：他們在，在火箭上用降落傘，然後下，下到水中。

T：很好。（原註十五）

　　雖然學生已在簡略化的回答中表達了對於故事的正確理解
及其與今天事件的相關性，但教師仍要求學生說出語句上更爲
延展明白的話。

◀ 自然科學的語言 ▶

　　某些學科會有特定的說話方式。以下是兩個教授自然科學的例子。第一個例子，學生並沒有採用學校的說話方式；而第二個則是學生已經學到特定的說話方式，但似乎學得太好了。

　　不適宜的言談來自英國一所完全中學裡一堂C級（較後段）的生物課。在一篇有關教室知識文章的註解中，Keddie 說道：

　　　　C 班學生如何陳述他們的意見或提問可能對老師而言…是個問題。當我對人文學科的學生報告我的研究時，我給了他們一個學生根據自己對世界的常識發問的例子…在一堂主要的課裡，學生看了胚胎在子宮中的幻燈片，然後一個C男生問到關於胚胎的問題：「但它是如何到馬桶裡去的？」後面的問題似乎是個聰明的問題，學生如果不懂得身體「功能」的概念，或許是無法問出這樣的問題的。當我給（這個例子時）…一位老師說這個男生「一定是在開玩笑」，他的話裡至少隱含著這樣的意思：這個問題對學習而言是不適切的。（原註十六）

　　更一般性地說，Keddie 認為 A 段班和 C 段班學生的不同之一就是，他們先前對於下列事項的熟悉度和願意接受的程度有

所不同：即教師對課之情境的定義，什麼才算知識，以及，我想加上一點，談論這些知識的方式。

適切的自然課談話（至少以某種學校科學的觀點來看算是適切的）的例子是來自 Lemke 對於中學自然課的研究。在這個情境裡，中學生與教師都期望自然科學應以下列幾種方式來談論：

- 一張圖表是一個原子的「表徵」而不是一張「圖」；但卻不說是誰第一個想到這個圖，或為什麼想到。

- 演化「發生了」，但卻不說是誰從一些證據中產生了這樣的理解。

- 一般而言，全然重要的人類代理人全部消失了。不是科學家做些什麼，決定些什麼，剩下的只是「它是」。

當教師藉著故事將人類代理人再次介紹到課程裡時，Lemke 發現學生格外地專注。但他同時也發現，從笑聲和開玩笑的語調顯示出，教師和學生並不認為這樣的故事是正式課程的一部分。（原註十七）

◀ 相關與簡潔 ▶

有兩項教室言談的標準（產生各種變化是非常可能的），一是要與教師定義的教室主題相關，二是簡潔的表達。在應用語言中心對於兒童功能性語言知能的研究裡，社會語言學家 Peg Griffin 和 Roger Shuy 要求教師在未定義「何謂有效率使用語言」的情形下，對學生以其使用語言的效率程度作排名。接著，在

口頭訪談中，他們給予教師一些陳述語，如，「形同領導者」，
「對教學有回應」，「成功地表達出重點」，要求教師說出哪
些學生總是這樣做，哪些有時候做，哪些幾乎沒有。在所有給
予教師的陳述語中，「成功地表達出重點」最能預測出誰是教
師認爲的「有效率的語言使用者」，也有一些老師明確的指出
在教室的言談中，相對於冗長的發言，「簡潔」是相當重要的。
（原註十八）

在許多學校外成人與孩子的會話情境中，——如用餐時、
開車時，或在廚房做事時——並沒有盡快表達出重點的壓力。
有兩個很重要的原因，使得「簡潔」在教室言談顯得如此重要，
一是教師感受到情境的壓力，教師會擔心到其他小朋友的注意
力，並想到其他也需要有機會發言的小朋友；二是教師也試著
要教學生某種特定的說話方式。

一方面，有些情境上的理由使得教師必須催逼兒童把話說
得相關而且說到重點；另一方面，有些發展上與文化上的理由
可以解釋爲什麼有些兒童很難符合這樣的期望。許多成人在與
人討論時都有這樣的經驗：等待說話的機會，而當這個機會終
於來臨時，卻發現話題已經轉移，而且自己想說的話可能不被
認爲是相關的話題。雖是如此，我們成人和兒童不一樣的地方
在於，我們有語言補救策略，也就是將我們所說的話標示爲「場
合不對」，但卻仍然值得一聽。當我們想提出一個和前面剛剛
發生的談話不相關的評論時，我們會說「順便提一下…」，「說
到…」，或更爲明確地「我想回到幾分鐘前某某先生所說的
…」。相對地，兒童則沒有使用這類後設語言的連接語——不

知是因為兒童缺乏對問題的覺知，或是不知道可能的解決方式——也因為如此，他們的談話比較容易被判定為違反規定。

聖地牙哥那個班級有個這樣的例子，社會語言學家Deborah Tanen評論Mehan的書時曾經用來當例子。在討論Mehan的「反身式嘗試（reflexive trying）」概念時，她問到，Mehan把話語歸為IRE的類別有時候是不是會扭曲了說話者的意圖，並會隱藏了說話者認為重要的一些嘗試：

> 例如，注意下列的片段。在企圖與人權領袖金恩博士（Martin Luther King Jr.）做聯結的一堂課裡，全班先討論了人們在金恩博士去世時的年紀，然後老師藉由宣佈要讀一篇故事來表示將要轉移焦點…：

啓　動（initiation）	回　應（reply）	評　量（evaluation）
T：我將要開始說金恩博士的故事。		
Greg：我媽媽在金恩博士死時只有十九歲。		T：（摸了一下 Greg 的膝蓋）

> Mehan 的分析是對的：Greg 的評論並不是對教師啓動讀故事這個動作的回應，而是啓動了另一個新話題（並且被教師以肢體動作暗示判定其為違反原則）。然而，以較廣的眼光看來，Greg 只是對於較早提出的議題作了較遲的回應，依循著前一個主題（當馬丁路德死時，老師與兒童幾歲）。（原註十九）

　　Philips 對於美國原住民社區的研究也提出：對於言談之相關性的不同認定或許可以文化的理由來解釋。她注意到在 Warm Springs 保護區的議會中，對於單一主題的回應通常非常分散，有時在半小時內也沒有明顯的關聯。她評論道：「也許值得注意的是，這樣的談話方式使得人與人之間的衝突被消音或是模糊化了。」（原註二十）

　　教師對教室話題控制的緊密度有所不同。在一項對英格蘭與澳大利亞高中課程的分析中，McHoul 發現教師不准許學生在會話中練習如何轉移話題。（原註二十一）教師們以 Mehan 所謂的「去掉旁枝（bounding off）」的方式來處理這類的嘗試：把學生的此類嘗試視為主要談話事件的邊緣序列（side sequence）。

　　我們必須同情老師在趕執行課程計畫和涵蓋課程時承受的壓力。但同時也很重要的是：我們必須記得定義什麼是上課主題，什麼與之相關，通常是非常武斷的。相關性並不像在分享時段裡，老師要求回應時所持的，判定回應是否重要的標準那樣的主觀，但仍會存在一些在理念及期待上合理化的差異。

──────────◀ **一般性的評論** ▶──────────

　　本章所提的一些被期待的學生言談標誌的例子並不具有同質性。說話時機的特徵是言談結構序列的一部分──即何時應該說話。而其他部分是選擇性（典範性）結構的一部分──即

「學業用途之英語」的形式。

　　早期 Barnes 和他的同事在英國的研究主題聚焦於中學教學的語言。Barnes 將此種教學語言分爲多種類別：是特定主題或是一般性的談話；是否解釋清楚；是在標明重要語意指涉上有概念性的功能，或只是在確認說話者角色上具有社會文化的功能。

　　如同 Barnes 所說的，概念和社會文化的功能很難區辨，因爲說者與聽者或許並不是以同樣的方式來區辨話語的功能：

　　　　從教師的觀點來看，每一件他所說的事情，對他而言多多少少都有社會文化上的功能，以支持他身爲教師或身爲數學教師的角色。然而每一件他所說的事情（理論上），也有其概念上的功能，其多少則依這些話語被用來組織課程主題的程度而定。但這只是對教師而言；對學生而言必然有所不同。每一件新事物的出現首先必須看來有其社會文化上的功能——也就是說，那是「我物理老師所提的那類事」——之後，學生如果能將這些事物用於談話、思考或寫作，它就會具有概念上的功能了。（原註二十二）

　　在比較勞動階級及中產階級言談風格時，語言學家 William Labov 在「矯飾（pretension）」和「精確（precision）」間作了類似的區辨。在一個易於尋常的作文指引中，社會學家 Howard Becker 也主張「上等語法（classy locutions）」（如同本章開始時 Kevin 建議 Sunday 使用的語言），其功能只是「儀式上的、

而不是語意上的。」（原註二十三）

　　上述的研究者並沒有說那些特定的言談模式沒有心智上的價值。他們只是要求，如同我所做的，我們必須將具有與不具有此類價值的形式區辨出來。一旦我們做了這樣的區分，我們就可以向學生解釋我們的期望，並探討能夠幫助學生學會使用那些心智上有價值之形式的策略。我猜想這類的策略必須是以下兩者的結合：有趣之脈絡化活動，以及偶爾對語言本身投注後設語言的注意。

◀ **原註** ▶

一、轉譯稿來自 Alex McLeod, personal communication, November 1986.

二、關於「取得教室中的發言權（getting the floor in the classroom）」之討論，請參閱 Philips 1983.

三、這裡有關我在大學教學的例子引自 Cazden and Hymes 1980，其中包括 Hymes 對陳述個人經驗之重要性的深入討論，他也討論了這種個人經驗的陳述，會因著情境和說話者被接受的程度而有所不同。

四、Lemke 1986, 3-4。也可參閱 Mehan 1979；Erickson and Mohatt 1982；Erickson and Shultz 1977.

五、Lemke 1986, 19.

六、Campbell 1986.

七、Edwards 1980.

八、Bell 1984.

九、Michaels and Foster 1985.

十、Shuy 1981, 以 personal communication 補充，1985.

十一、載於 Romaine 1984, 183.

十二、Berlak and Berlak 1981。其他有關學生間使用方言的差異，
見 Romaine 1984 跨國社會語言學的文獻探討；Cazden 1972
仍具相關性之教育議題的討論；Lucas and Borders 1987 關
於幼稚園、四年級、六年級方言使用的研究；以及 Hewitt
1986 英國不同方言對同儕言談影響的民族誌研究。

十三、Perry, 未出版的學期報告，哈佛大學教育研究所（Harvard
Graduate School of Education），1985.

十四、Edward 1980, 182。也請參閱 R. Watson 1985.

十五、Michaels and Cazden 1986, 133-134.

十六、Keddie 1971。熟悉英國社會學家 Basil Bernstein 的讀者也
許會發現我的一些例子可說是他的想法的一些例證。C
班學生的話語可視為跨越神聖（科學）與褻瀆（浴室）
界線的例子。教師對去脈絡化語言使用的緊迫要求，如
果用 Bernstein 的話來說，就是對「意義的一般通則（uni-
versalistic orders of meaning）」的要求。此外談話方式中
的潛在課程就是他所說的「看不見的教學（invisible ped-
agogy）」。參見 Atkinson 1986 裡更多相關的討論。

十七、Lemke 1986；載於 *The Age*, Melbourne, Australia, Septem-
ber 13, 1983.

十八、Griffin and Shuy 1978.

十九、Tannen 1981, 277.

二十、Philips 1983, 54.

二十一、McHoul 1978.

二十二、In Barnes et al. 1969. 58.

二十三、Becker 1986, 31; Labov 1972.

11

結語

在這本書的開始，我提到自己重新回到小學教師的行列，教導聖地牙哥市的兒童，以便將我所教導和撰寫的，一些關於語言和教育的想法放到實務裡，並重新思考後續研究的事。彼時，我腦海中的那些關於語言和教育的想法是關於語言的結構：它的發展、方言變化和情境的影響。如同我當時所寫的：

> 將焦點放在不考慮使用問題的語言形式之上，放在不考慮社會和認知目的之純語言方式上，不只是我曾經的作為，它同時也是整個語言發展領域曾經的作為。

　　但並不是所有關於教室語言使用的討論都有這樣的侷限，甚至在一九七○年代中期也不是如此。比如說，在英國，Connie 和 Harold Rosen 寫了《小學兒童的語言》這本書，他們的做法並不是從理論和研究出發，而是從最好的教室實務的例子開始，然後往上寫。兩位 Rosen 的書以學校情境的脈絡這一章作為開始；以樂觀地談論脈絡之社會語言學理論作為結束。他們提到，這樣的脈絡「或許可以引導教師們更精確地決定他們希望改變情境中的哪些特徵，如何改變，以便讓孩子們可以更有力量地說話，更有效果地行動。」（原註一）

　　這本書應該算是我關於我們對於教室作為教與學之語言的脈絡這件事究竟了解多少的一份過程報告。現在，在結尾時，我想強調三個提醒，當我們在思考脈絡和話語之間的關係時要注意的三點。

　　第一，脈絡和話語之間存在著兩種關係。一種關係是比較明顯的。脈絡就是說話者察覺的情境，存有於說話之前；它也是那個脈絡中的說話規則，於其間，說話者發出之語必須要適切。大部分的教室言談研究，主要是期望闡明這些導引著適切語言使用的隱含規則，這些規則是老師知道而孩子必須學習的。

　　但是，說話者不只是要合於規則，並且使他們的話語合適於先存的脈絡；他們也主動地說話以改變脈絡並創造新的脈絡，「在表現情境的同時，重新界定情境。」（原註二）我們已經看到話語和脈絡間這兩種關係的實例，也看到老師和學生都是創造脈絡之說話者的例子。

　　第二，我們需要知覺到「教室是文化」這個隱喻的極限。

假定教室是文化，強調隱含的規範，著重將老師視爲「本土
（native）」成員，強調「移民」兒童的入行儀式（induction）。
但是教室是，或說應該是，非常特殊的文化——一個充滿著變
動著的人的社區，所以我們應該特別設計環境，來支持這些人
的改變。

　　第三，脈絡是環環相扣的，從最立即的到說話的行動，一
直到較遙遠的：教室、學校、學校系統、社區等等；而且教室
脈絡絕對不會全是由參與者製造出來的。Heath 曾經寫過一篇十
分尖銳切要的序語，論及她在一九七〇年代一起工作的阿帕拉
契山區老師所受到的外在影響，來解釋爲什麼「這些老師們所
使用的方法會全然消失。」（原註三）將這種影響區隔開來暫
時不看，並將教室言談看成是自動化的過程，對於老師而言或
許是需要的，或者說至少有暫時的方便。但是那些有份於塑造
環繞教室之脈絡的人也必須理解他們的責任。

　　最後，是我這個老師想對其他老師說的話。思索這本書所
報告的研究，無可避免地會導致較大的自我意識，至少暫時地。
它對我的確有這種果效，而我但願它不必發生。我但願我們這
些做老師的能和家長一樣單憑直覺就能勝任。但就像人類學家
Edward Sapir 所解釋的，「有時我們必須去意識社會行爲的形
式，以便對已改變的情境產生更具服務性的調適。」或者，用
他更直接的話來說，分析和有意識的控制是「社會的藥，而不
是食物。」（原註四）由於教室內與外的情境，我們需要這種
更仔細的分析和有意識控制的「藥」，以便讓我們所持有的那
些關於教與學的隱含理論，能夠開放地持續接受重新修正。惟

有如此，我們才能真正地領略我們的專業和孩子。

◀ 原註 ▶

一、C. and H. Rosen 1973, 260.

二、Erickson 1975b, 484.

三、Heath 1983. 也可參考 H. Rosen 1985 的評論。

四、Sapir, 1951.

參考書目

Allington, R. L. 1980. Teacher interruption behaviors during primary grade oral reading. *Journal of Educational Psychology* 72:1–377.

———. In press. The reading instruction provided readers of differing reading abilities. *Elementary School Journal*.

Alton-Lee, A. G. 1984. Understanding learning and teaching: An investigation of pupil experience of content in relation to long-term learning. Doctoral dissertation, University of Canterbury (New Zealand). Submitted to University Microfilms.

Anderson, E. S. 1978. Learning to speak with style: A study of the sociolinguistic skills of children. Doctoral dissertation, Stanford University. University Microfilms no. 78-8755.

Anderson, R. C. 1977. The notion of schemata and the educational enterprise: General discussion of the conference. In *Schooling and the acquisition of knowledge*, edited by R. C. Anderson, R. J. Spiro, and W. E. Montague. Hillsdale, N.J.: Erlbaum.

Anderson, R. C., E. H. Hiebert, J. A. Scott, and I. A. G. Wilkinson. 1985. *Becoming a nation of readers: The report of the commission on reading*. Washington, D.C.: National Institute of Education.

Applebee, A. N., and J. A. Langer. 1983. Instructional scaffolding: Reading and writing as natural language activities. *Language Arts* 60:168–175.

Atkinson, P. 1986. *Language, structure and reproduction: An introduction to the sociology of Basil Bernstein*. New York: Methuen.

—— and S. Delamont. 1976. Mock-ups and cock-ups: The stage-management of guided discovery instruction. In *The process of schooling: A sociological reader*, edited by M. Hammersley and P. Woods. London: Routledge and Kegan Paul.

Au, K. H. 1980. Participation structures in a reading lesson with Hawaiian children: Analysis of a culturally appropriate instructional event. *Anthropology and Education Quarterly* 11:91–115.

—— and J. M. Mason. 1981. Social organizational factors in learning to read: The balance of rights hypothesis. *Reading Research Quarterly* 17:115–152.

Barnes, D. 1976. *From communication to curriculum*. London: Penguin. (Also available from Boynton/Cook, Montclair, N.J.).

——, J. Britton, and H. Rosen. 1969. *Language, the learner and the school*. Baltimore: Penguin Books. (Revised edition 1971).

——, J. Britton, and M. Torbe. 1986. *Language, the learner and the school* (3rd ed.) Harmondsworth, Middlesex, England: Penguin. (Also Upper Montclair, N.J.: Boynton/Cook Publishers.)

—— and F. Todd. 1977. *Communication and learning in small groups*. London: Routledge and Kegan Paul.

Bartlett, E. J. 1979. Curriculum, concepts of literacy, and social class. In L. B. Resnick & P. A. Weaver (Eds.), *Theory and practice of early reading* 1:229–242.

—— and S. Scribner. 1981. Text and context: An investigation of referential organization in children's written narratives. In *Writing: The nature, development and teaching of written communication*, edited by C. H. Frederiksen and J. F. Dominic. Hillsdale, N.J.: Erlbaum.

Becker, H. S. 1986. *Writing for social scientists: How to start and finish your thesis, book, or article*. Chicago: University of Chicago Press.

Bell, A. 1984. Language style as audience design. *Language in Society* 13:145–204.

Berlak, A. and H. Berlak. 1981. *Dilemmas of schooling: Teaching and social change*. London: Methuen.

Berliner, D. 1976. Impediments to the study of teacher effectiveness. *Journal of Teacher Education* 27:5–13.

Bernstein, B. 1972. A critique of the concept "compensatory education." In *Functions of language in the classroom*, edited by C. B. Cazden, V. John, and D. Hymes. New York: Teachers College Press. (Reprinted by Waveland Press, 1985.)

Black, S. D., J. A. Levin, H. Mehan, and C. N. Quinn. 1983. Real and non-real time interaction: Unraveling multiple threads of discourse. *Discourse Processes* 6:59–75.

Blank, M. 1973. *Teaching learning in the preschool: A dialogue approach*. Columbus, Ohio: Charles E. Merrill.

Bloom, B. S., ed. 1956. *Taxonomy of educational objectives: Handbook I: Cognitive domain*. New York: Longmans, Green & Co.

Boggs, S. T. 1985. *Speaking, relating and learning: A study of Hawaiian children at home and at school*. Norwood, N.J.: Ablex.

Brown, A. L., and A. S. Palincsar. 1986. Guided, cooperative learning and individual knowledge acquisition. Champaign, Ill.: Center for the Study of

Reading, Technical Report 372. Also in *Cognition and instruction: Issues and agendas*, edited by L. Resnick. Hillsdale, N.J.: Erlbaum.

Brown, P., and S. Levinson. 1978. Universals in language usage: Politeness phenomena. In *Questions and politeness: Strategies in social interaction*, edited by E. N. Goody. Cambridge: Cambridge University Press.

Brown, R. 1977. Introduction. In *Talking to children: Language input and acquisition*, edited by C. E. Snow and C. A. Ferguson. New York: Cambridge University Press.

———— and U. Bellugi. 1964. Three processes in the child's acquisition of syntax. *Harvard Educational Review* 34:133–151.

Bruner, J. 1983. *Child's talk: Learning to use language*. New York: W. W. Norton.

Calfee, R., C. B. Cazden, R. B. Duran, M. P. Griffin, M. Martus, and H. D. Willis. 1981. *Designing reading instruction for cultural minorities: The case of the Kamehameha Early Education Program*. Report to the Ford Foundation, December. ED 215 039.

Campbell, D. R. 1986. Developing mathematical literacy in a bilingual classroom. In *The social construction of literacy*, edited by J. Cook-Gumperz. Cambridge: Cambridge University Press.

Cazden, C. B. 1972. *Child language and education*. New York: Holt, Rinehart and Winston.

————. 1976. How knowledge about language helps the classroom teacher—or does it: A personal account. *Urban Review* 9:74–90.

————. 1983a. Peekaboo as an instructional model: Discourse development at school and at home. In *The sociogenesis of language and human conduct: A multidisciplinary book of readings*, edited by B. Bain. New York: Plenum.

————. 1983b. Can ethnographic research go beyond the status quo? *Anthropology and Education Quarterly*, 14: 33–41.

————. 1986. Classroom discourse. In *Handbook of research on teaching* (3rd ed.), edited by M. E. Wittrock. New York: Macmillan.

————. In press a. Environmental assistance revisited: Variation and functional equivalence. In *The development of language and language researchers*, edited by F. Kessel. Hillsdale, N.J.: Erlbaum.

————. In press b. Language in the classroom. In *Annual review of applied linguistics*. Vol. 7, 1986–87, edited by R. Kaplan. Rowley, Mass.: Newbury House.

————, M. Cox, D. Dickinson, Z. Steinberg, and C. Stone. 1979. "You all gonna hafta listen": Peerteaching in a primary classroom. In *Children's language and communication. Twelfth Annual Minnesota Symposium on Child Development*, edited by W. A. Collins. Hillsdale, N.J.: Erlbaum.

———— and D. Hymes. 1980. Narrative thinking and storytelling rights: A folklorist's clue to a critique of education. In D. Hymes, *Language in education: Ethnolinguistic essays*. Washington, D.C.: Center for Applied Linguistics.

————, V. P. John, and D. Hymes, eds. 1972. *Functions of language in the classroom*. New York: Teachers College Press. (Reprinted by Waveland Press, 1985.)

————, S. Michaels, and P. Tabors. 1985. Self-repair in Sharing Time narratives: The intersection of metalinguistic awareness, speech event and narrative style. In *The acquisition of writing: Revision and response*, edited by S. W. Freedman. Norwood, N.J.: Ablex.

Chaudron, C. 1980. Those dear old golden rule days. *Journal of Pragmatics* 4: 157–172.

Chomsky, C. 1972. Stages in language development and reading exposure. *Harvard Educational Review* 42:1–33.

Chomsky, N. 1957. *Syntactic structures.* The Hague: Mouton.

Cicourel, A. V., K. H. Jennings, S. H. H. Jennings, K. C. W. Leiter, R. Mackay, H. Mehan, and D. R. Roth. 1974. *Language use and school performance.* New York: Academic Press.

Clay, M. M. 1985. *The early detection of reading difficulties* (3rd ed.). Auckland (New Zealand) and Portsmouth, N.H.: Heinemann.

Cochran-Smith, M. 1983. *The making of a reader.* Norwood, N.J.: Ablex.

———. 1986. Reading to children: A model for understanding texts. In *The acquisition of literacy: Ethnographic perspectives,* edited by B. B. Schieffelin and P. Gilmore. Norwood, N.J.: Ablex.

Cohen, E. G. 1986. *Designing group work-strategies for the heterogeneous classroom.* New York: Teachers College Press.

Collins, J. P. 1982. Discourse style, classroom interaction and differential treatment. *Journal of Reading Behavior* 14:429–437.

———. 1986. Differential instruction in reading. In *The social construction of literacy,* edited by J. Cook-Gumperz. Cambridge: Cambridge University Press.

Connell, R. W., D. J. Ashenden, S. Kessler, and G. W. Dowsett. 1982. *Making the difference: Schools, families and social division.* Sydney: Allen and Unwin.

Cooper, C. R., A. Marquis, and S. Ayers-Lopez. 1982. Peer learning in the classroom: Tracing developmental patterns and consequences of children's spontaneous interactions. In *Communicating in the classroom,* edited by L. C. Wilkinson. New York: Academic Press.

Cuban, L. 1984. *How teachers taught: Constancy and change in American classrooms 1890–1980.* New York: Longmans.

Cunningham, P. M. 1976–77. Teachers' correction responses to black-dialect miscues which are non-meaning-changing. *Reading Research Quarterly* 12: 637–653.

Delamont, S. 1983. *Interaction in the classroom.* London: Methuen.

Dickinson, D. K. 1985. Creating and using formal occasions in the classroom. *Anthropology and Education Quarterly* 16:47–62.

Dillon, J. T. 1983. *Teaching and the art of questioning.* Bloomington, Indiana: Phi Delta Kappa Educational Foundation.

———. 1985. Using questions to foil discussion. *Teaching and Teacher Education* 1:109–121.

Dinsmore, D. F. 1986. "Has anyone got any news?": The nature of "News Times" in an infants' class. Ms., University of Lancaster.

Dorr-Bremme, D. W. 1982. Behaving and making sense: Creating social organization in the classroom. Doctoral dissertation, Harvard University. UMI #82-23, 203.

Duckworth, E. 1981. Understanding children's understandings. Paper presented at the Ontario Institute for Studies in Education, Toronto.

Dunkin, M. J., and B. J. Biddle. 1974. *The study of teaching.* New York: Holt, Rinehart and Winston.

Eder, D. 1982a. The impact of management and turn-allocation activities on student performance. *Discourse Processes* 5:147–159.

————. 1982b. Difference in communicative styles across ability groups. In *Communicating in the classroom*, edited by L. C. Wilkinson. New York: Academic Press.

Edwards, A. D. 1980. Patterns of power and authority in classroom talk. In *Teacher strategies: Explorations in the sociology of the school*, edited by P. Woods. London: Croom Helm.

———— and J. J. Furlong. 1978. *The language of teaching: Meaning in classroom interaction*. London: Heinemann.

Engeström, Y. 1986. The zone of proximal development as the basic category in educational psychology. *Quarterly Newsletter of the Laboratory of Comparative Human Cognition* 8:23–42.

Erickson, F. 1975a. Gate-keeping and the melting pot: Interaction in counseling interviews. *Harvard Educational Review* 45:44–70.

————. 1975b. Afterthoughts. In *The organization of behavior in face-to-face interaction*, edited by A. Kendon, R. M. Hams, and M. R. Key. The Hague: Mouton.

————. 1982a. Taught cognitive learning in its immediate environment: A neglected topic in the anthropology of education. *Anthropology and Education Quarterly* 13:149–180.

————. 1982b. Classroom discourse as improvisation: Relationships between academic task structure and social participation structures in lessons. In *Communicating in the classroom*, edited by L. C. Wilkinson. New York: Academic Press.

————. 1984. School literacy, reasoning and civility: An anthropologist's perspective. *Review of Educational Research* 54:525–546.

————, C. B. Cazden, R. Carrasco, and A. Maldonado-Guzman. 1983. Social and cultural organization of interaction in classrooms of bilingual children. Final report to the National Institute of Education.

———— and G. Mohatt. 1982. Cultural organization of participant structures in two classrooms of Indian students. In *Doing the ethnography of schooling: Educational anthropology in action*, edited by G. D. Spindler. New York: Holt, Rinehart and Winston.

———— and J. Shultz. 1977. When is a context? Some issues and methods in the analysis of social competence. *Quarterly Newsletter of the Institute for Comparative Human Development* 1:5–10. Also in *Ethnography and language in educational settings*, edited by J. Green and C. Wallat. Norwood, N.J.: Ablex.

———— and J. Shultz. 1982. *The counselor as gatekeeper: Social interaction in interviews*. New York: Academic Press.

Everhart, R. B. 1983. *Reading, writing and resistance: Adolescence and labor in a junior high school*. Boston: Routledge and Kegan Paul.

Fischer, K. W., and D. Bullock. 1984. Cognitive development in school-age children: Conclusions and new directions. In *Development during middle childhood: The years from six to twelve*, edited by W. A. Collins. Washington, D.C.: National Academy Press.

Fish, S. 1980. *Is there a text in this class? The authority of interpretive communities*. Cambridge, Mass.: Harvard University Press.

Fivush, R. 1984. Learning about school: The development of kindergartners' school scripts. *Child Development* 55:1697–1709.

Florio, S. 1978. Learning how to go to school: An ethnography of interaction in a kindergarten/first grade classroom. Doctoral dissertation, Harvard University.

Forman, E. A. 1981. The role of collaboration in problem solving in children. Doctoral disseration, Harvard University.

———— and C. B. Cazden. 1985. Exploring Vygotskyian perspectives in education: The cognitive value of peer interaction. In *Culture, communication and cognition: Vygotskian perspectives*, edited by J. V. Wertsch. New York: Cambridge University Press.

Foster, M. 1987. "It's cookin' now": An ethnographic study of the teaching skills of a successful black teacher in an urban community college. Doctoral dissertation, Harvard University.

Freire, P. 1982. *Pedagogy of the oppressed*. New York: Continuum.

French, P., and M. Maclure. 1981. Teachers' questions, pupils' answers: An investigation of questions and answers in the infant classroom. *First Language* 2: 31–45. Reprinted in *Readings on language, schools and classrooms*, edited by M. Stubbs and H. Hillier. London: Methuen, 1983.

Fuchs, E. 1966. *Pickets at the gates*. New York: Free Press.

Gage, N. L. 1977. *The scientific basis of the art of teaching*. New York: Teachers College Press.

Gall, M. D. 1970. The use of questioning in teaching. *Review of Educational Research* 40:707–720.

Galton, M., B. Simon, and P. Croll. 1980. *Inside the primary classroom*. Boston: Routledge and Kegan Paul.

Garnica, O. K. 1981. Social dominance and classroom interaction—The omega child in the classroom. In *Ethnography and language in educational settings*, edited by J. Green and C. Wallat. Norwood, N.J.: Ablex.

Gee, J. P. 1985. The narrativization of experience in the oral style. *Journal of Education* 167:9–35.

————. 1986. Units in the production of discourse. *Discourse Processes* 9:391–422.

————. In press. Two styles of narrative construction and their linguistic and educational implications. *Discourse Processes*.

Gelman, R. 1978. Cognitive development. *Annual Review of Psychology* 29:297–332.

Goffman, E. 1961. *Encounters: Two studies in the sociology of interaction*. Indianapolis: Bobbs-Merrill.

Goodlad, J. I. 1983. A study of schooling: Some findings and hypotheses. *Phi Delta Kappan* 64:465–470.

————. 1984. *A place called school: Prospects for the future*. New York: McGraw-Hill.

Goodwin, C. 1981. *Conversational organization: Interaction between speakers and hearers*. New York: Academic Press.

Graybeal, S. S., and S. S. Stodolsky. 1985. Peer work groups in elementary schools. *American Journal of Education* 93:409–428.

Griffin, P., M. Cole, and D. Newman. 1982. Locating tasks in psychology and education. *Discourse Processes* 5:111–125.

—— and H. Mehan. 1981. Sense and ritual in classroom discourse. In *Conversational routine: Explorations in standardized communication situations and pre-patterned speech*, edited by F. Coulmas. The Hague: Mouton.

—— and R. Shuy. 1978. *Final report to Carnegie Corporation of New York: Children's functional language and education in the early years*. Washington, D.C.: Center for Applied Linguistics.

Groen, G. J., and L. B. Resnick. 1977. Can preschool children invent addition algorithms? *Journal of Educational Psychology* 69:645–652.

Gumperz, J. J. 1970. Verbal strategies in multilingual communication. In *Roundtable on languages and linguistics 1970*, edited by J. E. Alatis. Washington, D.C.: Georgetown University Press.

Hahn, E. 1948. An analysis of the content and form of the speech of first grade children. *Quarterly Journal of Speech* 34:361–366.

Hall, E. T. 1959. *The silent language*. Greenwich, Conn.: Premier Books.

Halliday, M. A. K. 1978. *Language as social semiotic: The social interpretation of language and meaning*. Baltimore: University Park Press.

Hammersley, M. 1977. School learning: The cultural resources required by pupils to answer a teacher's question. In *School experience: Explorations in the sociology of education*, edited by P. Woods and M. Hammersley. London: Croom Helm.

Hardcastle, J. 1985. Classrooms as sites for cultural making. *English in Education* (Autumn) 8–22.

Hargreaves, D. H. 1980. The occupational culture of teachers. In *Teacher strategies: Explorations in the sociology of school*, edited by P. Woods. London: Croom Helm.

Harris, S. 1977. Milimgimbi Aboriginal learning contexts. Doctoral dissertation, University of New Mexico.

——. 1980. *Culture and learning: Tradition and education in Northeast Arnheim Land*. Darwin (Australia): Northern Territory Department of Education, Professional Services Branch.

Hatch, J. A. 1986. Alone in a crowd. Ms., Ohio State University at Marion.

Hawkins, J., K. Scheingold, M. Gearhart, and C. Berger. 1982. Microcomputers in schools: Impact on the social life of elementary classrooms. *Journal of Applied Developmental Psychology* 3:361–373.

Heap, J. L. 1986. Sociality and cognition in collaborative computer writing. Paper presented at the University of Michigan School of Education Conference on Literacy and Culture in Educational Settings.

Heath, S. B. 1978. *Teacher talk: Language in the classroom*. Washington D.C.: Center for Applied Linguistics.

——. 1982a. What no bedtime story means: Narrative skills at home and school. *Language in Society* 11:49–76.

——. 1982b. Questioning at home and at school: A comparative study. In *Doing the ethnography of schooling: Educational anthropology in action*, edited by G. Spindler. New York: Holt, Rinehart and Winston.

——. 1983. *Ways with words: Language, life, and work in communities and classrooms*. Cambridge: Cambridge University Press.

Helmreich, W. B. 1982. *The world of the yeshiva: An intimate portrait of Orthodox Jewry.* New York: Free Press.

Hemphill, L. 1986. Context and conversational style: A reappraisal of social class differences in speech. Doctoral dissertation, Harvard University. UMI #86-20, 703.

Hess, R. D., W. P. Dickson, G. G. Price, and D. J. Leong. 1979. Some contrasts between mothers and preschool teachers in interaction with 4-year-old children. *American Educational Research Journal* 16:307–316.

Hewitt, R. 1986. *White talk black talk: Interracial friendship and communication among adolescents.* Cambridge: Cambridge University Press.

Heyman, R. D. 1986. Formulating topic in the classroom. *Discourse Processes* 9: 37–55.

Hoetker, J., and W. P. Ahlbrand, Jr. 1969. The persistence of the recitation. *American Educational Research Journal* 6:145–167.

Hymes, D. 1971. Competence and performance in linguistic theory. In *Language acquisition: Models and methods,* edited by R. Huxley and E. Ingram. New York: Academic Press.

———. 1972a. Introduction. In *Functions of language in the classroom,* edited by C. B. Cazden et al. New York: Teachers College Press. Reprinted by Waveland Press, 1985.

———. 1972b. Models of the interaction of language and social life. In *Directions in sociolinguistics: The ethnography of communication,* edited by J. J. Gumperz and D. Hymes. New York: Holt, Rinehart, and Winston.

———. 1981a. Ethnographic monitoring of children's acquisition of reading/language arts skills in and out of the classroom. Final report to the National Institute of Education. ED 208 096.

———. 1981b. Ethnographic monitoring. In *Culture and the bilingual classroom: Studies in classroom ethnography,* edited by H. T. Trueba et al. Rowley, Mass.: Newbury House.

———. 1982. Ethnolinguistic study of classroom discourse. Final report to the National Institute of Education. ED 217-710.

Irvine, J. T. 1979. Formality and informality in communicative events. *American Anthropologist* 81:773–790.

———. 1986. Review of *Conversational routine: Explorations in standardized communication situations and prepatterned speech,* edited by Florian Coulmas. *Language in Society* 15:241–245.

Istomina, Z. M. 1975. The development of voluntary memory in pre-school age children. *Soviety Psychology* 13: 5–64.

Jackson, P. W. 1968. *Life in classrooms.* New York: Holt, Rinehart, and Winston.

Jordan, C. 1985. Translating culture: From ethnographic information to educational program. *Anthropology and Education Quarterly* 16:105–123.

———, R. Tharp, and L. Vogt. 1985. Compatibility of classroom and culture: General principles, with Navajo and Hawaiian instances. Pre-publication draft, Kamehameha Schools/Bishop Estate: Center for Development of Early Education.

Kamii, C., and R. deVries. 1980. *Group games in early education.* Washington, D.C.: National Association for the Education of Young Children.

Kamler, B. 1980. One child, one teacher, one classroom: The story of one piece of writing. *Language Arts* 57:680–693.

Keddie, N. 1971. Classroom knowledge. In *Knowledge and control: New directions in the sociology of education*, edited by M. F. D. Young. London: Collier Macmillan.

Kelly, A. In press. Gender differences in teacher-pupil interactions: A meta-analytic review. *Research in Education*.

Kleinfeld, J. 1975. Positive stereotyping: The cultural relativist in the classroom. *Human Organization* 34:269–274.

———. 1983. First do no harm: A reply to Courtney Cazden. *Anthropology and Education Quarterly* 14:282–287.

Kuhn, M. 1984. A discourse analysis of discussions in the college classroom. Doctoral dissertation, Harvard University. UMI #84-21, 215.

Kuhn, T. S. 1970. *The structure of scientific revolutions*, 2d ed. Chicago: University of Chicago Press.

Labov, W. 1972. The logic of nonstandard English. In W. Labov, *Language in the inner city: Studies in the black English vernacular*. Philadelphia: University of Pennsylvania Press.

———. 1982. Competing value systems in the inner-city schools. In *Children in and out of school: Ethnography and education*, edited by P. Gilmore and A. Glatthorn. Washington D.C.: Center for Applied Linguistics.

Lambert, W. E., R. C. Hodgson, R. C. Gardner, and S. Fillenbaum. 1960. Evaluational reactions to spoken languages. *Journal of Abnormal and Social Psychology* 60:44–51.

Lashley, K. S. 1961. The problem of serial order in behavior. In *Psycholinguistics: A book of readings*, ed. by S. Saporta. New York: Holt, Rinehart and Winston.

Lazarus, P., and S. L. Homer. 1981. Sharing time in kindergarten: Conversation or question-answer session? *Journal of the Linguistic Association of the Southwest* 4:76–1000. ED 194 930.

Leinhardt, G., C. Weidman, and K. M. Hammond. In press. Introduction and integration of classroom routines by expert teachers. *Curriculum Inquiry*.

Lemish, D., and M. L. Rice. 1986. Television as a talking picture book: A prop for language acquisition. *Journal of Child Language* 13:251–274.

Lemke, J. L. 1982. Classroom and communication of science. Final report to NSF/RISE, April. ED 222 346.

———. 1986. *Using language in classrooms*. Victoria, Australia: Deakin University Press.

———. In press. The language of classroom science. In *Locating learning across the curriculum*, ed. by C. Emihovich. Norwood, N.J.: Ablex.

Leont'ev, A. N. 1981. The problem of activity in psychology. In *The concept of activity in Soviet psychology*, edited by J. V. Wertsch. Armonk, N.Y.: M. E. Sharpe.

LeVine, R. A., and M. I. White. 1986. *Human conditions: The cultural basis of educational development*. New York: Routledge and Kegan Paul.

Levinson, S. 1979. Activity types and language. *Linguistics* 17:365–399.

Linguametrics Groups. N.d. Finding out/descubrimiento: Science and mathematics for primary age students. San Rafael, Calif.: Author.

Lipsky, M. 1980. *Street-level bureaucracy: Dilemmas of the individual in public services.* New York: Russell Sage Foundation.

Lucas, C., and D. Borders. 1987. Language diversity and classroom discourse. *American Educational Research Journal* 24: 119–141.

Lundgren, U. P. 1977. *Model analysis of pedagogical processes.* Stockholm: Stockholm Institute of Education, Department of Educational Research.

Malcolm, I. 1979. The West Australian Aboriginal child and classroom interaction: A sociolinguistic approach. *Journal of Pragmatics* 3:305–320.

———. 1982. Speech events of the Aboriginal classroom. *International Journal of Sociology of Language* 36:115–134.

Maldonado-Guzman, A. 1983. An ethnographic framework for analyzing differential treatment in the classroom. In *Social and cultural organization of interaction in classrooms of bilingual children,* edited by F. Erickson et al. Final report to the National Institute of Education.

———. 1984. A multidimensional ethnographic study of teachers' differential treatment of children in two Mexican American classrooms: The dynamics of teachers' consciousness and social stratification. Doctoral dissertation, Harvard University. UMI #84-21, 194.

Manuilenko, Z. V. 1975. The development of voluntary behavior in preschool-age children. *Soviet Psychology* 13(4):65–116.

Martin, G. 1987. A letter to Bread Loaf. In *Reclaiming the classroom: Teacher research as an agency for change,* edited by D. Goswami and P. S. Stillman. Upper Montclair, N.J.: Boynton/Cook Publishers.

McDermott, R. P. 1977. The ethnography of speaking and reading. In *Linguistic Theory: What can it say about reading,* edited by R. Shuy. Newark, Del.: International Reading Association.

———. 1978. Pirandello in the classroom: On the possibility of equal educational opportunity in American culture. In *Futures of exceptional children: Emerging structures,* edited by M. C. Reynolds. Reston, Va.: Council for Exceptional Children.

——— and K. Gospodinoff. 1979. Social contexts for ethnic borders and school failure. In *Nonverbal behavior: Application and cultural implications,* edited by A. Wolfgang. New York: Academic Press. Also in *Culture and the bilingual classroom: Studies in classroom ethnography,* edited by H. T. Trueba et al. Rowley, Mass.: Newbury House, 1981.

McHoul, A. 1978. The organization of turns at formal talk in the classroom. *Language in society* 7:182–213.

McHoul, A. W., and D. K. Watson. 1984. Two axes for the analysis of "commonsense" and "formal" geographical knowledge in classroom talk. *British Journal of Sociology of Education* 5:281–302.

McLeod, A. 1986. Critical literacy: Taking control of our own lives. *Language Arts* 63:37–50.

McNamee, G. D. 1979. The social interactive origins of narrative skills. *Quarterly Newsletter of the Laboratory of Comparative Human Cognition* (University of California at San Diego) 1 (4): 63–68.

———. 1980. *The social origin of narrative skills.* Doctoral dissertation, Northwestern University.

McNaughton, S., and T. Glynn. 1980. *Behavioral analysis of educational settings:*

Current research trends in New Zealand. New Zealand Association for Research in Education, Delta Research Monographs no. 3.

———. 1981. Delayed versus immediate attention to oral reading errors: effects on accuracy and self-correction. *Educational psychology* 1 (1): 57–65.

Mehan, H. 1978. Structuring school structure. *Harvard Educational Review* 48: 32–64.

———. 1979. *Learning lessons*. Cambridge, Mass.: Harvard University Press.

———. 1980. The competent student. *Anthropology and Education Quarterly* 11: 131–152.

Meier, T. 1985. The social dynamics of writing development: An ethnographic study of writing development and classroom dialogue in a basic writing class. Doctoral dissertation, Harvard University. UMI #86-01, 984.

Merritt, M. 1982a. Distributing and directing attention in primary classrooms. In *Communicating in the classroom*, edited by L. C. Wilkinson. New York: Academic Press.

———. 1982b. Repeats and reformulations in primary classrooms as windows on the nature of talk engagement. *Discourse Processes* 5:127–145.

——— and F. Humphrey. 1979. Teacher, talk and task: Communicative demands during individualized instruction time. *Theory into Practice* 18:298–303.

Michaels, S. 1981. "Sharing time": Children's narrative styles and differential access to literacy. *Language in Society* 10:423–442.

———. 1983. Influences on children's narratives. *Quarterly Newsletter of the Laboratory of Comparative Human Cognition* 5:30–34.

———. 1985a. Classroom processes and the learning of text editing commands. *Quarterly Newsletter of the Laboratory of Comparative Human Cognition* 7:70–79.

———. 1985b. Hearing the connections in children's oral and written discourse. *Journal of Education* 167:36–56.

———. 1986. Narrative presentations: An oral preparation for literacy with first graders. In *The social construction of literacy*, edited by J. Cook-Gumperz. Cambridge: Cambridge University Press.

——— and C. B. Cazden. 1986. Teacher/child collaboration as oral preparation for literacy. In *The acquisition of literacy: Ethnographic perspectives*, edited by B. B. Schieffelin. Norwood, N.J.: Ablex.

——— and M. Foster. 1985. Peer-peer learning: Evidence from a kid-run sharing time. In *Kid watching: Observing the language learner*, edited by A. Jagger and M. Smith-Burke. Urbana, Ill.: National Council of Teachers of English.

Miller, P., A. Nemoianu, and J. DeJong. 1986. Early reading at home: Its practice and meanings in a working-class community. In *The acquisition of literacy: Ethnographic perspectives*, edited by B. B. Schieffelin and P. Gilmore. Norwood, N.J.: Ablex.

Moffett, J., and B. J. Wagner. 1976. *Student-centered language arts and reading: A handbook for teachers*. Boston: Houghton Mifflin.

Moll, L. C., E. Estrada, E. Diaz, and L. M. Lopes. 1980. The organization of bilingual lessons: Implication for schooling. *Quarterly Newsletter of the Laboratory of Comparative Human Cognition* 2:53–58.

National Association of Teachers of English (NATE). N.d. *The first twenty-one years: 1963–1984*. Sheffield, England: NATE.

National Institute of Education. 1974. Conference on studies in teaching. Report of Panel 5: Teaching as a linguistic process in a cultural setting. ED 111 805.

Newman, D., P. Griffin, and M. Cole. 1984. Laboratory and classroom tasks: Social constraints and the evaluation of children's performance. In *Everyday cognition: Its development in social contexts*, edited by B. Rogoff and J. Lave. Cambridge, Mass.: Harvard University Press.

Ninio, A., and J. Bruner. 1978. The achievement and antecedents of labeling. *Journal of Child Language* 5:1–15.

Ochs, E. 1979a. Planned and unplanned discourse. In *Syntax and semantics*. Vol. 12. *Discourse and syntax*, edited by T. Given. New York: Academic Press.

———. 1979b. Transcription as theory. In *Developmental pragmatics*, edited by E. Ochs and B. B. Schieffelin. New York: Academic Press.

Osborne, R., and P. Freyberg. 1986. *Learning in science: The implications of children's science*. Portsmouth, N.H.: Heinemann.

Paley, V. 1981. *Wally's stories*. Cambridge, Mass.: Harvard University Press.

Palincsar, A. S. 1986. The role of dialogue in providing scaffolded instruction. *Educational Psychologist* 21:73–98.

Pearson, D. P., and M. C. Gallagher. 1983. The instruction of reading comprehension. *Contemporary Educational Psychology* 8:317–344.

Perret-Clermont, A. N. 1980. *Social interaction and cognitive development in children*. New York: Academic Press.

Philips, S. 1972. Participant structures and communicative competence: Warm Springs children in community and classroom. In *Functions of language in the classroom*, edited by C. B. Cazden et al. New York: Teachers College Press. Reprinted by Waveland Press, 1985.

———. 1983. *The invisible culture: Communication in the classroom and community on the Warm Springs Indian Reservation*. White Plains, N.Y.: Longman.

Piaget, J. 1950. *The psychology of intelligence*. London: Routledge and Kegan Paul.

———. 1959. *The language and thought of the child*. 3d ed. London: Routledge and Kegan Paul.

———. 1980. Foreword. In C. Kamii and R. DeVries, *Group games in early education*. Washington, D.C.: National Association for the Education of Young Children.

Pratt, M. L. 1977. *Toward a speech act theory of literary discourse*. Bloomington: Indiana University Press.

Purves, A. C., and W. C. Purves. 1986. Viewpoints: Cultures, text models, and the activity of writing. *Research in the Teaching of English* 20:174–197.

Quinn, C. N., H. Mehan, J. A. Levin, and S. D. Black. 1983. Real education in non-real time: The use of electronic message systems for instruction. *Instructional Science* 11: 313–327.

Ratner, N., and J. Bruner. 1978. Games, social exchange and the acquisition of language. *Journal of Child Language* 5:391–401.

Redfield, D. L., and E. W. Rousseau. 1981. A meta-analysis of experimental research on teacher questioning behavior. *Review of Educational Research* 51: 237–245.

Resnick, L. B. 1979. Theories and prescriptions for early reading instruction. In *Theory and practice of early reading*. Vol. 2, edited by L. B. Resnick and P. A. Weaver. Hillsdale, N.J.: Erlbaum.

————. 1985. Cognition and instruction: Recent theories of human competence and how it is acquired. In *Psychology and learning: The Masser lecture series*. Vol. 4, edited by B. L. Hammond. Washington, D.C.: American Psychological Association.

Robbins, A. 1977. Fostering equal-status interaction through the establishment of consistent staff behaviors and appropriate situational norms. Unpublished doctoral dissertation, Stanford University.

Romaine, Suzanne. 1984. *The language of children and adolescents*. New York: Basil Blackwell.

Rosen, C., and H. Rosen. 1973. *The language of primary school children*. Baltimore: Penguin.

Rosen, H. 1984. *Stories and meanings*. Sheffield, England: National Association for the Teaching of English. (Also Upper Montclair, N.J.: Boynton/Cook Publishers.)

————. 1985. Review of S. B. Heath, *Ways with words*. *Harvard Educational Review* 55: 448–456.

Rosenfeld, P., N. M. Lambert, and A. Black. 1985. Desk arrangement effects on pupil classroom behavior. *Journal of Educational Psychology* 77: 101–108.

Rowe, M. B. 1986. Wait time: Slowing down may be a way of speeding up! *Journal of Teacher Education* 37:43–50.

Ryan, J. 1974. Early language development: Towards a communicational analysis. In M. P. M. Richards, *The integration of a child into a social world*. London: Cambridge University Press.

Sacks, H., E. A. Schegloff, and G. Jefferson. 1974. A simplest systematics for the organization of turn-taking in conversation. *Language* 50:696–735.

Saint-Exupéry, A. 1943. *The little prince*. New York: Harcourt, Brace, Jovanovich.

Sapir, E. 1951. The unconscious patterning of behavior in society. In *Selected writings of Edward Sapir*, edited by D. G. Mandelbaum. Berkeley: University of California Press.

Schegloff, E. 1972. Notes on a conversational practice: Formulating place. In *Studies in social interaction*, edited by D. Sudnow. New York: Free Press. Also in *Language and social context*, edited by P. P. Giglioli. Harmondsworth, England: Penguin.

Schofield, J. W. 1982. *Black and white in school: Trust, tension, or tolerance?* New York: Praeger.

Schön, D. 1983. *The reflective practitioner: How professionals think in action*. New York: Basic Books.

Searle, D. 1984. Scaffolding: Who's building whose building? *Language Arts* 61: 480–483.

Shavelson, R. J., and P. Stern. 1981. Research on teachers' pedagogical thoughts, judgments, decisions, and behavior. *Review of Educational Research* 51:455–498.

Sheingold, K., J. Hawkins, and C. Char. 1984. "I'm the thinkist, you're the typist": Social life of classrooms. *Journal of Social Issues* 40:49–61.

Shulman, L. S. 1981. Educational psychology returns to school. Invited address, American Psychological Association, Los Angeles.

Shultz, J. 1979. It's not whether you win or lose, it's how you play the game: A microethnographic analysis of game-playing in a kindergarten/first grade classroom. In *Language, children and society*, edited by O. K. Garnica and M. L. King. New York: Pergamon.

————. N.d. The child as student, the student as child. Ms., University of Cincinnati.

———— and S. Florio. 1979. Stop and freeze: the negotiation of social and physical space in a kindergarten/first grade classroom. *Anthropology and Education Quarterly* 10:166–181. ED 181 008.

Shuy, R. 1981. Learning to talk like teachers. *Language Arts* 58: 168–174.

Sinclair, J. McH., and R. M. Coulthard. 1975. *Towards an analysis of discourse: The English used by teachers and pupils*. London: Oxford University Press.

Slaughter, H. B., and A. T. Bennett. 1982. Methods of analyzing samples of elicited discourse in English and Spanish for determining student language proficiency. Final Report to the Inter-America Research Associates and the National Institute of Education.

Smitherman, G. 1977. *Talkin' and testifyin': The language of black America*. Boston: Houghton Mifflin. Reprint, Detroit: Wayne University Press, 1986.

Snow, C. E. 1977. Mothers' speech research: From input to interaction. In *Talking to children: Input and acquisition*, edited by C. E. Snow and C. A. Ferguson. New York: Cambridge University Press.

————. 1983. Literacy and language: Relationships during the preschool years. *Harvard Educational Review* 53:165–189.

———— and C. A. Ferguson, eds. 1977. *Talking to children: Input and acquisition*. New York: Cambridge University Press.

———— and B. A. Goldfield. 1982. Building stories: The emergence of information structures from conversation. In *Analyzing discourse: Text and talk. Georgetown University Round Table on Language and Linguistics, 1981*, edited by D. Tannen. Washington, D.C.: Georgetown University Press.

Sowers, S. 1984a. Learning to write in a workshop: A study in grades one through four. In *Advances in writing research*. Vol. 1. *Children's early writing development*, edited by M. Farr. Norwood, N.J.: Ablex.

————. 1984b. Theoretical perspectives on the writing conference. Qualifying Paper, Harvard Graduate School of Education.

Speier, M. 1976. The child as conversationalist: Some culture contact features of conversational interactions between adults and children. In *The process of schooling: A sociological reader*, edited by M. Hammersley and P. Woods. London: Routledge and Kegan Paul in association with The Open University.

Staton, J., R. Shuy, J. Kreeft, and L. Reed. 1983. *Analysis of dialogue journal writing as a communicative event*. Washington D.C.: Center for Applied Linguistics.

Stoddard, J. F. 1860. *Stoddard's American intellectual arithmetic*. New York: Sheldon.

Stodolsky, S. S., T. L. Ferguson, and K. Wimpelberg. 1981. The recitation persists, but what does it look like? *Journal of Curriculum Studies* 13:121–130.

Streeck, J. 1983. *Social order in child communication: A study in microethnography*. Amsterdam and Philadelphia: John Benjamins.

————. 1984. Embodied contexts, transcontextuals, and the timing of speech acts. *Journal of Pragmatics* 8:113–137.

Stubbs, M. 1976. Keeping in touch: Some functions of teacher-talk. In *Explorations in classroom observation*, edited by M. Stubbs and S. Delamont. London: John Wiley. Revised version, chap. 3 in Stubbs 1983.

————. 1983a. *Discourse analysis: The sociolinguistic analysis of natural language.* Chicago: University of Chicago Press.

————. 1983b. *Language, schools and classrooms.* London: Methuen.

———— and S. Delamont, eds. 1976. *Explorations in classroom observation.* London: John Wiley.

———— and H. Hillier, eds. 1983. *Language, schools and classrooms: A reader.* London: Methuen.

Tannen, D. 1981. Review of H. Mehan, *Learning lessons. Language in society* 10:274–278.

Tharp, R. G., C. Jordan, G. E. Speidel, K. H.-P. Au, T. W. Klein, R. P. Calkins, K. C. M. Sloat, and R. Gallimore. 1984. Product and process in applied developmental research: Education and the children of a minority. *Advances in Developmental Psychology* 3:91–144.

Tizard, B. 1986. The care of young children: Implications of recent research. London: Institute of Education, Thomas Coram Research Unit Working and Occasional Papers.

———— and M. Hughes. 1984. *Young children learning.* Cambridge, Mass.: Harvard University Press.

Tobin, K. 1986. Effects of teacher wait time on discourse characteristics in mathematic and language arts classes. *American Educational Research Journal* 23: 191–200.

Tracy, K. 1984. Staying on topic: An explication of conversational relevance. *Discourse Processes* 7:447–464.

Trujillo, C. M. 1986. A comparative examination of classroom interactions between professors and minority and non-minority college students. *American Educational Research Journal* 23:629–642.

Vygotsky, L. S. 1962. *Thought and language.* Cambridge, Mass.: MIT Press.

————. 1978. *Mind in society: The development of higher psychological processes.* Cambridge, Mass.: Harvard University Press.

————. 1981. The genesis of higher mental functions. In *The concept of activity in Soviet psychology*, edited by J. V. Wertsch. Armonk, N.Y.: M. E. Sharpe.

Walker, R. 1978. Pine City. In *Case studies in science education.* Vol. 1. *The case reports*, edited by R. E. Stake and J. A. Easley. Urbana-Champaign: Univ. of Illinois, Center for Instructional Research and Curriculum Evaluation.

———— and C. Adelman. 1976. Strawberries. In *Explorations in classroom observation*, edited by M. Stubbs and S. Delamont. New York: John Wiley and Sons.

———— and I. Goodson. 1977. Humour in the classroom. In *School experience: Explorations in the sociology of education*, edited by P. Woods and M. Hammersley. London: Croom Helm.

Waller, W. 1932. *The sociology of teaching.* New York: John Wiley.

Watson, K., and R. Young. 1980. Teacher reformulations of pupil discourse. *Australian Review of Applied Linguistics* 3:37–47.

————. 1986. Discourse for learning in the classroom. *Language Arts* 63:126–133.

Watson, K. A. 1972. The rhetoric of narrative structure: A sociolinguistic analysis of stories told by part-Hawaiian children. Doctoral dissertation, University of Hawaii.

Watson-Gegeo, K. A., and S. T. Boggs. 1977. From verbal play to talk-story: The role of routines in speech events among Hawaiian children. In *Child discourse*, edited by S. Ervin-Tripp and C. Mitchell-Kernan. New York: Academic Press.

—— and D. W. Gegeo. 1986a. The social world of Kwara'ae children: Acquisition of language and values. In *Children's language and children's world*, edited by J. Cook-Gumperz and W. Corsaro.

—— and D. W. Gegeo. 1986b. Calling out and repeating: Two key routines in Kwara'ae children's language acquisition. In *Language acquisition and socialization across cultures*, edited by E. Ochs and B. B. Schieffelin. New York and Cambridge (England)-Cambridge University Press.

Watson, R. 1985. Toward a theory of definitions. *Journal of Child Language* 12: 181–197.

Wells, G. 1986. *The meaning makers: Children learning language and using language to learn*. Portsmouth, N.H.: Heinemann.

Wertsch, J. V. 1979. From social interaction to higher psychological processes: A clarification and application of Vygotsky's theory. *Human Development* 22: 1–22.

——. 1984. The zone of proximal development: Some conceptual issues. In Children's learning in the "zone of proximal development," edited by B. Rogoff and J. V. Wertsch. *New Directions for Child Development*, 23.

——. 1985. *Vygotsky and the social formation of mind*. Cambridge: Harvard University Press.

—— and C. A. Stone. 1985. The concept of internalization in Vygotsky's account of the genesis of higher mental functions. In *Culture, communication and cognition: Vygotskian perspectives*, edited by J. V. Wertsch. Cambridge: Cambridge University Press.

White, M. A. 1974. Is recitation reinforcing? *Teachers College Record* 76:135–142.

Wilcox, K. 1982. Differential socialization in the classroom: Implications for equal opportunity. In *Doing the ethnography of schooling: Educational anthropology in action*, edited by G. Spindler. New York: Holt, Rinehart, and Winston.

Wilkinson, L. C., and C. B. Marrett. 1985. *Gender influences in classroom interaction*. New York: Academic Press.

Willes, M. J. 1983. *Children into pupils: A study of language in early schooling*. Boston: Routledge and Kegan Paul.

Willis, P. E. 1977. *Learning to labour: How working class kids get working class jobs*. Farnborough, England: Saxon House.

Wong, P. and S. McNaughton. 1980. The effects of prior provision of context on the oral reading proficiency of a low progress reader. *New Zealand Journal of Educational Studies* 15:169–175.

Woolfolk, A., and D. Brooks. 1983. Nonverbal communication in teaching. In *Review of research in education*. Vol. 10, edited by E. Gordan. Washington D.C.: American Educational Research Association.

—— and D. M. Brooks. 1985. Beyond words: The influence of teachers' nonverbal behaviors on students' perceptions and performance. *Elementary School Journal* 85:513–528.

Yanguas, M. J. 1980. The social parameters involved in language choice and preference among working-class Puerto Ricans in the Cambridge area. Unpublished honors thesis, Harvard/Radcliffe College.

Young, R. E. 1980. The controlling curriculum and the practical ideology of teachers. *Australia/New Zealand Journal of Sociology* 16:62–70.

國家圖書館出版品預行編目資料

教室言談：教與學的語言／Courtney B.
　Cazden 原作；蔡敏玲,彭海燕譯.--初版.--
　臺北市：心理，1998（民 87）
　面；　公分.--（語文教育系列；48006）
　參考書目：面
　譯自：Classroom discourse: the
language of teaching and learning
　ISBN 978-957-702-258-5（平裝）

1.　教學法

521.4　　　　　　　　　　　　　87001240

語文教育系列 48006

教室言談：教與學的語言

作　　者：Courtney B. Cazden
譯　　者：蔡敏玲、彭海燕
總 編 輯：林敬堯
發 行 人：洪有義
出 版 者：心理出版社股份有限公司
地　　址：台北市大安區和平東路一段 180 號 7 樓
電　　話：(02) 23671490
傳　　真：(02) 23671457
郵撥帳號：19293172　心理出版社股份有限公司
網　　址：http://www.psy.com.tw
電子信箱：psychoco@ms15.hinet.net
駐美代表：Lisa Wu（Tel: 973 546-5845）
印 刷 者：玖進印刷有限公司
初版一刷：1998 年 2 月
初版六刷：2014 年 9 月
I S B N：978-957-702-258-5
定　　價：新台幣 320 元

讀者意見回函卡

No. _____ 填寫日期： 年 月 日

感謝您購買本公司出版品。為提升我們的服務品質，請惠填以下資料寄回本社【或傳真(02)2367-1457】提供我們出書、修訂及辦活動之參考。您將不定期收到本公司最新出版及活動訊息。謝謝您！

姓名：_____ 性別：1□男 2□女

職業：1□教師 2□學生 3□上班族 4□家庭主婦 5□自由業 6□其他____

學歷：1□博士 2□碩士 3□大學 4□專科 5□高中 6□國中 7□國中以下

服務單位：_____ 部門：_____ 職稱：_____

服務地址：_____ 電話：_____ 傳真：_____

住家地址：_____ 電話：_____ 傳真：_____

電子郵件地址：_____

書名：_____

一、您認為本書的優點：（可複選）

　❶□內容 ❷□文筆 ❸□校對 ❹□編排 ❺□封面 ❻□其他____

二、您認為本書需再加強的地方：（可複選）

　❶□內容 ❷□文筆 ❸□校對 ❹□編排 ❺□封面 ❻□其他____

三、您購買本書的消息來源：（請單選）

　❶□本公司 ❷□逛書局⇨_____書局 ❸□老師或親友介紹

　❹□書展⇨____書展 ❺□心理心雜誌 ❻□書評 ❼其他_____

四、您希望我們舉辦何種活動：（可複選）

　❶□作者演講 ❷□研習會 ❸□研討會 ❹□書展 ❺□其他____

五、您購買本書的原因：（可複選）

　❶□對主題感興趣 ❷□上課教材⇨課程名稱_____

　❸□舉辦活動 ❹□其他_____ （請翻頁繼續）

| 廣 告 回 信 |
| 台 北 郵 局 登 記 證 |
| 台北廣字第 940 號 |

（免貼郵票）

心理出版社 股份有限公司

台北市 106 和平東路一段 180 號 7 樓

TEL: (02) 2367-1490
FAX: (02) 2367-1457
EMAIL: psychoco@ms15.hinet.net

沿線對折訂好後寄回

六、您希望我們多出版何種類型的書籍

❶□心理 ❷□輔導 ❸□教育 ❹□社工 ❺□測驗 ❻□其他

七、如果您是老師，是否有撰寫教科書的計劃：□有□無

書名／課程：＿＿＿＿＿＿＿＿＿＿＿＿＿＿＿＿＿＿＿

八、您教授／修習的課程：

上學期：＿＿＿＿＿＿＿＿＿＿＿＿＿＿＿＿＿＿＿＿

下學期：＿＿＿＿＿＿＿＿＿＿＿＿＿＿＿＿＿＿＿＿

進修班：＿＿＿＿＿＿＿＿＿＿＿＿＿＿＿＿＿＿＿＿

暑　假：＿＿＿＿＿＿＿＿＿＿＿＿＿＿＿＿＿＿＿＿

寒　假：＿＿＿＿＿＿＿＿＿＿＿＿＿＿＿＿＿＿＿＿

學分班：＿＿＿＿＿＿＿＿＿＿＿＿＿＿＿＿＿＿＿＿

九、您的其他意見

謝謝您的指教！　　　　　　　　　　　　　48006